Verkaufte Demokratie

1. Auflage Dezember 2014

Nebelhorn Buchverlag GmbH
Oberdorf 9
CH-4314 Zeiningen
Telefon: +41 (0) 61 577 72 64
E-Mail: info@nebelhornverlag.com
Internet: www.nebelhornverlag.com

Umschlaggestaltung: Anna Häner, Impresscom.ch
Druck und Bindung: Kösel GmbH & Co. KG,
87452 Altusried-Krugzell

ISBN: 978-3-906297-02-6

Milorad Krstić

Verkaufte Demokratie

Weg frei in die Sklaverei?

NEBELHORN

Inhaltsverzeichnis

Verändere dich, und deine Welt wird sich verändern.

Vorwort

Um mehr Gerechtigkeit für die Menschen zu schaffen,
müsste unser System neu entworfen werden.

Mein Vater war ein einfacher Mensch. Er hatte das Glück, den Zweiten Weltkrieg in seiner Heimat, dem Balkan, zu überleben. Leider starb er trotzdem zu früh. Doch hinterließ er mir einige seiner wertvollen Lebensweisheiten. Heute frage ich mich, warum ich so viele Jahre brauchte, bis ich die Bedeutung seiner Gedanken zu erkennen in der Lage war und sie mir schließlich sogar zu eigen machen konnte.

Zum Beispiel sagte mein Vater öfter: »Die Demokratie verdirbt die Menschen!« Ich musste fünfzig Jahre alt werden, bis ich, mit abgeklärterem Blick, wachsender Empfindung und dem Sachverstand eines international tätigen Unternehmers, schließlich einsehen musste, wie recht er doch gehabt hatte. Vater drückte sich lediglich stark vereinfacht aus, wenn er vom Begriff »Demokratie« sprach und in Wahrheit doch jene Menschen meinte, die die Demokratie gefährden. Allerdings sollten wir, in den aktuellen Zeiten übler Wortschlampereien, diesen Begriff überhaupt erst einmal richtig zu deuten lernen. Was heißt Demokratie eigentlich? Wir werden das hier klären.

Auf jeden Fall entschuldige mich hiermit bei meinem alten Herrn für die langen, ungläubigen Jahre, in denen ich diese und viele andere seiner Weisheiten als Unfug abgetan hatte.

Da ich auch lernen musste, dass jene Menschen, die viel reden, in der Regel wenig zu sagen haben, und die, die etwas zu sagen wissen, das meist kurz und bündig tun, möchte ich Ihnen mit diesem Buch eine Kurzfassung darreichen – eine Kurzfassung von Fakten, Erkenntnissen und Erfahrungen, die unser Leben und unsere Zivilisation betreffen, die genau genommen ein sehr viel umfangreicheres Werk rechtfertigen würden. Bei der folgenden Auflistung wird deutlich, wie vernebelt die Wahrheit vielerorts inzwischen ist und wie viel Täuschung und Verwirrung das Denken der Menschen beeinflussen. Ist es überhaupt noch möglich, sich ein objektives Bild zu machen von unserer derzeitigen politischen, finanzwirtschaftlichen und gesellschaftlichen Situation? Welche Rolle spielt der einzelne Mensch noch, wer sind die sogenannten Global Players, deren Einfluss auf sämtliche Lebensbereiche ständig zu wachsen scheint?

Es ist nicht gerade leichter geworden, sich ein nahezu neutrales Weltbild zu erschaffen: Was ist richtig, was ist falsch? Gibt es zwischen schwarz und weiß noch Zwischentöne? Wo liegt die Wahrheit, und was ist Lüge?

Natürlich ist mir klar, dass eine Medaille immer zwei Seiten hat. Deswegen folge ich dem Sprichwort »Die Wahrheit liegt im Auge des Betrachters« und wende mich in diesem Buch der Wahrheit zu, so, wie ich sie sehe. Dabei erhebe ich keinen Anspruch auf die vollständige Richtigkeit meiner Thesen. Alles entspricht meiner persönlichen Sichtweise, die ich aufgrund eigener Erfahrungen und Erkenntnisse gewonnen habe. Die verwendeten Zitate und die durchweg gerundeten Zahlen rechtfertigen keinen Anspruch auf eine absolut korrekte Darstellung, wie man sie beispielsweise von gewissenhaft arbeitenden Journalisten erwarten darf. Dennoch sind die Fakten natürlich sorgfältig und gewissenhaft zusammengetragen worden.

Wie wir das Blatt auch drehen und wenden mögen, bei der Analyse der derzeit herrschenden Verhältnisse unserer Welt wird eine unumstößliche Tatsache sichtbar, die als unbewusstes Drängen schon lange manchen von uns mahnte: Nichts ist, wie es scheint, und nichts scheint, wie es ist! Und tatsächlich, unsere gute, alte Erde ist aus den Angeln gehoben worden! Vieles liegt im Argen, vieles läuft falsch. Unsere Aufgabe ist es nun, Lügen von Tatsachen trennen zu lernen, bis wir im Lichte der Wahrheit neu erstehen können.

Immer mehr intelligente Psychopathen gelangen derzeit noch durch geschicktes Ausnutzen »demokratischer« Strukturen in politische Führungspositionen. Sie sind jedoch nichts anderes als soziale Raubtiere. Im Gegensatz zu den dummen Psychopathen, die oft polizeilich bekannt sind, fallen intelligente Psychopathen in der Masse meist positiv auf. Obwohl sie unfähig sind, Mitgefühl zu empfinden, obwohl sie deutlich gekennzeichnet sind durch ihre Skrupellosigkeit, durch impulsives, unberechenbares Handeln und vieles mehr, erliegen viele Menschen ihrer charmanten Verführung. Jeder vernünftige Mensch würde der Aussage zustimmen, dass Psychopathen keine Waffen in die Hände bekommen dürfen. Geschichtlich belegte Realität ist jedoch, dass es meist Psychopathen waren, die Befehlsgewalt über ganze Armeen besaßen! Für intelligente Psychopathen ist ein von der »demokratischen Ordnung« vorgegebener Weg des Aufsteigens ideal. Je höher sie auf diesem Weg gelangen, desto gefährlicher werden sie.

Mit diesen Seiten möchte ich Ihnen eine Empfehlung zum Nachdenken geben, die Ihnen in unseren unruhigen Zeiten eine Richtschnur sein möge für neue Einsichten und manches Verstehen. Fassen Sie meine Gedanken als Appell an das Gute und Richtige auf, damit wir Menschen vor allem auch im Sinne der nachfolgenden Generationen eine lebenswertere Welt erstehen lassen aus den zum großen Teil derzeit noch herrschenden falschen Anschauungen und Prinzipien.

Ich wünsche Ihnen eine angenehme und erkenntnisreiche Lesezeit.

Milorad Krstić

Bestandsaufnahme

Wenn die Guten nicht kämpfen, werden die Schlechten siegen!
– Platon

Jeder, der ein Möbelstück erfolgreich zusammenbauen will, muss vorher die Montageanleitung lesen und danach bedacht handeln. Für jedes auch noch so kleine Gerät wird heutzutage eine Bedienungsanleitung mitgeliefert. Wer »Größeres« zusammenbaut oder bedient, muss dafür qualifiziert, mindestens aber für diese Aufgabe trainiert sein.

Für ein politisches Mandat hingegen kann sich jeder bewerben. Er kann mit Parolen und Versprechen für sich werben, wie er will. Er braucht vor allem gute Beziehungen und willige Medien, die seine Ideen nach außen transportieren. Kommen diese beim Wähler an, so sind die sachkundigen, politischen Kontrahenten, so es sie heute noch geben mag, machtlos, der Wähler folgt gern den wohlklingenden Verführungen, nach ihnen entscheidet er.

Niemand verlangt heute von einem Politiker einen Fähigkeitsnachweis. Von jedem Klempner, Maurer oder Straßenbauer allerdings sehr wohl. Es gibt unzählige Beispiele, wo manche Individuen es förmlich zu nichts gebracht haben, bis sie den Weg in die Politik fanden. Dort steigen sie dann bis in Spitzenämter auf. Man kann in Wirtschafts-, Verteidigungs- und Außenministerien sowie selbstredend an der Staatsspitze selbst Ausschau nach ihnen halten: Man wird immer fündig! Als Fähigkeitsnachweis für das, was sie tun, benötigen sie buchstäblich nichts. Sie brauchen nicht einmal ein psychologisches Gutachten als Nachweis, dass sie keine psychopathischen Neigungen haben. Für jeden Lkw-Fahrer gelten strengere Maßstäbe, für Busfahrer, Flugzeug- und Schiffskapitäne ohnehin.

Nicht selten gelangen solche Individuen tatsächlich an die Macht und bauen an unserer Welt mit. Sie tun dann alles, um im Sattel zu bleiben, treffen die erforderlichen Entscheidungen, kooperieren mit den »Richtigen«, nehmen »Ratschläge« bereitwillig an. Ratschläge? Ja, gewiss, eine bestimmte Art Ratgeber findet sich überall. Man nennt sie auch Interessenvertreter oder – ganz einfach – »Lobbyisten«. Diese verkaufen für Geld so ziemlich alles, unsere Politiker stehen als hochbegehrte Spezies ganz oben auf ihrer Vermittlerliste. Manche Politiker halten sich sehr lange auf diese Weise auf ihrem Posten. Von Mandat zu Mandat, mit der Kraft des Ellenbogens, oft losgelöst von der Realwelt, steigen sie immer weiter nach oben, wie ein Heißluftballon. Alle sehen es, doch kaum einer fragt sich: Wem nutzen diese Leute eigentlich?

Diese kurze »Betriebsanleitung« ist gleichermaßen für alle politisch interessierten, aktiven und engagierten Menschen geschrieben. Sie bezieht sich auf das Motto: Wer einfache und klare Regeln befolgt, wird keine umständlichen Fehler machen. Wer dagegen umständliche (politische) Regeln aufstellt, wird im Ergebnis einfache Fehler machen.

Deswegen müssen alle, die am »Zusammenbau der Welt« mitwirken, auch im Grundsatz einheitliche Regeln befolgen. Nur so wird verhindert, dass das Zusammengebaute am Ende zusammenbricht. Wichtig ist sozusagen eine tragfähige Statik. Farben, Fenster und Tapeten können dann nach Belieben gewählt und hinzugefügt werden.

Demokratie wird den Menschen als Segen erklärt,
aber immer häufiger als Waffe eingesetzt.

In Kürze werden auf der Welt über zehn Milliarden Menschen leben. Zwar wird der Planet deswegen noch lange nicht zu klein werden, doch eines dürfte klar sein: Ohne eine verständliche, akzeptierte Ordnung drohen Chaos, Gewalt und Anarchie, zum Beispiel im Zuge der Verteilung von immer knapper werdenden Ressourcen – wie vor allem des Wassers.

Immer wieder spricht man heutzutage davon, dass einige wenige Mächtige die Geschicke unserer Erde fest im Würgegriff haben. Doch muss man kein studierter Mathematiker sein, um erkennen zu können, dass an dieser Rechnung etwas faul ist. Denn in Wahrheit existiert gegenwärtig, zu Beginn des dritten Jahrtausends, eine ganz andere, eine viele gewaltigere Macht, die bloß ihre Wirkkraft noch nicht erkannt hat: Es ist die Mehrheit – die Mehrheit der derzeit noch Machtlosen –, es ist die zum Schweigen gebrachte Mehrheit.

Ist es nach demokratischen Gesichtspunkten überhaupt gerecht, dass im heutigen System so wenige über so viele herrschen dürfen? Und was bedeutet Demokratie überhaupt, ein Begriff, der wie selbstverständlich benutzt wird, wenn es vor allem um unsere freiheitlichen Rechte geht? In den offiziellen Texten der

Bundesregierung steht zur Erklärung: *Demokratie heißt wörtlich »Herrschaft des Volkes«.* Weiter wird erläutert: *In den heutigen Großstaaten ist diese Form direkter Demokratie nicht mehr praktikabel. Das Volk kann in der modernen Massendemokratie die Herrschaft nur mittelbar und indirekt ausüben, indem es sie auf Vertreter (Repräsentanten) überträgt.*

Ob unsere Politiker überhaupt wissen, dass der Begriff Demokratie hier nicht richtig übersetzt und gedeutet wird? Und dass man eigentlich gar nicht von einer »Massendemokratie« sprechen kann, weil die beiden zusammengesetzten Begriffe *Massen* und *Demokratie* sich in Wirklichkeit ausschließen? Wir sollten uns die Ursprünge des Wortes einmal ansehen. Zwar spricht man heute vom *Volk*, wenn es um die Übersetzung des altgriechischen Begriffs *Demos* geht, doch ist dies nicht richtig, denn *Demos* bedeutet ursprünglich nicht *Volk*, sondern *Dorf*. Damit ist die Dorfgemeinde als kleinste Verwaltungseinheit gemeint. *Demos* und *Kratia* bedeutet also etwas anderes als die *Herrschaft des Volkes*, richtig muss es heißen: *die Herrschaft des Dorfes*. Die zentralistisch geführten Regierungssysteme betrifft der Begriff Demokratie demnach wohl nicht. Insofern wurde beispielsweise im Alten Rom genauso wenig eine Demokratie praktiziert, wie das gegenwärtig innerhalb der Europäischen Union geschieht, in der über das Geschick von inzwischen fast dreißig Mitgliedsländern (mit über 500 Millionen Einwohnern) von einer einzigen *zentralen Stelle* aus in Brüssel entschieden wird.

Hierbei haben wir es also mit einem riesigen Einflussbereich zu tun, der in keinem Punkt mehr an die Eigenverwaltung einer autarken Dorfgemeinschaft erinnert, in der man sich gegenseitig noch kennt und um die wahren Probleme vor Ort Bescheid weiß, vor allem auch um die Lösungen. Ist es nicht logisch, dass die Menschen in Südspanien eine andere Lebensweise haben als die Bewohner Norwegens? Dass eine kleine Lebensgemeinschaft in Kroatien besser um die Bedürfnisse der Menschen dort Bescheid weiß als ein Autokrat in der belgischen Hauptstadt, der zur EU-Zentralregierung gehört und von zahlreichen Lobbyisten beraten wird? Was ist wohl besser für die Menschen, für das Volk?

Doch kehren wir zum Begriff Demokratie zurück und benutzen wir ihn nun weiter mit dem Wissen um seine wahre Bedeutung. Demokratie ist ein leicht verletzliches, politisches System, das also nicht im richtigen Sinne umgesetzt wird. Augenscheinlich bietet die derzeit verstandene »Demokratie« jedoch eine Vielzahl an Möglichkeiten, in allen möglichen Bereichen zu manipulieren und Verwirrung zu stiften. Das Recht des Stärkeren wird immer häufiger mit »demokratischen Bekenntnissen« durchgesetzt. Davon sind sowohl Einzelpersonen als auch ganze Gemeinschaften betroffen.

In den Vereinigten Staaten von Amerika werden nach Wahlen Stimmen schon einmal monatelang »nachgezählt«, so lange, bis das Ergebnis passt. In der Türkei fällt beim Auszählen der Stimmen einfach landesweit der Strom aus! In Bosnien ist es schon vorgekommen, dass auch die Toten gewählt hatten! Drei repräsentative Beispiele unter vielen. Nach oft derartig wiederholtem Missbrauch der »Demokratie« durch manipulierte Wahlen soll nun die nächste, gefährlichere Stufe gezündet werden, nämlich die, dass jetzt der Wähler selbst manipuliert wird. Im Wahlkampf ist (scheinbar) alles erlaubt. Es wird als selbstverständlich vorausgesetzt, dass der Wahrheitsgehalt und die Machbarkeit der Versprechen vom Wähler selbst beurteilt werden können. Fakt ist aber: Am Ende gelingt es dem geschundenen Wahlvolk bekanntermaßen oft nicht einmal ansatzweise, dahinterzukommen, wer von den Kandidaten mehr gelogen hat. Immer größer werdende Wählerschaften hoffen demzufolge einfach, lieber weniger angelogen und missbraucht zu werden als zuvor. Darf solch ein System wirklich weiterhin Demokratie genannt werden?

Die mächtigen politischen Eliten haben weltweit, im Auftrag des zentral gesteuerten Großkapitalismus, Regierungssysteme entwickelt, die die meisten Wähler nicht verstehen. Ist das etwa Vorsatz? Soll »der kleine Mann« am Ende gar nicht begreifen, welches Spiel gerade läuft? Werden die Menschen absichtlich zu Statisten gemacht?

Doch wäre es nicht viel besser für jeden frei denkenden Menschen auf der Welt, sich bewusst, also wissend, zu engagieren? Ist es demnach nicht naheliegend, dass die politischen Systeme verständlicher gemacht werden müssten?

Einige einflussreiche Mächtige lassen zuweilen durchblicken, auf welch abenteuerliche Weise die Weltpolitik wirklich gestaltet wird. Nehmen wir den EU-Politiker Jean-Claude Juncker, der in einem *Spiegel*-Zitat aus dem Jahre 1999 Folgendes ganz offen zugab:

Wir beschließen etwas, stellen das dann in den Raum und warten einige Zeit ab, was passiert. Wenn es dann kein großes Geschrei und keine Aufstände gibt, weil die meisten gar nicht begreifen, was da beschlossen wurde, dann machen wir weiter – Schritt für Schritt, bis es kein Zurück mehr gibt.

Es muss wahr sein – es funktioniert: Jean-Claude Juncker wurde – zwar durch ein seltsam anmutendes Wahlprozedere – 2014 zum Chef der EU-Kommission gewählt. Eines der höchsten Ämter, das Europa zu vergeben hat.

Auch der bayerische Ministerpräsident Horst Seehofer, seit Langem im Politgeschäft tätig, glänzte in einem ARD-Interview 2010 mit einer bemerkenswerten Feststellung:

Diejenigen, die entscheiden, sind nicht gewählt. Und diejenigen, die gewählt werden, haben nichts zu entscheiden.

Gut möglich, dass auch dieser Politiker – wie bereits seine Amtsvorgänger – auf dem Weg in ein europäisches Spitzenamt ist und daher meint, die Wahrheit durchblicken lassen zu können. Es passt einfach.

Merkwürdig: Diese Aussagen zweier markanter und bedeutender Politikerpersönlichkeiten scheinen die Menschen im Land nicht zu stören. Vielleicht deswegen, weil zu selten darüber berichtet wird? Weil die meisten Leute diese Sätze gar nicht kennen? Oder weil unsere Medien, die solche gewichtigen Feststellungen ins öffentliche Meinungsbild bringen könnten, dies unterlassen? Warum aber tun sie es nicht?

In zahlreichen Ländern der Erde ist eine von der breiten Öffentlichkeit nur indirekt wahrgenommene Entwicklung der Demokratie in Richtung Plutokratie im Gange. Plutokratie ist die Herrschaft des Geldes. Was bedeutet das? Vereinfacht erklärt heißt das nichts anderes, als dass alles, was von politischer und ökonomischer Relevanz ist, sich so entwickelt, dass davon ein Prozent der Bevölkerung profitiert: nämlich die Reichen und Mächtigen! Selbst bei einer *extrem entgegenkommenden* Darstellung dürfte dieser Wert nicht über zehn Prozent liegen.

Diesbezüglich können auch die härtesten Gegner nicht widersprechen, denn unstrittig ist, dass das meiste Kapital dieser Welt in diesem oberen, schmalen Bereich der sogenannten High Society versammelt ist. Doch eine solche Bündelung von Kapital und Macht kann und wird, ja sie muss, fatale Folgen haben.

Das Wort Faschismus leitet sich aus dem italienischen Begriff für Bündel, *il fascio*, ab. Es ist zu befürchten, dass wir bei unveränderten Tendenzen schon sehr bald vom *Kapitalfaschismus* regiert werden. Dass es sich hierbei um einen schleichenden Prozess handelt, macht die Gefahr, die aus der Unterhöhlung der Demokratie – oder dem, was dafür gehalten wird – resultiert, nicht kleiner, im Gegenteil. Die inzwischen recht deutlichen Anzeichen hierfür können auf allen Nachrichtenkanälen und in allen Medien wahrgenommen werden, wenn man den Blick nicht ganz verschlossen hält, wenn man sich vor allem auch nicht auf die Erklärungen und Interpretationen in der öffentlichen Berichterstattung verlässt, sondern damit beginnt, selbst zu denken, die Ereignisse selbst einzuordnen.

Klar ersichtlich für jedermann ist inzwischen längst der Tatbestand, dass immer häufiger ganze (souveräne) Staaten dem Protektorat des Geldadels unterstellt werden. Eine sogenannte *Troika* entscheidet beispielsweise für die von der Währungs- und Finanzkrise besonders betroffenen Staaten Südeuropas nahezu völlig eigenständig darüber, wie sich die betreffenden Länder zu entwickeln haben. Undemokratischer kann kaum vorgegangen werden. Womit wir wieder beim wirklichen Demokratiesystem angekommen sind, demzufolge die günstigste Regierungsform in der Eigenverwaltung kleiner, regionaler Einheiten liegt und nicht in einem zentralistischen System.

Wahre Demokratie ist also überall dort als beerdigt anzusehen, wo die Entscheidungen weniger nach dem Prinzip »Ein Mann, eine Stimme« und stattdessen durch »Ein Dollar, eine Stimme« getroffen werden. Die Betriebsanleitung der wirklichen Demokratie ist für Mitglieder und Vertreter aller Religionen und aller gesellschaftlichen Schichten der einzige Leitfaden, wenn sie nicht zulassen wollen, manipuliert zu werden. Es ist ein Aufruf, um zu verhindern, dass extreme Kräfte noch weiter wirken dürfen, als sie es bisher schon taten. Noch einmal: Demokratie beinhaltet das Subsidiaritätsprinzip – das ist die politisch, wirtschaftlich und gesellschaftlich größtmögliche Entfaltungsmöglichkeit, die Eigenverantwortung und Selbstbestimmung Einzelner beziehungsweise der kleinsten Gruppe oder der untersten Ebene einer gesellschaftlichen Organisationsform. Mit anderen Worten: Selbstbestimmung in der Sippe, im Dorf, im regionalen Raum, dort eben, wo man um die Bedürfnisse der Menschen weiß. Alle darüberliegenden Zentralsteuerungsmöglichkeiten sind abzulehnen.

In der Geschichte der Menschheit sind alle großen Veränderungen durch Revolutionen, durch unvorhersehbare Ereignisse und letztlich auch durch die Weltkriege entstanden. Alle diese Entwicklungen haben stets einem großen Teil der Bevölkerung enormes Leid, vielerorts jahrzehntelange Verelendung, gebracht. Oft wurden dadurch Keime für die nächsten Umbrüche gesät. Die Zeit zwischen den beiden im 20. Jahrhundert stattgefundenen Weltkriegen ist ein beeindruckendes Zeugnis dafür. Das Pendel schlug sozusagen von der einen zur anderen Seite und folgte der Gesetzmäßigkeit der Physik. Dabei hätte schon ein

Minimum an Kenntnis in diesem Fach ausreichen müssen, um nachvollziehen zu können, dass das Pendel seinen ruhigeren Mittelbereich nur dann beibehält, wenn extreme seitliche Kräfte, ob von links oder von rechts kommend, ausbleiben.

Ganze Armeen von Politikern arbeiten weltweit, zusammen mit Scharen von Beratern, angeblich täglich daran, diese extremen Ausschläge zu verhindern. Doch sie erreichen, wie man beobachten kann, das Gegenteil. Einer der Gründe ist, dass die meisten Politiker bis zum Hals in ihren eigenen parteipolitischen Programmen stecken und jegliche Weitsicht und Weisheit verloren haben. Was bleibt am Ende von den großen Plänen übrig? Wenig. Denn jede vielleicht gute Idee muss zuerst durch Partei- und Wahlprogramme geschleust werden. Danach geht es durch einen Dschungel von Gesetzen und Verordnungen. Ist ein Plan gar von Bedeutung für die Allgemeinheit, so gilt es als nahezu ausgeschlossen, dass dieser den Lobbyisten entgeht. In wichtigen Regierungszentren kommen schon mal zwanzig oder sogar mehr solcher »Interessenvertreter« auf einen Abgeordnetenpolitiker. Zum Schluss bleibt von einem Plan oder Vorhaben oft etwas übrig, das nach »gut gemeint«, aber »schlecht gemacht« aussieht.

Die ganz mächtigen Lobbyisten greifen direkt in die Weltpolitik ein. Dafür bilden sie die »Einsatzkräfte« häufig vorher in ihren eigenen Häusern aus. Beispiele gibt es viele. Ganz vorn bei der Betrachtung dürfte das Bankhaus *Goldman Sachs* rangieren. Eine Fülle von Namen, die die internationale, politische und monetäre Szene lenken und beeinflussen, hat ihre berufliche Vergangenheit direkt oder indirekt in diesem Haus. Jeder dieser Leute würde wahrscheinlich auf das Schärfste dementieren (was die Politiker gern tun), dass man sich in der gegenwärtigen Position etwa dem Interesse des früheren Auftraggebers beziehungsweise der Branche noch verpflichtet fühlen könnte. Sie tun es aber dennoch, aus welchen Gründen auch immer. Das Unheil, das sie damit anrichten, ist immens.

Auf diese Weise bahnt sich das Finanzkapital schon lange seinen Weg durch die Menschheitsgeschichte, seit Jahrhunderten folgt es stets demselben Prinzip. Dadurch werden die Zustände auf der Erde – in wirtschaftlicher, finanz- und gesellschaftspolitischer sowie sonstiger Hinsicht – systematisch verändert, je nach dem gerade gefassten Ziel. Allerdings nicht zum Guten.

Beispiel USA: 61 Prozent der Anteile an Finanzaktien befinden sich in den Händen von einem Prozent der US-Bevölkerung. Zehn Prozent der US-Amerikaner besitzen sogar 98 Prozent. In anderen Teilen der Welt sieht es nicht viel besser aus.

Trotz dieser klar erkennbaren Gefahr von Macht und Einfluss der kleinsten, aber reichsten Gruppe über die absolute Mehrheit der Menschen verstehen viele Leute diese gefährlichen Prozesse nicht. Und die wenigen, die sie verstehen, teilen sich in kleinere Gruppen auf, die diese Verhältnisse meist gar nicht verändern wollen – während die große Mehrheit glaubt, ohnehin nichts ändern zu können.

Im Gegensatz zu den totalitären Systemen dieser Welt, auch den Monarchien, hat die Demokratie, im richtigen Sinne verstanden, ihren einzigen Schutz im Wahlvolk selbst. Doch wäre die wichtigste Voraussetzung für die Gewährleistung dieser Schutzfunktion die, dass es sich beim Wahlvolk um eine aufgeklärte Masse handelt, die durchblickt bei dem, was läuft. Genau das jedoch ist schwierig geworden. Der Wähler versteht zunehmend die Politik und auch die von ihm gewählten Politiker nicht mehr, die ihren selbst ernannten Kurs im Windschatten der Lobbyisten umsetzen und die orchestriert werden von mächtigen globalen Strippenziehern, von denen die Masse der Wähler erst recht nichts weiß. Resignation und politische Verdrossenheit bilden ein Vakuum, das die Seite der Mehrheit lähmt, während extreme Kräfte diese Situation für sich nutzen. Die Gefahr des Pendelausschlags wächst.

Morde und Kriege: Was weiß der Bürger über Geopolitik?

Die Welt dreht sich, doch nichts ist, wie es scheint,
und nichts scheint, wie es ist.

In der Ukraine wie auch in Thailand finden zum wiederholten Male revolutionäre Veränderungen statt, wie sie unterschiedlicher nicht sein könnten. In der Ukraine wurde die einst demokratisch gewählte Regierung unter Präsident Janukowitsch im Februar 2014 aus dem Amt gejagt. Die westlichen, vordergründig europäischen, unter NATO-Herrschaft stehenden Regierungen »unterstützen« diesen Prozess, ohne offenbar einen einzigen Nachweis zu benötigen, dass die, die im Zentrum von Kiew zur Revolution aufriefen, auch wirklich die Mehrheit der ukrainischen Bevölkerung repräsentierten. Was natürlich nicht der Fall war. Wenige Jahre zuvor wurde die sogenannte »Orangene Revolution« in der Ukraine vom Westen ebenso tatkräftig unterstützt. Für die zweite Auflage dieses zielgerichteten Vorhabens eines Systemwechsels wurde 2014 unter anderem ein von der CDU-nahen Konrad-Adenauer-Stiftung unterstützter, weltbekannter Boxer (wirklich) in den Ring geschickt. Die von ihm geübte Rhetorik klang auch eher nach einem Boxkampf: »Ich fordere den Präsidenten heraus!«

Namhafte Vertreter westlicher Staaten forderten den damals noch amtierenden ukrainischen Präsidenten Anfang 2014 auf, seine Sicherheitskräfte abzuziehen, wohlgemerkt zu einem Zeitpunkt, als es im Land schon lichterloh brannte und die Pro- und Contra-Demonstranten bereits aufeinander schossen. Zynische Forderungen an eine legitim gewählte Regierung eines noch souveränen Landes. Diese Forderungen kamen am deutlichsten aus den USA, von einer Weltmacht also, die für sich selbst jede erdenkliche Reaktion inner- und außerhalb ihrer Landesgrenze als legitim auslegt, sofern sie ihren eigenen Interessen dient.

Die europäischen Plutokraten waren zu diesem Zeitpunkt übrigens flächendeckend (öffentlich) davon überzeugt, dass die ganze Schuld an der Misere in der Ukraine nur der amtierende Präsident trug. Und natürlich die Russen. Immerhin ging es um große Vokabeln wie Freiheit, die, nach Auslegung westlicher Politiker und Medien, offenbar nur in der EU zu finden ist.

Unterdessen schaute die Öffentlichkeit machtlos zu, wie mittels dieser und vieler anderer Heucheleien, Intrigen und Geheimdienstmachenschaften mit der Ukraine ein weiterer Marionettenstaat zu entstehen drohte, ganz nach dem verheerenden Afghanistan-Vorbild. Mit der Umsetzung der Revolution war bereits absehbar, dass kurze Zeit später die Super- und Großmächte beziehungsweise jene, die sich gern dafür halten, mit der Einflussnahme und der immer weitergehenden Destabilisierung sowie dem Auseinanderreißen des Landes beginnen würden. Natürlich: Der ukrainische Präsident Janukowitsch und seine Regierung mussten, wie vom Westen geplant, zurücktreten. Danach nahmen Chaos und Anarchie zu, das Land zerfiel zunehmend nach dem Muster des ehemaligen Jugoslawiens: Die ostukrainischen Landesteile werden jetzt auch schon offiziell als *Neurussland* bezeichnet.

Einigen Berichten zufolge stammten die Scharfschützen, die in Kiew und dem näheren Umfeld ihr blutiges Geschäft ausübten, sogar zum Teil aus den Ländern des zerfallenen Balkanlandes. Die angebliche Demokratie zieht eine weitere Blutspur.

Dabei trägt speziell das ukrainische Beispiel ein sich oft wiederholendes Muster in sich. Die Mächtigen zerren an einem schwächeren Land, das geostrategische Bedeutung besitzt, zunächst erbarmungslos, jeder in seine Richtung in der Hoffnung, dass sie es ganz vereinnahmen können. Gelingt dies nicht, folgt Phase zwei, die da lautet: destabilisieren und aufteilen in Einflusszonen. Die Diplomatie mit Schießpulvergeruch arbeitet eine Zeit lang auf Hochtouren.

Wahre demokratische Grundsätze sowie auch geschichtliche Besonderheiten werden in der Ukraine-Krise systematisch außer Kraft gesetzt beziehungsweise ausgeblendet. Wenn sich die Menschen auf der Halbinsel Krim für die Loslösung von der Ukraine aussprechen und sich ihrem Nachbarn, Russland, in überwältigender Mehrheit anzuschließen wünschen, zu dem sie bis zum Jahre 1954 (!) ohnehin gehört hatten, dann handelt es sich nach Meinung zahlreicher westlicher Diplomaten, Kosmokraten und Militärangehöriger um eine »völkerrechtswidrige« Entscheidung. Relevante westliche Medienhäuser und öffentlich-rechtliche Sender sprechen nach wie vor unbeirrt von einer »Krim-Annexion durch Wladimir Putin«. Spaltet sich aber nach dem gleichen Prinzip der Kosovo von Serbien ab, dann ist das völkerrechtlich gedeckt. Wie man sieht, handelt es sich ganz offensichtlich um ein variables Demokratieverständnis, das ganz nach Bedarf und Situation vom Westen praktiziert wird.

Der Begriff Völkerrecht gleicht also, bei näherer Betrachtung, einer Mogelpackung. Anders, als es die Bevölkerung annimmt, regelt das Völkerrecht nicht die Beziehungen der Völker untereinander, sondern es geht vielmehr um die Beziehungen der *Regierungen* der jeweiligen Staaten untereinander, also danach, wie diese sich die Beziehungen wünschen. In der Ukraine spricht man derzeit offiziell von einem einzufordernden Völkerrecht, in Wirklichkeit ist jedoch die Aufteilung von Rohstoffen und Ressourcen des Landes gemeint, die von vorwiegend westlichen Staaten ins Auge gefasst wurde. Die Rolle der Medien ist bei dieser Art von »Diplomatie« übrigens ebenso zweifelhaft wie das politische Vorgehen: Diese berichten meist so, wie es den jeweiligen Regierungsplänen nutzt.

Völkerrecht und Menschenrechte sind nicht ein und dasselbe. Ganz im Gegenteil. Mit völkerrechtlichen Rechtfertigungen werden heutzutage viele Kriege vom Zaun gebrochen und legitimiert. Wahrhaftige Bemühungen um Menschenrechte bedeuten hingegen jedoch in den meisten Fällen wirklich Frieden!

Demzufolge müssten die Menschenrechte ausgeweitet beziehungsweise eigentlich auf völlig neue Fundamente gestellt werden. Zum Beispiel, indem man jedem Menschen den Zugang zu seinem Land und den natürlichen Rohstoffen gewährt, anteilig und gerecht. Ein derartiges Verständnis von diesem im Kern einzig angemessenen Menschenrecht steht jedoch im Gegensatz zu all den wirtschaftlichen und geostrategischen Interessen der Großen (ob Staaten oder Unternehmen). Diese bedienen sich dann doch lieber des »biegbaren Völkerrechts«, legen es also der jeweiligen Situation angepasst aus.

Eine richtig funktionierende Demokratie mit gerecht selbst verwalteten Rohstoffen und Ressourcen in der regionalen Ordnung wäre unter den heutigen, derzeit herrschenden Umständen ziemlich sicher zum Tode verurteilt. Schade.

Denken wir zum Beispiel an die Ereignisse in Ägypten, den sogenannten Arabischen Frühling, der seinen Anfang im Dezember 2010 nahm. Wie sehr bejubelten die westlichen »Vollblutdemokraten« damals die »mutigen Revolutionäre« auf dem Tahir-Platz in Kairo! Schnell stimmten sie das Publikum mediengewaltig ein, schließlich handelte es sich ja um eine Aktion für Freiheit und Demokratie. Oder etwa nicht? Nun, in Ägypten wurde es, gesellschaftspolitisch betrachtet, dann doch stockfinster, noch bevor wir im Westen überhaupt richtig zu den Sektgläsern greifen konnten.

Und heute? Das Land ist destabilisiert, blutige Religionskriege überziehen die einst stolzen Stätten der Pharaonen und Pyramiden täglich neu, das früher kulturell hoch entwickelte Ägypten siecht seinem Tode entgegen. Verlierer waren diejenigen Menschen, die sich mehr Freiheit und Menschenrechte erhofften in einem der wenigen islamischen Länder, die bislang von der Scharia verschont geblieben waren. Doch schon nach kurzer Zeit übernahmen die Muslimbrüder die Macht. Sind sie die wahren Sieger des Arabischen Frühlings gewesen? Ebenso wie im völlig destabilisierten Libyen, wo der Westen den Umsturz schürte und eingriff? Oder im Irak? Oder in Syrien?

In Thailand schollen 2014, etwa zeitgleich mit den Unruhen in der Ukraine, laute Forderungen nach Aufhebung der Demokratie von den Straßen, es handelte sich um eine Fortsetzung der sogenannten »Gelben Revolution«. Genau genommen konnte man hier den dritten pro-westlichen Putsch in den vergangenen acht Jahren beobachten. Schon 2006 wurde die demokratisch gewählte rote Regierung Thailands durch die Armee weggeputscht. 2007 wählte die Bevölkerung die Roten jedoch erneut in die Regierungsverantwortung. Im Jahre 2008 wurde den regierenden Roten dann ein Parteiverbot erteilt, sodass die Gelben erneut durch einen Putsch an die Macht gelangten. Bei den nächsten Wahlen, die 2011 stattfanden, hatte die Bevölkerung wieder mit großer Mehrheit die Roten gewählt, die inzwischen neue Parteien gegründet hatten. Nun zettelten die pro-westlichen Gelben wieder Unruhen auf den Straßen Bangkoks an. Die thailändische Armee reagierte und setzte im Frühsommer 2014 die demokratisch gewählte Regierung durch einen Militärputsch ab. Die Herrscher unserer sogenannten westlichen Wertegemeinschaft unterstützen seit Jahren die Putsche in Thailand. Warum? Nun vielleicht, weil Thailand als wichtiger Handelspartner des Iran geschwächt werden soll? Hier geht es immerhin um wichtige Bereiche wie Erdöl, Bergbau, Schwerindustrie, Dienstleistungen, Technologie und Landwirtschaft. Auch die immer enger werdenden thailändisch-chinesischen Beziehungen dürften im Westen nicht gerade für Freude sorgen.

Offensichtlich haben diejenigen, die die Revolutionen auf der ganzen Welt eifrig planten, vorbereiteten und unterstützten, am Ende übersehen, dass nicht immer der gewünschte Machtwechsel, sondern auch die Beseitigung von Freiheit und Demokratie das Ergebnis solcher Maßnahmen sein kann. Oder wird auch das stets bewusst in Kauf genommen?

Es wird vorzugsweise nie öffentlich hinterfragt, wer die orangenen und gelben T-Shirts in der Ukraine und Thailand eigentlich finanziert hat. Wer hat die jeweiligen Netzwerke und die Logistik zur Verfügung gestellt? Niemand hinterfragt auch, ob es tatsächlich bei all diesen schwerwiegenden Ereignissen das Aufflammen demokratischer Gedanken, Wünsche oder Ziele gewesen sein mag, die von einer unzufriedenen Bevölkerung im Inneren des jeweiligen Landes die revolutionären Bewegungen überhaupt erst möglich machten und sie anheizten? Gab es nicht vielmehr gut getarnte »Flammenwerfer« von außen? Und falls ja, woher kamen sie? Kehren wir in diesem Zusammenhang vor allem zu unserer Anfangsfrage zurück, ob auf diese Weise jemals eine tragfähige Demokratie im richtigen Sinne entstehen kann, wo auch immer auf dieser Welt.

Der Druck im politischen Kessel wächst unaufhörlich. Er baut sich seit Anfang der 1970er-Jahre stärker auf als je zuvor. Seit dieser Zeit, und natürlich auch schon vor ihr, haben sich die heute dominierenden Währungen entfesselt und folgen, anderslautenden Bekundungen zum Trotz, nur noch ihrem eigenen Selbsterhaltungstrieb.

Es ist dies ein System, das auf einem fortwährenden und unendlich andauernden Wachstum basiert – die Schlagworte dafür lauten: Gewinnmaximierung, Kostensenkung, Wachstum!

Die Situation ist verrückt: Eine Armee von sogenannten Mainstream-Ökonomen ignoriert die gesamte Menschheitsgeschichte und missachtet jedwede Kultur- und Religionslehre, sei es der Buddhismus, Hinduismus, das Alte und das Neue Testament, der Koran usw. usf.

Diese Leute betreiben mit ihren meist vorsätzlich falschen Prognosen und Aussagen kollektive Gehirnwäsche in Bezug auf die gesamte Weltbevölkerung. Sie halten an ihrer irrigen Auffassung fest, dass der Zinseszins (der zur Geldvermehrung führt) richtig und etwas Positives sein solle, und behaupten ebenso überzeugt, dass das Recht auf unbegrenztes Eigentum, zum Beispiel an Grund und Boden, unantastbar bleiben müsse. Dasselbe machen sie geltend für das Geld- und Unternehmensvermögen: Wachsen, wachsen, alles soll immer weiter wachsen! Dabei spielt es keine Rolle, ob das Wachstum überhaupt (noch) einen Sinn ergibt. Bei genauer Betrachtung ist die Sinnhaftigkeit nämlich nicht mehr gegeben: Die Menschheit der westlichen Welt ist gesättigt, sie lebt in der Regel in gut ausgestatteten Häusern oder Wohnungen (ob im Eigentum oder zur Miete, sei dahingestellt) und besitzt Autos, Fernseher, Computer und mobile Telefone – nahezu jeder besitzt alles für ein durchschnittliches Leben Erforderliche. Wir brauchen dieses wahnsinnige Wachstum nicht. Doch alle, die Bedenken dagegen äußern, werden mit seltsam anmutender Einigkeit belächelt oder verspottet. Ernst genommen werden diese Mahner jedenfalls nicht.

Dabei sind die Geldmengen und die Verschuldung zwei Seiten derselben Medaille. Das eigentliche Problem ist, dass die Verteilung höchst ungerecht ist. Die Schuldner stellen die Mehrheit dar – die Besitzer der Guthaben bilden die Minderheit. Auf beiden Seiten gibt es heute mehr unglückliche als zufriedene Vertreter ihrer Gattung: Der Arme leidet, doch der Reiche auch. Der Arme leidet unter Entsagung und Gefühlen des Ausschlusses und der Unwürdigkeit. Und der Reiche? Er ist zunehmend getrieben, versucht, sein Vermögen zu sichern, zu schützen, er gerät immer mehr unter Druck.

Wie groß das Problem schon geworden ist, zeigen Beispiele hinsichtlich der Werte der Gesamtverschuldung (Staats-, Wirtschafts- und Privatschulden) von großen Industrienationen, bezogen auf das jeweilige Bruttoinlandsprodukt (BIP). In den Vereinigten Staaten von Amerika beläuft sich der betreffende Wert auf 400 Prozent, erreicht aber in Großbritannien oder Japan eine Spitze mit bis zu 500 Prozent. Ein Wahnsinn! Da nimmt sich Deutschland mit weniger als 300 Prozent fast schon bescheiden aus. Weniger als 200 Prozent weisen nur die Schwellen- und die als arm geltenden Länder auf.

Eine interessante Ausnahme zeigt sich in Russland nach der fünfzehnjährigen Herrschaft von Wladimir Putin. Wohlgemerkt, bei Putin handelt es sich um einen Präsidenten, den die westliche sogenannte Demokratie – milde ausgedrückt – gar nicht als einen guten Demokraten ansieht. Faktisch aber hat er sein Land in die Schuldenfreiheit geführt. Gleichzeitig sind innerhalb von fünfzehn Jahren BIP, Renten und Gehälter mehrfach gestiegen, während die Inflation auf ein Zehntel des ursprünglichen Wertes, und damit auf ein Minimum, reduziert worden ist. Die Kritik aus dem Westen an Putin und seinem Land bleibt dennoch unermüdlich.

Alle sich aus der Schuldenorgie ergebenden Bilder haben wir täglich vor Augen, die zunehmende Armut vieler Menschen, verbunden mit immer mehr Elend und Leid einerseits, und dem zuweilen in Zahlen kaum noch fassbaren Reichtum einiger weniger andererseits. Beide Seiten wünschen sich sicher nicht, dass der Kessel explodiert beziehungsweise das Pendel unkontrolliert ausschlägt. Beide Seiten hängen verhängnisvoll aneinander. Beide bedingen einander und entfremden sich gleichzeitig voneinander. Ein unseliger Prozess, der dringend gestoppt werden müsste. Eigentlich wären dafür weder Gewalt noch Revolutionen notwendig – eigentlich. Sie müssen aber befürchtet werden, wenn es keinen geordneten Übergang gibt. Vorschläge dafür existieren bereits, wie auch den nachfolgenden Seiten entnommen werden kann. Für eine radikale Änderung ist aber noch mehr erforderlich als der gute Wille einiger Handlungsfähiger und die Vereinfachung der politischen Diskussion. Vor allem muss eine nachhaltige Veränderung des derzeitig kranken Geldsystems gewollt sein. Doch wer will das?

Die meisten Politiker haben Mühe, die einzelnen, zum Teil hochgefährlichen Zusammenhänge überhaupt zu durchschauen. Zu dicht ist das Netzwerk der Interessenkartelle. Zwar haben einige wenige die Gefahr längst erkannt, finden aber keinen Weg in Richtung der notwendigen Veränderungen, ohne sich selbst und ihre politische Heimat zu beschädigen. Wobei den meisten die erstgenannte Komponente, das eigene Ich, wichtiger sein dürfte. Auch gibt es bei den allermeisten keinen wirklichen Antrieb, Gerechtigkeit und Wahrheit nach oben kommen zu lassen, müssten sie so doch ihr eigenes Handeln hinterfragen, womit in letzter Konsequenz auch ein beruflicher und gesellschaftlicher Einschnitt einhergehen könnte. Wer will diesen schon riskieren?

Wichtig wären eine Vereinfachung der wesentlichen, politischen Botschaften und eine gerechte Gestaltung der politischen Ziele, um verstanden und akzeptiert zu werden. Wohlgemerkt, die Betonung liegt auf *gerecht*.

Die malträtierte Geschichte

Warum sterben die Guten, oft bevor sie das Gute vollenden können, die Schlechten dagegen meist, nachdem sie das Schlechte vollbracht haben?

An dieser Stelle soll mit einigen »Wahrheiten« aufgeräumt werden, die unsere Welt immer tiefer in die Krise ziehen. Wer sich den offiziellen Verlauf unserer Geschichte aufmerksam anschaut, der muss automatisch an vielen Stellen stutzen. Etliche Ungereimtheiten sind offenkundig. Doch zu viele Fragen sind nicht gesund, oder? Dogmen und Denkverbote wurden installiert, und diese gelten jetzt als Recht und Wahrheit. Wer trägt dafür die Verantwortung, und was soll damit bezweckt werden? Wohin führt uns ein Geschichtsbild, das wichtige Fakten verbirgt oder verschleiert? Wie lange soll es noch so weitergehen? Es geht hier nicht allein um die vordergründige Revision unseres Geschichtsbildes, sondern vielmehr darum, dass die Zukunft der gesamten Menschheit auf dem Spiel steht, wenn nicht die richtigen Lehren aus der Histroie gezogen werden. Oder anders ausgedrückt: Unsere Welt wurde zum Spielball einiger aktuell herrschender Kräfte gemacht, die kein Interesse daran haben, dass man ihre Spuren sucht.

Sehen wir ruhig einmal genauer hin, denn die Liste historischer Falschdarstellungen ist sehr lang. Einige allgemein bekannte Beispiele sollen an dieser Stelle erwähnt werden:

Erstens: Der Funke des Ersten Weltkrieges entzündete sich bekanntlich am 28. Juni 1914 in Sarajevo, als der serbische Student Gavrilo Princip den Thronfolger Österreich-Ungarns, Erzherzog Franz Ferdinand, und dessen Frau erschoss. Warum aber wurde kurze Zeit danach quasi die ganze Welt, insbesondere die USA, mit in die Kriegshandlungen hineingezogen?

Geschichtskenner werden die Versenkung des Passagierdampfers *RMS Lusitania* als einen der Gründe für den Einstieg der Vereinigten Staaten in den Krieg nennen: Nach dem Einschlag eines Torpedos, abgefeuert von einem deutschen U-Boot, und einer nachfolgenden gewaltigen Explosion, die das Schiff zum Sinken brachte, kamen fast 1200 Menschen um, unter ihnen 128 Amerikaner. Der Treffer war so heftig, dass das Schiff innerhalb von nur achtzehn Minuten sank. Die Überlebenden berichteten, dass es eine zweite Explosion an Bord gab, nach der die *Lusitania* schnell unterging.

Unerwähnt in den Geschichtsbüchern bleibt in diesem Zusammenhang vor allem, dass das Schiff militärische Ladung an Bord hatte und daher ein legitimes Angriffsziel darstellte. Zudem hatte die deutsche Botschaft bereits am 22. April 1915 in fünfzig der größten US-Tageszeitungen in großen Anzeigen potenzielle Ozeanreisende davor gewarnt, die *Lusitania* beziehungsweise ähnliche Schiffe, die Muniton und Passagiere transportierten, zu benutzen. Die Alliierten unterschlugen diese Informationen, um den Angriff eines deutschen U-Bootes auf den Passagierdampfer als gerechtfertigt erscheinen zu lassen.

Beinahe hundert Jahre später, im Dezember 2008, konnte in einer englischen Zeitung gelesen werden, dass Taucher im Wrack der *Lusitania* Kampfmunition gefunden hatten. Das Schiff war demzufolge ein legitimes, militärisches Ziel gewesen – und eben nicht nur ein Passagierschiff, wie die Alliierten-Presse dereinst behauptet hatte. Die Versenkung der *Lusitania* war der offizielle Grund für den Einstieg der USA in den Krieg. Dieser forderte siebzehn Millionen Menschenleben.

Zweitens: Im Zusammenhang mit dem Zweiten Weltkrieg existiert ein bis heute gut gehütetes Geheimnis. Wer hatte tatsächlich Hitler und die Nazis finanziert? Und in welchem Umfang? Sind es tatsächlich nur einige wenige Unternehmen gewesen, die in den Geschichtsbüchern erwähnt werden? Oder handelte es sich vielmehr um zahlreiche, bis heute noch tätige Finanz- und Industriegiganten, die offensichtlich das Leben von Millionen Menschen ihren eigenen geschäftlichen Interessen untergeordnet hatten?

Drittens: Der japanische Angriff auf Pearl Harbor gilt gemeinhin als das Ereignis, dessentwegen die Amerikaner in den Zweiten Weltkrieg eingetreten sind. Parallelen zum Beginn des Ersten Weltkriegs drängen sich auf. Wenig bekannt dürfte sein, dass dieser als heimtückisch dargestellte Angriff kaum ein solcher gewesen sein kann. Die amerikanischen Geheimdienste hatten bereits 1940 den japanischen Geheimcode geknackt, wussten also über die Flottenbewegungen Japans Bescheid. Darüber hinaus gab es eine Warnung der Briten an die Amerikaner, dass eine japanische Flotte in Richtung Hawaii ausgelaufen sei. Daraufhin wurden von den US-Verantwortlichen die besten Schiffe und auch die Elitetruppen abgezogen, in Pearl Harbor verblieben überwiegend veraltete Schlachtschiffe aus dem Ersten Weltkrieg, die mehr oder weniger ohnehin bald der Verschrottung zugeführt worden wären, sowie zahlreiche ahnungslose Matrosen und Zivilisten. Diese wurden bei nüchterner Betrachtung zu Kanonenfutter – niemand warnte sie. Die Kriegsprofiteure nahmen Derartiges offensichtlich billigend in Kauf. Hierfür ist später der Begriff Kollateralschaden erfunden worden. Im Zweiten Weltkrieg starben mehr als fünfzig Millionen Menschen.

Viertens: Zwischenzeitlich ist selbst durch den US-Geheimdienst NSA mit der Freigabe der entsprechenden einstmals geheim gehaltenen Dokumente bestätigt worden, dass der Vietnam-Krieg infolge einer bewussten Falschmeldung an den damaligen US-Präsidenten Lyndon B. Johnson begann. Das Ereignis wurde als Tonkin-Zwischenfall bekannt. Der vermeintliche Angriff Nordvietnams im Golf von Tonkin im August 1964 war, wie man heute weiß, eine bewusst in Szene gesetzte Täuschung, die dazu diente, beim amerikanischen Volk die Bereitschaft zu diesem Krieg zu erhöhen. Zwei Millionen Vietnamesen und circa 60 000 US-Soldaten ließen dafür ihr Leben.

Fünftens: Besonders dreist war die sogenannte »Brutkastenlüge« des Jahres 1990, die als Rechtfertigung dafür diente, dass sich die Amerikaner gewaltsam in die seinerzeit schwelende Auseinandersetzung zwischen Kuwait und dem Irak einmischten. Die Lüge einer 15-jährigen Kuwaiterin genügte, um einen Krieg vom Zaun zu brechen. Die »Zeugin« trug am 10. Oktober 1990 vor dem Menschenrechteausschuss des US-Kongresses unter Tränen vor, dass sie gesehen habe, wie irakische Soldaten kuwaitische Säuglinge aus den Brutkästen nahmen und diese auf den

Boden fallen ließen, wo sie dann starben. Die US-Amerikaner mit ihrem Präsidenten George H. W. Bush an der Spitze entrüsteten sich über diesen Vorfall derart, dass kurz darauf die US-Tötungsmaschinerie in den Konflikt entsandt wurde. Erst nach der militärischen Intervention zur Befreiung Kuwaits, dem Zweiten Golfkrieg, stellte sich die Darstellung der 15-Jährigen als PR-Kampagne heraus: Die Agentur *Hill & Knowlton* hatte das Mädchen im Auftrag der im Exil befindlichen Regierung Kuwaits bezahlt, die allein für diesen Zweck zehn Millionen US-Dollar erhielt. 150 000 Menschen starben in diesem Krieg.

Sechstens: Trotz dieser ganz offenkundigen Kriegslüge ereignete sich wenige Jahre später, nämlich 2003, etwas ganz Ähnliches, um im Irak erneut einen Krieg auszulösen. Hier genügte die mit gefälschten Informationen versehene PowerPoint-Präsentation amerikanischer und deutscher Geheimdienste, die angebliche Massenvernichtungswaffen ausfindig gemacht haben wollten, die der irakische Regierungschef Saddam Hussein seinerzeit angeblich gebunkert haben sollte. Nicht nur der damalige US-Außenminister Colin Luther Powell hat in der Zwischenzeit öffentlich zugegeben, in diesem Zusammenhang vorsätzlich gelogen zu haben. Auch Ex-Präsident George W. Bush, der damals der Welt verkündet hatte, der Irak könne »jederzeit biologische und chemische Waffen an Terroristen geben«, hat dies inzwischen als »seinen größten Fehler« eingestanden. Seit der letzten US-Militärintervention ist der Irak ein destabilisiertes, zerstörtes, nicht mehr zur Ruhe kommendes Land, in dem bis heute Religionskriege an der Tagesordnung sind und weit über eine Million Menschen starben. Die reichhaltigen Erdölvorkommen wurden unterdessen zwischen den westlichen NATO-Staaten aufgeteilt. Derzeit wird ein neues Kriegskapitel im Irak aufgeschlagen: der nun aufgeflammte und mit aller Brutalität geführte »Glaubenskrieg« der IS-Terroristen. Seine Ursachen und die für ihn Verantwortlichen werden wohl erst zu einem späteren Zeitpunkt genau untersucht beziehungsweise ermittelt werden, dann nämlich, wenn es erneut Zehn- oder Hunderttausende von Toten und vielleicht Millionen Flüchtlinge gegeben hat.

Siebtens: Damit Europa nicht allzu lange eine »kriegsfreie Zone« blieb, gelang es am Ende der 1990er-Jahre zwei schillernden deutschen Politikern, mit Lügen und theatralischer Rhetorik den regionalen Konflikt im Kosovo zu internationalisieren. Rudolf Scharping als damaliger Verteidigungsminister und sein grüner Genosse Joschka Fischer in der Funktion des Außenministers erfanden die von Serben dominierte jugoslawische »Operation Hufeisen«. Mit ihr sollte die jugoslawische Armee zusammen mit paramilitärischen Einheiten eine Operation in Gang gesetzt haben, die zum Ziel hatte, den Kosovo hufeisenförmig zu umzingeln, das heißt ihn von drei Seiten her systematisch in einen alles vernichtenden Würgegriff zu nehmen. Von Anfang an merkwürdig erschien bei dieser sich schließlich als Lügengeschichte herausstellenden Falschdarstellung, dass unter anderem behauptet wurde, dass die auf ihre Sprache stolzen Serben ihre Operation mit dem kroatischen (!) Begriff »Potkova« (= Hufeisen) bezeichneten. Das war noch nicht alles. Laut Scharping hätten die Serben während der Operation »sogar Munition und Sprengstoff gespart«: Häuser wurden von ihnen in Brand gesetzt, indem sie den Gashahn aufdrehten und eine Kerze unter dem Dach brennen ließen … Der gute Mann musste in der Schule im Physikunterricht wohl einen aussichtsreichen Fensterplatz gehabt haben. Nicht nur Feuerwehr- und Brandexperten schüttelten den Kopf über diesen physikalischen Blödsinn. Austretendes Gas würde nämlich nicht nach oben steigen, sondern aufgrund der höheren spezifischen Dichte unten verbleiben. Eine unter dem Dachboden brennende Kerze könnte also getrost dort verbleiben, ohne Schaden anzurichten. Doch egal, einmal in einer Live-Talkshow deswegen in die Enge getrieben, erklärte der kreative Physiker Scharping mit leicht dümmlich wirkender, dennoch selbstbewusster Miene: »Ich rate Ihnen, es nicht selbst zu versuchen.« Und: »Wollen Sie, dass ich Ihnen den Hufeisenplan zeige?« Das Unintelligenteste daran: In den versprengten Dörfern des Kosovo gibt es überhaupt keine flächendeckende Gasversorgung – bis heute nicht.

Den als Pazifisten getarnten Kriegstreibern Scharping und Fischer waren Fakten und Wahrheit egal. Sie schafften es trotz ihrer vielleicht zuweilen vorsätzlichen Ahnungslosigkeit, aus dem »Verteidigungsbündnis NATO« schließlich eine Angriffsarmee werden zu lassen, in der die deutschen Soldaten ihr Können praktisch ausnahmslos – dem anderslautenden Gründungsgrundsatz zum Trotz – im Ausland unter Beweis stellten.

Um den Kosovo zu *schützen*, wurden im Frühjahr 1999 zweiundsiebzig Tage lang Fabriken, die ohne jede militärische Bedeutung waren, Brücken sowie Infrastrukturobjekte in ganz Restjugoslawien aus sicherer Höhe von über fünftausend Metern systematisch zerstört. Unter dem Bombenhagel starben vorwiegend Zivilisten. Selbst Journalisten und unschuldige Mitarbeiter eines Fernsehsenders wurden zum militärischen Ziel erklärt. Dieser Teil des Balkans (und Europas) wurde in kürzester Zeit um Jahrzehnte zurückgebombt. Kurz darauf – nachdem zielsichere Treffer auf militärisch unbedeutende Objekte und Infrastruktureinrichtungen lapidar als Kollateralschäden bezeichnet worden und Tausende von Toten zu beklagen gewesen waren – begann im Kosovo als Erstes der Drogen-, Menschen- und Organhandel zu gedeihen, und zwar auch unter den wachsamen Augen der KFOR, an der ebenfalls deutsche Soldaten beteiligt waren.

Welche Interessen auch immer hinter diesen unlegitimierten Taten gestanden haben mögen – um die Interessen der jugoslawischen oder der in Europa in Frieden leben wollenden Bevölkerungen ging es dabei ganz sicher nicht.

Schauen wir uns weiter in der Weltgeschichte um: Bis zum Jahre 2014, also innerhalb eines Zeitrahmens von knapp sieben Jahrzehnten nach dem Zweiten Weltkrieg, kam es auf der Welt zu insgesamt 248 militärischen Auseinandersetzungen. In circa 81 Prozent dieser Konflikte, das heißt 201 Mal, waren die USA beteiligt. Fast dreißig Millionen Menschen starben dabei, knapp doppelt so viele wie im Ersten Weltkrieg. Zählt man die Todesopfer nach sogenannten Befriedungen hinzu, dann übersteigt der Wert die Anzahl der Toten des Zweiten Weltkrieges bei Weitem. Und: Nach der offiziellen Beendigung der Kampfhandlungen im Irak, wie sie der damalige amerikanische Präsident G. W. Bush theatralisch auf einem US-Kriegsschiff verkündete, starben in diesem Land immer noch mehr Menschen als während der Kriegshandlungen.

Angesichts solcher Fakten hofft jeder, der noch mit gesundem Menschenverstand ausgestattet ist, dass es sich bei solchen »Friedensbotschaften« um blanke Dummheit handeln möge. Alles andere wäre schlimmster Zynismus und einfach unerträglich!

Doch wir sind noch lange nicht fertig mit der Aufzählung: Seit dem Beginn des dritten Jahrtausends mehren sich »merkwürdige Ereignisse«. Den makabren Anfang markierte der 11. September 2001. Terroristen steuerten (angeblich) entführte große Passagiermaschinen in Wolkenkratzer, flogen, wie es heißt, dabei anspruchsvolle Manöver, die selbst für erfahrene Piloten eine Herausforderung darstellten. Ihr Angriffsplan, so wird bis heute behauptet, sei aufgegangen: Das berühmte World Trade Center in New York City, die beiden höchsten Türme, die Twin Towers, stürzten nach dem Einschlag der Flugzeuge komplett ein. Die einzige schlüssige Erklärung einer heimlichen und kontrollierten Sprengung, die in der Lage ist, alle beobachteten Besonderheiten des Vorfalls zu erklären, wird bis heute von offizieller Seite strikt abgelehnt. Ein weiteres Flugzeug (das übrigens niemand sah!) traf damals angeblich auch das in der Nachbarschaft der Twin Towers befindliche Gebäude mit der Bezeichnung WTC 7, das genauso in sich zusammenstürzte, wie man es bei einer perfekten Sprengung erwarten würde. Der Einsturz erfolgte plötzlich, symmetrisch und fast im Tempo des freien Falls, heißt es vonseiten jener Stellen, die bis heute Licht ins Dunkel zu bringen suchen. Das meiste von dem, was an diesem Tag passierte und die zusammenstürzenden Bauten betraf, kann bis heute ohnehin kaum ein Physiker, Pyrotechniker, Statiker oder Materialspezialist nachvollziehen. Die Nachrichtenagenturen allerdings schon, ebenso wie die westlichen Regierungen!

Es folgten ganze Reihen von Katastrophen. Eine wurde verharmlosend »Arabischer Frühling« getauft. Gelbe und orangene Revolutionen wechselten sich in verschiedenen Ländern ab. Anfang 2014 verschwand schließlich eines der modernsten Passagierflugzeuge der Welt, eine Boeing-777, der *Malaysian Airlines* auf einem Routineflug »einfach so«. Einfach so? Medien orakelten: Hat der Pilot alle Systeme ausgeschaltet und das Flugzeug unsichtbar gemacht?

Es grenzt an Wahnsinn, was alles »einfach so« möglich zu sein scheint in diesen modernen Zeiten von heute, oder? Wozu werden eigentlich Stealth-Flugzeuge für Milliarden von Dollar entwickelt, wenn auch ganz normale Passagierflugzeuge in der Lage sein sollen, vom Radar nicht wahrgenommen zu werden?

Beim Verschwinden der Boeing-777 ging es freilich nicht um die bei Stealth-Flugzeugen erwünschte Radarunsichtbarkeit, sondern wohl eher um ein Austricksen der ahnungslosen Öffentlichkeit. An Bord der Maschine befanden sich nämlich unter anderem zwanzig der begabtesten chinesischen Softwareentwickler, die einen Mikrochip namens Kinesis KL-03 bei sich führten, der nur 1,9 x 2,0 Millimeter groß war. Manche sprachen in Bezug auf den Chip von der wirksamsten Waffe der Zukunft. Das Patent für den Chip wurde drei Tage nach dem Verschwinden des Flugzeugs rechtskräftig eingetragen. Die vier chinesischen Patentmitinhaber verschwanden unglücklicherweise mit den anderen an Bord der Boeing-777 befindlichen Menschen. Vertragsgemäß gingen die Patentrechte nach dem Ableben der vier Patentmitinhaber aus China nun an jene Firma in den USA, in der die Wissenschaftler beschäftigt waren. Deren größter Anteilseigner übrigens der britische Investmentbanker Baron N. C. J. Rothschild ist. Zufälle gibt es!

Überhaupt konzentrierten sich die Ereignisse, die die Welt destabilisier(t)en, wie selten zuvor auf ein einziges Jahr – 2014. Die Ukraine entwickelte sich zur Bürger- und Bruderkriegsregion. Nach fast übereinstimmender Meinung des Westens ist dafür schon wieder – oder immer noch? – nur ein Mann verantwortlich zu machen, nämlich der Russe Wladimir Putin. Der Präsident der Russischen Föderation wird notabene auch für den Abschuss des Passagierflugzeugs MH17 im Juli 2014 über der Ukraine verantwortlich gemacht. Dass es dafür keine Belege gibt, stört den Westen kaum. Seltsamerweise traf es auch diesmal eine Maschine der *Malaysian Airlines* vom Typ Boeing-777. Erst verschwanden, nun starben mehrere hundert Menschen?! Welches Interesse die Russen an einem Abschluss von MH17 gehabt haben sollten, wurde nicht einmal versucht zu erklären. Alles, was die Russen selbst zur Aufklärung des Vorfalls beizutragen hatten, wurde entweder ignoriert oder in den seltenen Berichterstattungen mit der Bemerkung »angeblich« abwertend dargestellt. Merkwürdig schnell wurde es um diese (wiederholte!) Katastrophe still. Die gegenüber der weltweiten Öffentlichkeit vorgetragenen westlichen Beschuldigungen und Anklagen an die Adresse Putins beziehungsweise Russlands sind offenbar auch ohne einen einzigen Beleg oder Beweis statthaft.

Fast drei Monate später, Anfang September 2014, wurde in Holland endlich der vorläufige Bericht über die Abschussursache vorgestellt. Die Bilder zeigten unter anderem merkwürdige, aber erstaunlich deutliche Einschusslöcher in den Wrackteilen der Maschine – und zwar an beiden Seiten! Dass diese auch durch den Beschuss von Bordwaffen eines Kampfjets verursacht werden konnten, wurde nie erwähnt. Im Gegenteil, es sollten offenbar Einschlaglöcher von Metallsplittern einer mutmaßlichen Boden-Luft-Rakete sein. Trotz erstaunlicher Eindeutigkeit der Bilder hieß es, dass der *vollständige* Bericht frühestens ein Jahr später vorliegen werde. Darüber muss man sich schon sehr wundern, hatte doch der Westen bereits am Tag des Abschusses angeblich eindeutige Indizien dafür vorliegen, dass russische Truppen beziehungsweise von ihnen unterstützte Separatisten aus der Ostukraine den Abschuss verursacht hatten! Die Theorie, dass hinter dieser Flugzeugkatastrophe auch die ukrainische Armee oder Luftwaffe – und damit die interessierten geldmächtigen Kreise des Westens respektive der Welt – stecken könnten, wurde von den Journalisten nicht einmal in Betracht gezogen. Warum eigentlich nicht?

Bezeichnend ist im Übrigen, dass just zur Zeit des Flugzeugzwischenfalls die BRICS-Staaten (Brasilien, Russland, Indien, China, Südafrika) versuchten, eine Vorgehensweise zur Brechung der Vorherrschaft des US-Dollars als Weltleitwährung zu entwickeln. Wann und wo auch immer Derartiges in den vergangenen Jahrzehnten versucht wurde: Die gegen den US-Dollar arbeitenden Personen oder Nationen mussten danach dafür büßen, wurden getötet beziehungsweise in Kriege mit vielen Toten und massiven Zerstörungen verwickelt. Der irakische Präsident Saddam Hussein hatte zum Beispiel Anfang des Jahres 2000 mit der bloßen Ankündigung, seine Ölexporte künftig in

Euro abrechnen zu wollen, ein Todesurteil ausgesprochen – sowohl sein eigenes als auch das seines Landes.

Weitere Kriegsschauplätze unserer Welt konzentrieren sich vor allem – und das seit Jahrzehnten – im Nahen Osten, wobei von besonderer Bedeutung der palästinensisch-israelische Konflikt ist: Die sunnitisch-islamistische Palästinenser-Organisation *Hamas* feuerte auch in diesem Jahr sinnloserweise und mit kaum erwähnenswerter Treffsicherheit Hunderte von Raketen auf das von ihr bekämpfte Israel ab. Das dortige Militär verwandelte daraufhin den Gazastreifen in wenigen Tagen in eine Trümmerlandschaft mit zahlreichen Toten. Die Kämpfe zwischen Israel und der *Hamas* werden wohl auch in Zukunft mit unverminderter Härte weitergehen, ein Ende ist, wieder einmal, nicht in Sicht.

Radikale Islamisten schafften es innerhalb weniger Wochen, unter dem Kürzel IS (Islamischer Staat) eine neue Terrormacht in das weltweite Bewusstsein zu pflanzen. Die Mitglieder der IS gehen mit besonderer Grausamkeit gegen ihre Gegner vor und wollen ein Kalifat errichten – dort, wo heute der Irak und Syrien als Staaten existieren. Wieder einmal findet ein Bürger- und Bruderkrieg statt, wieder einmal wurde ein neues, perverses »Erfolgsmodell« installiert, um einen Teil der Welt zu destabilisieren und bestehende Ordnungen zu kippen. Etwaige Ähnlichkeiten des IS mit seinem Vorgänger, der ebenfalls von amerikanischen Geheimdiensten entwickelten *Al-Kaida*, sind natürlich rein zufällig.

Menschen, aber auch die Wahrheit, sterben jeden Tag auf dieser Welt, insbesondere aber im Nahen Osten mit seinen

Ölreichtümern, weil sie mächtigen Interessen im Weg sind. Fortwährend geschieht das so, die dabei eingesetzten Mittel und Methoden werden immer brutaler beziehungsweise skrupelloser. Die inzwischen leicht durchschaubaren Manöver westlicher Regierungen, über die Destabiliserung ganzer Regionen und Nationen – insbesondere im Nahen Osten – an ihre monetären Ziele zu gelangen, scheinen jedoch immer noch raffiniert genug verkauft werden zu können, um die Mehrheit der Menschen aus ihrem bleiernen Schlaf nicht aufwachen zu lassen.

All die vielfältigen Parallelen zu sämtlichen gewissenlosen Täuschungen und Lügen, wie es sie vor den allermeisten verheerenden Kriegen stets gegeben hat, drängen sich uns auch hinsichtlich der Konflikte im Nahen Osten auf. Doch wer sind die wirklichen Strippenzieher im Hintergrund? Dass es sie gibt, ist kaum zu bestreiten. Sie mögen vielleicht ihre Gründe für all ihre perversen Taten haben. Doch dürften diese im rein materialistischen, persönlichen Macht- und Gewinnstreben liegen. Diese Leute spielen offenbar Gott auf Erden und sind doch nur schreckliche Bestien, die unsere Werte, unsere Freiheit und die Wahrheit skrupellos zerstören.

Der Nahe Osten und sein Umfeld kommen, allen angeblich demokratischen Bemühungen, allen angeblich freien Wahlen zum Trotz, doch niemals zur Ruhe. Und um »demokratische« Wahlen auf jeden Fall auch gewinnen zu können, wird schon einmal beinahe landesweit bei der Auszählung der Stimmen der Strom abgeschaltet, wie dies beispielsweise bei der erneuten Wahl des türkischen Präsidenten Erdogan 2014 geschah.

Ob in Afghanistan, Libyen, im Irak, in Jugoslawien oder wo auch immer mit einer mehr oder weniger demokratisch begründeten Legitimierung scharf geschossen wird, bei näherer Betrachtung zeigt sich doch stets dasselbe: Für die Interessen einiger weniger dieser Welt müssen fortlaufend Millionen Menschen leiden oder gar sterben!

Das alles gänzlich verhindern zu wollen wäre ein zu hoch gestecktes Ziel. Eines der erklärten Vorhaben dieses Buches jedoch ist es, diesbezügliche Gefahren erkennbar und verstehbar werden zu lassen, um sie vielleicht eines Tages minimieren zu können. Die derzeit zum Schweigen gebrachte Mehrheit möge durch Erkennen der wahren Probleme unserer Welt und der dahinterstehenden Verursacher endlich erwachen. Der Spieß muss umgedreht werden: Wir sind die Mehrheit! Wir sind die 99 Prozent!

Sehen Sie genau hin. Glauben Sie nicht immer einfach, was Sie gerade im Fernsehen sehen oder hören. Begreifen Sie die Geschichte, die sich oft hinter der Ihnen präsentierten Story befindet. Handeln Sie, indem Sie sich richtig informieren und dann andere über die gewonnenen Fakten in Kenntnis setzen. Ohne zu missionieren.

Warten Sie nicht, dass etwas besser wird, machen Sie es selbst besser – idealerweise sofort. Lassen Sie sich nicht blenden von den Großen dieser Welt. Sonst gehören Sie nämlich zu denjenigen, die diese Leute überhaupt erst groß gemacht haben. Ob Staatspräsidenten, Religionsoberhäupter oder berühmte Nobelpreisträger, sie alle sind nichts, sobald keiner mehr das ernst nimmt, was sie propagieren. Messen Sie deren Größe an dem, was diese Leute tun, und nicht an dem, was sie sagen und versprechen, denn das sind in der Regel ganz verschiedene Dinge. Verbreitet ein Nobelpreisträger zum Beispiel seine Friedensbotschaften in der Welt, beansprucht selbst aber höchsten Sicherheitsaufwand, Luxusjets und Staatskarossen mit einem Tross von Bediensteten und Bodyguards, dann gehören seine Botschaften kritisch hinterfragt. Unabhängig davon, ob einer der Großen in einen Umhang gehüllt, in Sandalen, Maßanzug oder smart gekleidet daherkommt – all das ist ein Teil der sorgsam gewählten Maske, die Ihre Gedanken lenken und beeinflussen soll, das zu glauben, was er sagt. Hören Sie seine Worte, aber bleiben Sie skeptisch und bewerten Sie ihn nur anhand seinern Taten. Bedenken Sie das Bibel-Wort: »An ihren Früchten sollt ihr sie erkennen!«

Wenn wir wollen, können wir das Steuer herumreißen: zum Guten, zum Edlen, zum Glück für die Menschheit!

Das Medienkartell und seine Handlanger

Ohne die Wahrheit gibt es keine Freiheit.

Das Bauwerk »Welt« stellt eine unendliche Aufgabe dar. Dieses Buch ist mit dem Ziel verfasst worden, Ihr Erkennen, Ihre Wahrnehmung für unsere Welt, Ihre Beobachtungslust ein wenig zu steigern, Ihr Nachdenken anzuregen. Auch Ihre Initiative ist gefragt, um selbst die Fakten zu überprüfen oder weiter zu recherchieren, wann immer die Frage auftritt: Was ist hier richtig, und was ist falsch? Welche Informationen auch immer Sie gezielt suchen und überprüfen möchten, Sie können heutzutage das alles mit wenig Aufwand selbst tun, von jedem Smartphone oder Computer aus, an jedem Platz dieser Welt. Beinahe jede denkbare Information ist nämlich heutzutage mehr oder weniger frei zugänglich, jeder von uns kann inzwischen als Hobbyjournalist arbeiten.

Eines dürfte klar sein: Diese Welt ist nicht, wie sie scheint. Vieles in ihr steht auf dem Kopf. Eine unbeschreibliche Begriffsverwirrung greift zunehmend um sich. Deshalb: *Wer Augen hat, der sehe. Wer Ohren hat, der höre.*

Jene Leute, die uns jetzt noch erfolgreich manipulieren, wissen natürlich, weshalb sie das machen und wie. Die Global Players haben ihre Leute, die genau das tun und lassen, was gerade gewünscht wird. Hauptakteure: die Medien! Wer heute den Fernseher einschaltet, die Tageszeitung in die Hand nimmt, wer sein Autoradio einstellt oder die Online-Dienste der Massenmedien besucht, dem muss eines immer klar sein: Wahrheit war gestern, heute heißt das Zauberwort *Propaganda*. Jeden Tag werden Tausende Artikel und Beiträge neu produziert – und weltweit –, wobei der überwiegende Teil aus den Werkstätten der Agitation stammt! Kaum zu glauben, aber leider wahr. Wir werden überflutet mit Meldungen, mit Informationen, mit Nachrichten. Doch prüfen Sie selbst: Führt diese Schwemme wirklich zu mehr Hinweisen, zu besserer Informiertheit? Profitieren wir davon? Erfahren wir mehr? Können wir mit diesem vorgesetzten Wissen die Welt wirklich besser beurteilen? Oder laufen wir in Wahrheit wie die Lemminge hinter großtönenden, doch häufig leeren Aussagen her, die uns in von Licht gleißenden Studios von smart daherkommenden Chefansagern aufgetischt werden? Warum werden wir manchmal das Gefühl nicht mehr los, dass hier etwas nicht stimmt? Sind wirklich immer die Russen die Bösen? Ist die US-amerikanische Weltregierung, die auch das zentralistische Brüssel fest im Griff hat, tatsächlich unser Segen? Ist der Euro wirklich eine gute Entscheidung gewesen, zum Wohle vieler Völker? Oder nicht? Warum fühlen und empfinden wir immer öfter ganz anders, als es von uns erwartet wird?

Wer sich einmal die vielen zu Krieg, Gewalt und Hass führenden Lügen, Intrigen und Irrtümer der Großen, der Mächtigen anschaut, die von der etablierten Geschichtsschreibung in der Regel kaum oder nur am Rande berücksichtigt und im vorigen Kapitel aufgelistet wurden, der wundert sich doch schon über fast gar nichts mehr. Diese und Abertausende weiterer historischer Falschdarstellungen, die uns schon in der Schule als

Wahrheiten eingehämmert wurden, konnten unter anderem deswegen oft nicht entlarvt und/oder aufgeklärt werden, weil die Medien, deren Aufgabe dies unter anderem gewesen wäre, es nicht taten! Sie sollten, sie durften es nicht tun. Sind sie nicht in vielen Fällen nur noch die Handlanger der Großen?

Sehen wir uns die großen Pressehäuser an, die beeindruckenden Bauten der Fernsehanstalten: Noch stehen sie. Doch der Vernichtungswurm nagt an sämtlichen Einrichtungen. Dramatisch schwindende Einschaltquoten, schrumpfende Auflagenzahlen, Massenentlassungen in Verlagshäusern, die Abwendung der Bürger von zu bezahlenden Informationen: Niedergang seit Jahren, auf der ganzen Linie. Hunderte und Tausende arbeitsloser Journalisten allein in Deutschland suchen ihren Lebensunterhalt inzwischen irgendwie zu bestreiten, doch die Chancen werden immer geringer. Nicht selten dienen sie als willige Söldner, um die Zeitungs- und Fernsehprogramme zu füllen mit den jeweils politisch korrekt erforderlichen Informationen. Unterstützend wirken dabei die großen Presseagenturen, die die vorformulierten Nachrichten verbreiten. Alles natürlich immer in jenem Tenor, der den jeweils herrschenden politischen Zielen dient. Es ist zwar ein wahres Horrorszenario, das hier offenbart wird, doch leider handelt es sich nicht um einen Fantasiefilm, den man per Knopfdruck beenden kann, sondern um unsere tägliche Realität.

Der Trick ist ja so einfach wie genial: Fast alle Meldungen, die über die großen Presseagenturen getickert werden, werden in dem nahezu selben Wortlaut von den verarbeitenden Presseorganen veröffentlicht. Print- und elektronische Medien bedienen sich dabei oft der gleichen Quellen, wie auch die Redakteure und Autoren freier Medien. In den meisten Fällen recherchieren die sogenannten Qualitätsjournalisten nicht mehr selbst, denn es ist ja viel bequemer, vorverfassen zu lassen. Und so zitieren sie, schreiben ab, drehen sich im Kreise. Das alles wird schließlich gedruckt oder gesendet und, nicht selten für teures Geld, als »aktuelle Nachricht« verkauft.

Machen Sie sich nur einmal den fragwürdigen Spaß und vergleichen Sie an irgendeinem Tag die Texte der Mainstream-Medien. Dann werden Sie schnell feststellen: Sie ähneln einander wie Mehrlinge, zuweilen fast wortgenau sogar. Es stellt sich in diesem Zusammenhang daher die Frage, ob die Journalisten es am Ende selbst gar nicht bemerken, dass man auf viele ihrer Veröffentlichungen verzichten könnte, weil sie sich immer mehr angleichen.

Nun muss die Frage beantwortet werden, wie die Informationen bei den Presseagenturen überhaupt zustande kommen. Sind sie objektiv, neutral? Wer sucht sie aus? Wer entscheidet darüber, was berichtet wird oder was man außen vor lässt? Ein unabhängiger Gold- und Währungsexperte formulierte es einmal so, nachdem die Medien wochenlang ihren Zuschauern und Lesern eingeredet hatten, sie sollten ihre Goldbestände nur ja schnell verkaufen, da der Wert des Goldes bald drastisch sinken werde (so funktioniert heute im Übrigen ein Teil der Goldpreismanipulation): »Breit gestreute Meldungen können bereits eine große Menge von Goldbesitzern dazu bringen, ihr Edelmetall schnell wieder zu verkaufen. Wir werden über die Nachrichtenagenturen gesteuert, und über die Nachrichtenagenturen laufen die Meldungen, die verbreitet werden sollen. Interessant ist es, zu schauen, wer ganz oben die Kontrolle über die Nachrichteneingabe hat.« Der Finanzexperte, ein Fondsmaganer, informierte weiterhin darüber, dass nach vielen Gesprächen, die er mit Journalisten geführt habe, diese vielfach zugegeben hätten, desillusioniert zu sein: Gelder wurden gestrichen, Zeit für Recherchen ebenso. Die Medienleute seien vielmehr darauf angewiesen, das, was sie von den großen Agenturen an Informationen erhielten, lediglich ein wenig zu bearbeiten und dann weiterzuveröffentlichen.

Aufmerksame Beobachter sind übrigens der Ansicht, dass das Medienkartell nicht etwa die Vierte Macht im Lande sei, wie es öfter betont wird, sondern die Zweite: Direkt unter den Global Players, die die Aktionspyramide für eine neue Weltordnung anführen, stehen die Medien. Erst darunter finden sich die Politiker, und noch eine Stufe tiefer stehen die Wirtschafts- und Industrieunternehmen sowie alle anderen Akteure. Eigentlich logisch, oder? Wenn die Propaganda stimmt, wenn also gewünschte Informationen gebetsmühlenartig von nahezu sämtlichen Medien gleichermaßen verbreitet werden, so glaubt sie irgendwann auch der letzte Kritiker: Sie werden zur *Wahrheit*. Kopfschüttelnd schaut man sich noch eine Weile um und fragt sich, warum die anderen Leute all die Irrtümer, die vermeldet werden, nicht bemerkten. Oh, doch, sie bemerken sie schon. Doch immer weniger Menschen trauen sich noch, das Wort zu erheben. Sie fühlen sich nicht selten eingeschüchtert, kommen nicht mehr an gegen die Meinungsgewalt, die auf sie zukommt. Es ist schwer zu beurteilen, ob ein weiterer damit verbundener Nebeneffekt beabsichtigt gewesen ist oder nicht, doch Tatsache ist, dass zahlreiche Menschen durch diese Vorgänge sich immer verunsicherter fühlen. Sie vertrauen ihrer eigenen inneren Stimme immer weniger, da ja offenbar der Rest der Welt anders denkt als sie. Ist es so?

Und haben Sie sich schon einmal die Frage gestellt, wem eigentlich die großen Medienhäuser und die Nachrichtenagenturen gehören? Wer bestimmt, was gesendet und geschrieben wird? Auch hier können wir beobachten: Die Zahl der kleinen und individuellen beziehungsweise mittelgroßen Eigner wird immer geringer, denn die Großen fressen, wie überall, auch hier die Kleinen! Längst gibt es so gut wie keine kleinen, unabhängigen Regionalzeitungen oder -sender mehr, längst wurden sie aufgesogen in die großen, mächtigen Verlagshäuser. Allenfalls dürfen sie zuweilen noch einen überschaubaren regionalen Mantel zuliefern, doch mit der redaktionellen Eigenständigkeit ist es flächendeckend vorbei.

Doch nicht nur die Kleinen und Mittleren trifft es, nun werden vielmehr die Großen von den noch Größeren, den Global Players, geschluckt. Übrig bleibt am Ende nur noch der, der Macht und Geld besitzt.

Die meist gelenkten Medien, das darf man nicht vergessen, müssen natürlich auch in Quoten und Auflagen denken. Ist es wichtiger, den Konsumenten im Leser zu befriedigen oder ihn objektiv und wahrheitsgemäß zu informieren? Wo beginnen eigentlich die ethisch-moralischen Grenzen eines Journalisten? Darf er falsch berichten? Darf er, aus eigener Anschauung, Inhalte verdrehen? Oder muss er versuchen, so nahe wie möglich an den Tatsachen zu bleiben, auch wenn es seiner eigenen Einstellung widerspricht?

An dieser Stelle sei kurz auf den politischen Wirtschaftsjournalisten Harald Schumann verwiesen, der zur Zeit dieser Niederschrift beim Berliner *Tagesspiegel* tätig war. Dieser Insider, der als Wirtschaftsjournalist auch lange beim *Spiegel* gearbeitet hatte, übte in einem Interview scharfe Kritik an der viel gepriesenen Pressefreiheit deutscher Medien. Schumann erklärte, dass jene Journalisten, die heutzutage einen Bericht hervorragend recherchiert und geschrieben hätten, noch lange nicht davon ausgehen könnten, dass dieser dann automatisch auch so im Blatt erscheine. Vielmehr würden die Berichte sehr häufig zurechtgebogen, wenn der Inhalt den jeweiligen »Gesinnungen, Absichten und Interessen ihrer Vorgesetzten« nicht entspreche. Der Autor betonte, die Kollegen dürften sehr häufig nicht die Wahrheit schreiben. Das habe er selbst viele Jahre beim *Spiegel* am eigenen Leibe erlebt und wisse es auch aus anderen Redaktionen. Die Wahrheit werde oft verbogen, weil Chefs und Verleger ihre eigene Weltsicht widergespiegelt sehen wollen. Er vermisse die innere Pressefreiheit!

Langsam versteht man, warum das Vertrauen der Bürger in die Medien ebenso dramatisch gesunken ist wie in die Glaubwürdigkeit der regierenden Politiker. Auch der im Herbst 2014 erschienene Bestseller *Gekaufte Journalisten* von Udo Ulfkotte ist eine deutliche Aussage und ein Schlag ins angeblich seriöse Gesicht zahlreicher *Qualitäts*journalisten. Der ehemalige Autor der *Frankfurter Allgemeinen Zeitung* erläutert in seinem Buch die korrupten Mechanismen des Mediensystems, in die sämtliche bekannte Zeitungen und TV-Sender eingewebt sind. Er gibt auch selbstkritisch zu, dass er sich schäme, siebzehn Jahre lang für die FAZ gearbeitet und sich geschmiert haben zu lassen. Seine Enthüllungen haben es in sich, sie lassen das gesamte Medien- und Pressekonstrukt gefährlich erschüttern. Ulfkotte erläutert, warum die Meinungsführer tendenziös berichten und wie der verlängerte Arm der NATO-Pressestelle Kriege medial vorbereitet. Er nennt Hunderte Namen und blickt auch hinter die Kulissen jener Organisationen, die unsere Medien propagandistisch einseitig beeinflussen, etwa: Atlantik-Brücke, Trilaterale Kommission, *German Marshall Fund*, *American Council on Germany*, *American Academy*, *Aspen Institute* und Institut für Europäische Politik. Ebenso legt er die Mechanismen und die geheimdienstlichen Hintergründe zu Lobbygruppen frei sowie die subtilen Propagandatechniken der Mainstream-Medien.

Ulfkotte fragt die unwissenden Bürger: »Können Sie sich vorstellen, dass Geheimdienstmitarbeiter in Redaktionen Texte verfassen, welche dann im redaktionellen Teil unter den Namen bekannter Journalisten veröffentlicht werden? Wissen Sie, welche Journalisten welcher Medien für ihre Berichterstattung geschmiert wurden?« Ulfkotte legt ebenso offen, welcher Sender welcher politischen Partei gehört und welche Journalisten wie beeinflusst werden. Und am Ende wird auch hier klar: Meinungsvielfalt wird nur noch simuliert: »Denn unsere ›Nachrichten‹ sind häufig reine Gehirnwäsche.«

Es stimmt: Das System der Massenmedien neigt sich seinem Ende zu. Auflageneinbrüche der Tages- und Wochenzeitungen beweisen dies ebenso wie Quotentiefs der Nachrichten- und Informationssendungen im Fernsehen. Auch die massiven Stellenstreichungen vieler Verlage bringen das Licht der Wahrheit zum Leuchten: Es geht zu Ende mit den Massenmedien. Der Verbraucher wendet sich von seinen lieb gewordenen Angewohnheiten ab: Nicht um jeden Preis will er morgens noch die Zeitung lesen, wenn sie ihm doch ohnehin nicht die Wahrheit bringt. Stattdessen begibt er sich ins Internet und sucht immer öfter alternative Portale auf, in denen nicht selten wirklich unabhängige Journalisten versuchen, der Realität so nahe wie möglich zu kommen. Oder er liest ein gutes Buch, das mit brennendem Herzen und bangendem Hoffen geschrieben wurde, möglicherweise von einem Menschen, der die Wahrheit sucht und seine wohlrecherchierten Erkenntnisse für uns zu Papier brachte. Damit wir wach werden. Damit wir weiterkommen. Damit wir erkennen!

Macht Ihnen der derzeit immer sichtbarer werdende Wandel Angst? Das muss er nicht. Seien Sie unbesorgt, alles wird gut werden: Das Alte, Falsche fällt, erst dann kann das Gute, Neue und Richtige erstehen.

Auch wenn angesichts der noch herrschenden Macht des Medienkartells manchmal das Atmen schwerfällt, so verfallen Sie beim Anblick der Ungerechtigkeit bloß nicht in eine Schockstarre der Machtlosigkeit: Sie sind nicht machtlos, Sie sind mächtig, Sie alle sind die Mehrheit! Bleibt nicht unten stehen, lasst uns losgehen! Lasst uns nicht schweigen, lasst uns reden! Denkt selbst, und lasst nicht andere für euch denken! Prüft, hinterfragt, handelt!

Bekämpfung der Korruption

Der Bestechliche ist schädlich, der Bestechende ist gefährlich.

»Käuflich ist jeder, es ist nur eine Frage des Preises!« Dieser Satz ist im Laufe der Menschheitsgeschichte zu einem allgemein gebräuchlichen Spruch mutiert. Bezeichnenderweise ist dieser Gedanke in den meisten Kulturen bekannt, seine »Funktionsfähigkeit« wurde in so gut wie allen politischen Systemen der Erde längst unter Beweis gestellt. Unsere derzeitigen Systeme sind ein beeindruckender Beleg dafür, wie weit unser Leben von Geld bestimmt wird, vor allem wird auch deutlich, wie einfach und selbstverständlich damit auch unsere Charaktereigenschaften beeinflusst werden. Merkwürdig ist und bleibt dennoch: Der traurigen Tatsache einer weltweit verbreiteten Korruption auf sämtlichen hierarchischen Ebenen steht eine juristische Realität gegenüber, die damit nicht in Einklang steht. Korruption ist strafbar, das weiß jeder. Ihre Beurteilung durch unsere Rechtssysteme erfolgt jedoch häufig nach der Systematik von Illusionskünstlern. Nicht selten wird nur der der Korruption Bezichtigte bestraft. Dabei ist es unzweifelhaft, dass bei jeder Korruption zwei Seiten existieren müssen, die korrupte Seite und die, von der die Korruption ausgeht.

Selten sind in der Geschichte der sogenannten Demokratie so viele als korrupt geltende Regimes beseitigt worden, wie dies gegen Ende des 20. und zu Anfang des 21. Jahrhunderts der Fall war. In vielen Staaten der Welt gelten »strenge« Antikorruptionsgesetze. Bei oberflächlicher Betrachtung sieht es danach aus, dass in Kürze die Korruption keine große Rolle in der weltpolitischen und wirtschaftlichen Entwicklung mehr spielen soll und wird. Doch ist das wirklich so?

Die heutigen Korruptionssysteme treten längst nicht mehr so offensichtlich auf wie noch vor einigen Jahrzehnten. Sie sind inzwischen nicht selten hervorragend getarnt: als seriöse Unternehmen. Anstelle von früheren Geldboten wirken jetzt zunehmend vor- und nachgeschaltete Firmen und Institutionen, die sich oft Consulting-, Prüfungs- oder Planungsgesellschaften nennen. Man muss davon ausgehen, dass es in zahlreichen dieser Unternehmen eine Menge wenig durchsichtiger Geschäftsmodelle gibt. Der Begriff Zweckgesellschaft hat inzwischen eine allgemeine Gültigkeit erlangt.

Die Korruption im wörtlichen Sinne ist immer schädlich für eine Gesellschaft, sie wird über Personen mit entsprechend ausgeprägten Einflussmöglichkeiten ausgeübt. Deswegen sollen Begriffe wie Korruption und Bestechung hier nicht gleichbedeutend gesetzt werden. Eine möglichst wirksame Bekämpfung der Korruption setzt voraus, dass das richtige Verständnis dafür vorhanden ist, wie Korruption überhaupt zustande kommt.

Bestechung kann, einzelfallbezogen, vor allem für direkte, oft auch kleinere Vorteilserlangungen, ganz legal vorkommen. So sind großzügige Trinkgelder, ob im Restaurant oder Krankenhaus, vom Grundsatz her kleine Bestechungen. Selten geht es darum, dafür etwas kostenlos zu bekommen. In der Überzahl dieser Fälle geht es nur darum, eine bessere Servicequalität zu erhalten oder gar bevorzugt behandelt werden zu wollen. Die

Benachteiligung anderer ist dabei meist gering, im Idealfall gar nicht gegeben. Der Vorgang spielt sich direkt zwischen dem Leistungserbringer und dem Leistungsempfänger ab. Deswegen ist Bestechung nur ab einer unverhältnismäßigen Höhe mit der Korruption gleichzusetzen. Im geringen Umfang ist sie für die Gesellschaft – mit einigen spezifischen Ausnahmen – unschädlich.

Korruption hingegen wird meist systematisch durchgeführt. Deswegen müssen diejenigen, von denen die Korruption ausgeht, grundsätzlich als Ersttäter betrachtet werden. An zweiter Stelle der Täterschaft steht der gegenüberstehende »Korruptionspartner«. Die zweite korrupte Seite ist der Mittäter. Bei der Aufklärung, Verfolgung und Bestrafung von Korruptionsfällen muss diese Reihenfolge berücksichtigt werden. Eine unzureichende oder gar ignorierte Beachtung der Ersttäterschaft macht jede Korruptionsbekämpfung zur Farce. Dennoch kann der Bekämpfungs- und Bestrafungsprozess erst dann als abgeschlossen gelten, wenn beide Seiten zur Verantwortung gezogen worden sind.

Eine effektive Bekämpfung der Korruption setzt somit das Bewusstsein voraus, dass neben der direkten auch eine indirekte, also eine meist systematische Korruption existiert. Während die direkte Korruption in den meisten Fällen gesetzlich verfolgt werden kann, ist das bei der indirekten oder systematischen Korruption kaum möglich, da sie längst zum Bestandteil des gesellschaftlichen und politischen Systems geworden ist. Dadurch wird deutlich, dass es in Zukunft, neben den Antikorruptionsgesetzen in politischen Parteien und Unternehmen, zusätzlich auch Antikorruptionsbekenntnisse geben sollte.

Beschreibung der systematischen Korruption

Der Begriff *systematische Korruption* kennzeichnet ein Netz derer, die an der Korruption beteiligt sind. Einzelne, in der Regel einflussreiche Persönlichkeiten sind hier gefangen. Sie können beliebig lange festgehalten werden, je nachdem, wie es dem herrschenden System nutzt. Dieses Netz können wir getrost als Korruptionsnetz beschreiben. Geflochten und gewebt ist es aus sehr dehnbaren Fäden kapitalistischer und politischer Machtinteressen.

Das Perfid-Geniale an einem solchen Netz ist, dass man von jeder Stelle des Labyrinths aus stets zu einem beliebigen oder an den längst schon von der Macht festgelegten Punkt gelangen kann. So ist das Korruptionsnetz ein sich selbst am besten schützendes System. Wann immer eine Schwachstelle für die Allgemeinheit sichtbar werden könnte, kann der »Netzbetreiber« die Aufmerksamkeit so umleiten, dass die Schwachstelle nicht sichtbar wird. Eine Selbstoffenbarung erlaubt sich das Korruptionsnetz praktisch nie, würde es sich dadurch doch nur unnötig in Gefahr bringen. Zu dieser Logik passt der gebrauchsumgängliche Spruch: »Du darfst alles tun, du darfst dich nur nicht erwischen lassen.« Das gilt sowohl für jene, die im Netz gefangen sind, als auch für alle diejenigen, die Teil dieser verbrecherischen Struktur sind.

Meine hier aufgeführten Gedanken gehen von der Annahme aus, dass die systematische Korruption beziehungsweise das Korruptionsnetz inzwischen längst den ganzen Globus umspannt. Lediglich die Netzdichte, das heißt: die Größe der Planquadrate, ist unterschiedlich, je nach Bedarf, Interessenlage und

Mentalität. Ferner wird unterstellt, dass das auf der Welt dominierende Papiergeldsystem der hauptsächliche Stoff ist, aus dem das Korruptionsnetz gefertigt ist. Demzufolge ist die offensichtlich gewordene Selbstvermehrung des Papiergeldes eines der Grundübel, möglicherweise sogar eine der wichtigsten Voraussetzungen für die systematische Korruption.

Die Funktionalität des Korruptionsnetzes ergibt sich vornehmlich aus der Verflechtung von Interessen aus Medien, Politik, Industrie, Wirtschaft usw. Die Reihenfolge ist hierbei unbedeutend. Die Politik legitimiert sich mit Begriffen wie zum Beispiel: *Sicherung eigener Einflussgebiete* oder *Schutz nationaler Interessen* sowie im Extremfall *globaler Schutz der demokratischen Rechte*. Die Wirtschaft spricht beispielsweise von *Erschließung neuer Märkte* oder vom *Wachstum am globalen Markt*. Im Extremfall ist gar von der *globalen Verantwortung* oder Ähnlichem die Rede. Bei den Medien spricht man heute unverhohlen über *neutrale* und *objektive Berichterstattung*, während ein Großteil der täglich abgesonderten Nachrichten und Meldungen in Wirklichkeit allein eigenen Interessen folgen beziehungsweise von obersten Entscheidungsebenen der global vernetzten Machtelite vorgegeben werden.

Wie auch immer die Überschriften lauten, sie sind meist zur Einschüchterung und Manipulation der Massen gedacht. Ausgeklügelte Finanz- und Wirtschaftssysteme, allesamt verwebt in das globale Korruptionsnetz, sorgen dafür, dass fortlaufend neue »Schuldner« für das verbrecherische System gesucht werden, damit sich das Kapital in Form von Papiergeld fortpflanzen kann.

Es dürfte eine der unpopulärsten Feststellungen dieses Kapitels sein, dass die Keime für das stetige Wachstum der systematischen Korruption die sogenannte Demokratisierung ausbringt. Politiker müssen viel versprechen, um gewählt zu werden. Um nicht zu stürzen, müssen sie liefern. Der Wähler besteht auf den Versprechungen, die Medien lieben Sensationen. Sie schrecken nicht davor zurück, die eigentlich zu ihrem System gehörenden Politiker öffentlich zu jagen, falls es gerade in die Pläne der Mächtigen passt. Doch eng gesteckte Wahltermine geben den Politikern kaum Spielraum für die Verwirklichung eigener Visionen, abgesehen davon, dass diese heutzutage nur selten von für Menschen förderlichen Programmen oder Visionen geplagt sind beziehungsweise diese ohnehin niemals eigenmächtig umsetzen dürften. Mit dem Tag des Wahlgewinns wird aus dem Jäger bereits der Gejagte. Zur Anschauung hier ein Beispiel:

Die neue Staatsführung eines x-beliebigen Schwellenlands ist gerade eingesetzt worden. Der neu gewählte (An-)Führer wechselt vom Wahlkampf direkt in die Regierungsverantwortung. Seine politische Gefolgschaft erwartet eine erfolgreiche Richtungsbestimmung. Die Wahlbevölkerung will eine Verbesserung ihrer Lebensumstände erfahren. Die Wirtschaft erwartet mehr Aufträge, die Medien liegen auf der Lauer.

Als Erstes tauchen Diplomaten befreundeter Staaten auf und überbringen bei aufwendig organisierten Staatsbanketts die Botschaften ihrer Regierungen. Üblicherweise werden ein paar geheime Tipps mitgegeben. Der neu Gewählte weiß nun, mit wem er vorzugsweise noch sprechen sollte. Alles läuft nach Plan, denn diese Bestimmungen sind von beauftragten Lobbyisten längst in die Wege geleitet worden, orchestriert von noch viel mächtigeren Nahtstellen. Nun treten alle möglichen Spezialisten von Unternehmen, Prüfungs- und Beratungsgesellschaften auf den

Plan, die in der Lage sind, ausgearbeitete Projekte vorzulegen. Das können Straßen-, Autobahn-, Kraftwerks- oder sonstige, meist infrastrukturelle Projekte sein, für die das eigene Land kein Geld hat. Glücklicherweise wissen diese Berater und Planer jedoch, dass die Finanzierung kein Problem sein wird. Sie wissen vor allem auch gleich alle Wege, wie man die Pläne in die Tat umzusetzen kann: Die Kredite werden mit Vorlage der abgeschlossenen Planung und festgelegten Auftragserteilung genehmigt. Die Projekte werden sich selbstredend selbst finanzieren (!) – nach Fertigstellung:

»Die neu gebaute Autobahn wird ein Wirtschaftswachstum auslösen. Wegen des neu gebauten Kraftwerks wird sich dann sofort Industrie ansiedeln«, so oder ähnlich wird der neu Gewählte in seinen politischen Traum gesungen. Seine Wähler werden begeistert sein, seine Wiederwahl ist praktisch schon wieder gesichert. Irgendwann, meist zu Beginn dieses Prozesses, wird ihm allerdings mitgeteilt, dass es noch eine »vertrauliche Kleinigkeit« gibt. Es ist eine kleine Summe, die in der Tat nur einen kleinen Prozentsatz der Gesamtinvestition ausmacht, die ihm direkt anvertraut werden soll. Er kann diese nach eigenem Ermessen für das Projekt selbst oder auch außerhalb dessen einsetzen. Dieser Betrag ist sozusagen ein kleiner Teil der eingeplanten Baukosten. Ob ein solches »Sümmchen« auf kreativen Umwegen als Parteispende oder sinnigerweise direkt auf einem Konto geparkt wird, auf das der betreffende Machthaber Zugriff hat, ist eine individuelle Nebensächlichkeit.

Der neu Gewählte ahnt bestenfalls, dass sich hinter dem verlockenden Vorschlag auch eine illegale Vorteilnahme verbergen kann. Im Regelfall siegt jedoch die diplomatische Sprache über alle Skrupel, zumal der einwandfreie Leumund des jeweiligen Beraters oder Vermittlers unerschütterlich zu sein scheint. Vor allem scheint aber auch das System, das er hier anwendet, von niemandem wirklich infrage gestellt zu werden. Bei dem Vermittler handelt es sich meist nicht um jemanden, der sich durch die Hintertür hereingeschlichen hat, sondern der auf dem Weg der erstklassigen Empfehlungen zu ihm gekommen ist. Die Gier nach Macht und Reichtum führt zu einer Art Erblindung, die die Realität zunehmend auszuklammern beginnt.

So oder ähnlich funktioniert das alltägliche, überall herrschende Korruptionssystem, der ganz normale Wahnsinn sozusagen. Die überwältigende Mehrheit der an den jeweiligen Projekten Beteiligten, meist sind es Wirtschaftsfachleute, Ingenieure, Finanzberater oder Banker, können aus ihrer persönlichen Position heraus selten ein ganzheitliches Korruptionssystem erkennen, sie haben nur Augen für ihr Projekt. Viele scheinen auch nicht zu bemerken, dass auch sie nur vom System benutzt werden, meist, indem ihnen hoher Verdienst und immer neue »reizvolle« Aufgaben versprochen werden. Zum Nachdenken über das, was man tut, bleibt keine Zeit!

Mit der Akzeptanz und Annahme des Vorschlags landet der neu Gewählte schließlich für immer, auf jeden Fall bis zum Ende seiner Amtszeit und oft noch weit darüber hinaus, in dem zwar ertragreichen, jedoch hochgefährlichen Korruptionsnetz. Einem Teufelspakt kommt dieser Vorgang gleich, alltäglich geschieht er überall. Kaum jemand bemerkt es, jahrelang oft nicht einmal die betreffende Person selbst.

Wie geht es weiter mit dieser Geschichte? Wie sehen in etwa die Hergänge im Einzelnen aus, die unsere Gesellschaft, unsere

Sozial- und Finanzsysteme, unsere Moral- und Gewissensvorstellungen, doch schon nachhaltig geschädigt und zerstört haben? Die betreffenden Ausführungsaufträge werden in der Regel, so weit es geht, heimischen Unternehmen erteilt. Die Beschäftigung in der Region wächst, öffentlich wird viel darüber berichtet. Die Finanzierung des Projektes läuft reibungslos, weil die Oberaufsicht in den Händen der bekannten (und eingeweihten) Planungs- und Beratungsunternehmen liegt. Die Ausführungsverantwortung liegt meist bei einem international tätigen Generalunternehmen oder einem speziell dafür gegründeten Konsortium.

Die lokal unterbeauftragten Unternehmen, also jene, die die Arbeiten tatsächlich ausführen, müssen für den Auftrag neue Maschinen kaufen, müssen sich nicht selten auf Jahre verschulden. Ihre Entlohnung orientiert sich allerdings an den lokalen Marktgegebenheiten und nicht an den überkalkulierten Preisen, wie sie in jenen Ländern gelten, aus denen die Berater und das Geld kommen. Die Differenz kann durchaus mehr als hundert Prozent betragen. Das Land schuldet gleichwohl die gesamte, natürlich überhöhte Summe – wir haben es hier sozusagen mit einer Luxusfinanzierung zu tun.

Der Großteil der Auftragssumme fließt praktisch leistungslos auf Konten der Netzbetreiber. Für das neu geschaffene Kreditgeld haften diejenigen, die vorher schon nichts hatten. Zu ihren Lasten werden weitere »Guthaben« bei denjenigen generiert, die zuvor schon zu viel hatten. Damit können anschließend wiederum günstige Einkäufe getätigt werden, sobald die zahlreichen Unternehmen (billige Arbeit und teure Maschinen!) zuerst und danach auch das Land selbst zahlungsunfähig geworden sind.

Die einst versprochene Rentabilität stellt sich nur in den allerseltensten Fällen ein. Viel später erfolgt dann, wiederum durch die im Netz dreist Agierenden, die »Einsammlung und Verwertung« der Konkursmasse. Sicherungsübereignungen und Hypotheken werden dafür geschaffen.

Wer die Welt mit offenen Augen und nötigem Sachverstand bereist, erkennt vielerorts Bauwerke und wirtschaftliche Projekte, deren Berechtigung oder Rentabilität immer wieder fraglich erscheinen. Das können durchaus auch sonderbar anmutende Privatisierungsvorgänge von einstmalig staatlichen Unternehmen sein. Dass diese zersetzenden und geld- wie auch moralvernichtenden Aktionen meist von lautem Medienrummel positiv begleitet werden, versteht sich von selbst. Man kann es nicht oft genug wiederholen: Wer heute fernsieht, Radio hört oder die Zeitung liest, erfährt nur noch in seltenen Fällen die Wahrheit. Die Medien sind ein maßgeblicher und fester Bestandteil des hier beschriebenen korrupten Systems. Sie haben im Laufe der zurückliegenden Zeit die Wahrheit vernichtet und damit auch die innere und äußere Freiheit der Menschen.

Oft, viel öfter, und dicht, viel dichter, als es der Welt je gut täte, ist das Korruptionsnetz im Einsatz. Faktisch ist es so: Solange diejenigen, von denen die Korruption ausgeht, ihre Tätigkeit mit aller »Kreativität« ausüben können, ohne dass ihnen von irgendeiner Seite Einhalt geboten wird, so lange ist auch nicht zu erwarten, dass die korrupten Akteure ausgerottet werden. Das Problem muss immer sofort an genau der Stelle bekämpft und beseitigt werden, wo es entsteht. Doch wer tut das schon, wenn alle Verantwortlichen am großen Kuchen beteiligt werden?

Glaubt man nun, dass so etwas nur auf oberster Staatsebene erfolgt, dann ist das ein Irrglaube. Diese Praxis geht hinunter bis zum Bürgermeister einer kleinen Gemeinde. Eine Kläranlage, ein Wasserbrunnen oder eine Umgehungsstraße reichen auch. Das Korruptionsnetz ist engmaschig geflochten.

Sehen Sie sich bewusst um, dann fallen schnell sinnlose und durchweg überteuerte Objekte und Bauwerke auf. Brücken, wo keine Straße hinführt, können schon mal wie ein Mahnmal für solche Dummheiten in der Landschaft stehen. Verwaiste Regionalflughäfen, Messehallen in den Provinzen, ja sogar ganze Rennstrecken und vieles mehr werden teuer von der großzügigen öffentlichen Hand finanziert. Ein Traum für die einen, ein Albtraum für die Bürger, die die Projekte bis hin zum Abriss finanzieren müssen.

Gleichzeitig kann es schon mal vorkommen, dass gesunde und profitable Einrichtungen auf eine seltsame Art privatisiert werden. Wasser-, Abwasser-, Verkehrs- und Dienstleistungsunternehmen sind beliebte Zielobjekte der globalen »Schuldnersucher«. Der Bürger zahlt immer weiter für etwas, das schon mehrfach bezahlt worden ist. Wenn das kein Irrsinn ist, dann ist es doch einfach »nur« krimineller Raub und Machtmissbrauch, und zwar in vollendeter Form.

Der im Korruptionsnetz Gefangene begreift seine wirkliche Lage meist viel zu spät. Erst, wenn sein Land wegen der völlig überteuerten Projekte in der Schuldenfalle steckt und wenn die Dienstleistungsstrukturen dennoch nicht mehr funktionieren (Post, Bahn, Fluggesellschaften, kommunal steigende Wasserpreise etc.), schwant ihm, was sich wirklich abspielt. Handelt es sich bei den Akteuren um Politiker, so ist diese Einsicht für den

Bürger schmerzhaft, da wieder Vertrauen verloren geht. Für den »Volksvertreter« selbst gibt es indessen kein Problem: Er wird durch großzügige Pensionen und Sonderzahlungen weich aufgefangen. Solange er noch im Amt ist, müssen eben neue Wege gefunden werden, um den Hals irgendwie zu retten: Um bestehende Schulden zu bedienen, müssen das eigene Land und seine Bevölkerung durch immer wieder andere, fadenscheinige Projekte weiter ausgeplündert werden.

Man könnte an dieser Stelle auch unzählige globale Beispiele anführen. Zum Zeitpunkt dieser Niederschrift leuchtet auf der politischen Weltkarte beispielhaft für dieses korrupte System die Ukraine auf. Milliardensummen werden öffentlich genannt und diskutiert, die der Westen, also Europa, »aufbringen muss«, um die Ukraine für sich, für den Westen, zu gewinnen. Russland hält dagegen, indem es die Kreditsummen erhöht und die Lieferung von billigem Gas in Aussicht stellt. Alles spielt sich stets in einer bestimmten Tonart ab, gerade so, als ob irgendjemand dieser Akteure dem ukrainischen Volk etwa Geld schenken wollte. In Tat und Wahrheit steht die Bevölkerung dieses arg gebeutelten Landes Ende 2014 an der Schwelle zur Entscheidung: Pest oder Cholera? Soll es künftig der dauerhafte Schuldner von Russland werden, oder sollte es etwa in die Abhängigkeit des Westens, also der Europäischen Union, überwechseln?

Die systematische Korruption hat alldem zufolge eine viel größere als nur die finanzielle Tragweite. Millionen über Millionen Menschenschicksale sind mit ihr verhaftet, Leid, Schicksal, Tränen, Kriege – all diese einschneidenden Ereignisse gehören dazu. Ihre Auswirkungen sind im Einzelnen, wie auch global betrachtet, von ungeheuren Ausmaßen. Es muss vornehmliches

Ziel sämtlicher politisch und gesellschaftlich Verantwortlichen sein, die weltweite Ausbreitung dieser bislang nur vordergründig bekämpften Strukturen mit aller Kraft und Macht zu verhindern und zu beseitigen. Dafür müssen neue Regeln formuliert werden, basierend auf den Naturgesetzen des gerechten Ausgleichs, der Wechselwirkung, des Nehmens und Gebens. Moralische, sittliche und ethische Richtlinien sind als unverzichtbares Gerüst zu denken, das eingebunden sein muss in den riesigen Menschheitsbau von wahrer Verantwortung, Nächstenliebe und Rücksichtnahme. Im Wesentlichen sind die folgenden Regeln ganz praktisch umzusetzen.

Lösungsvorschläge: Kontrolle und Vertrauen

Wie könnte es besser laufen? Nachfolgend einige wichtige Gedanken dazu.

Nur scheinbar widersprechen sich die Begriffe Kontrolle und Vertrauen. Genau genommen gehören sie zusammen wie die zwei Seiten einer Medaille. Der russische Revolutionär und Kommunist Wladimir I. Lenin hat mit seinem weltbekannten Zitat »Vertrauen ist gut, Kontrolle ist besser« diese beiden Begriffe sinngemäß endgültig entzweit. Pragmatisch gesehen macht die Existenz der Kontrolle das Vertrauen erst lobenswert. Gäbe es keine Kontrolle, wäre das Vertrauen eine banale Selbstverständlichkeit.

Wenn eine Person, ein Unternehmen oder eine politische Organisation ein fremdes Land betritt, geschieht das üblicherweise im Vertrauen auf das Gastrecht. So ist es in der zivilisierten

Welt gang und gäbe. Unabhängig davon, ob der Gast aus einem größeren und mächtigeren Land kommt, behält der Gastgeber seine Kontrollhoheit. Nur akkreditierte Diplomaten sind üblicherweise hiervon ausgenommen. Allen anderen muss unterstellt werden können, dass sie ihr eigenes oder das Interesse ihrer Auftraggeber verfolgen. Ihnen allen ist uneingeschränktes Gastrecht zu gewähren, solange sie mit ihrer Tätigkeit nicht den Gastgeber benachteiligen. Dieser hat das Recht zur Kontrolle, schon deswegen, um festzustellen, ob das gewährte Gastrecht nicht missbraucht wird.

Gewerblich tätige Personen, Unternehmen und Organisationen müssen neben den Angaben über ihre beabsichtigte Tätigkeit auch die Quelle ihrer Finanzierung offenlegen. Jedermann, der in einem fremden Land gewerbliche oder organisatorische Aktivitäten ausübt, ohne die Angaben dazu korrekt abzugeben, widerspricht dem Vertrauensgrundsatz. Dem Gastland steht im Missbrauchsfall für jeden entstandenen Nachteil eine Entschädigung zu. Dafür werden sowohl die betreffende Organisation als auch ihre finanzielle Träger in Haftung genommen.

Dazu gehören auch:

Transparenz und Nachhaltigkeit

Im besonderen Maße unterliegen Betreiber von Wirtschaftsprojekten der Auflage, transparente Nachweise über die Nachhaltigkeit ihrer Tätigkeit zu erbringen. Jede Projektdokumentation sollte Antikorruptionsbekenntnisse beinhalten. Darüber hinaus müssen alle neuen Projekte neben der technischen auch eine Rentabilitätsgarantie beinhalten. Die betreffende Bevölkerung und die Umwelt dürfen keine Benachteiligung erleiden.

Bei Energie- und Infrastrukturprojekten ist der Aspekt der Nachhaltigkeit besonders hoch zu bewerten. Profit und Amortisation dürfen nicht über das Gemeinwohl der betreffenden Bevölkerung gestellt werden. Hierzu müssen zuverlässige Kontrollmechanismen eingebaut werden.

Ein höchstes Maß an Transparenz in Bezug auf bedeutende politische und wirtschaftliche Projekte wird mit »direkter Demokratie« erreicht. Hierbei ist zu beachten, dass die Entscheidung von regionaler Ebene aus getroffen wird und nicht etwa von einer übergeordneten Zentralregierung, die viele verschiedene Staaten gebündelt verwaltet. Die Politiker beziehungsweise die politischen Parteien präsentieren dem Wahlvolk ihre Ideen und Projekte. Die Bevölkerung stimmt per Volksentscheid (Beispiel Schweiz) ab. Der Spielraum für jede Art der eventuell auch politisch motivierten Korruption wird so auf ein Minimum reduziert.

Allerdings beherbergt die Schweiz ein, individuell betrachtet, höchst bedenkliches System, das die Immobilienfinanzierung, steuerliche Abschreibung und sogar die Altersversorgung beeinflusst. Die Schweizer Immobilienbesitzer und Bürger werden regelrecht dazu verführt, ihre Immobilien nicht vollständig abzuzahlen beziehungsweise die Grundschuldeintragung aufrechtzuerhalten. In einer diesbezüglich recht einzigartigen Besteuerungspolitik treibt der Staat seine Bürger den Banken als Kunden scharenweise zu. Alle nicht abbezahlten Immobilien bleiben den Banken sicherungsübereignet (Pfand). Der Staat bleibt somit mithilfe seiner systemrelevanten Banken in der Position, seine an sich recht wohlhabende Bevölkerung viel rigider unter Kontrolle zu halten. Wer diese Situation zu Ende denkt, erkennt schnell, dass Eigentum in diesem Fall nicht automatisch Besitz ist. Der Staat kann jederzeit zugreifen und den bisherigen Eigentümer entrechten.

Dank großzügiger Steuergeschenke beschwert sich bislang darüber kaum jemand. Das System wird gleichwohl nur einseitig gezeigt. Die Vorteile werden hochgelobt, und die Nachteile bleiben unerwähnt. So betrachtet ist das Schweizer Modell eher ein Negativbeispiel in Bezug auf Transparenz und Nachhaltigkeit.

Bewahrung der Souveränität

Wir stellen fest: Die Souveränität eines Landes kann durch zahlreiche überteuerte Projekte und über die so provozierte Überschuldung faktisch aufgehoben werden. Das geht manchmal ganz schnell: Das Land wird zunehmend im Inneren ausgehöhlt und in endlose Abhängigkeit seiner Gläubiger gestellt. Die äußere Hülle bleibt. Ein solches Land gefährdet die Demokratie, weit über seine Grenzen hinaus.

In der globalisierten Welt werden immer häufiger wichtige internationale Entscheidungen nach demokratischen Grundregeln (Mehrheitsprinzip) entschieden. Meistens geht es um Krieg oder Frieden, das heißt um Leben oder Tod. Absolut souveräne Staaten können ihre Stimme nach eigener Überzeugung abgeben. Nicht so all jene, die sich in tiefer Abhängigkeit befinden. Nach außen hin versuchen sie gleichwohl, eine faktisch nicht vorhandene Gleichberechtigung zu zeigen. Ihre kurzfristige Vorteilnahme macht sie zu Marionetten und zu langfristigen Vorteilsbeschaffern für andere, nämlich jene Leute, die sie beherrschen.

Wie könnte es besser laufen?
Ein verantwortungsvoller Politiker darf nie Projekte annehmen, die direkt oder schrittweise die Souveränität seines Landes gefährden. Idealerweise wird in Finanzierungsverträgen festgeschrieben, dass die Rückzahlungsverpflichtung unter der Voraussetzung einer Nichtbeschädigung der eigenen Souveränität erhalten bleibt. Das wird mindestens diejenigen abschrecken, zumindest aber ihre Tätigkeit erschweren, die von vornherein entsprechende (und überteuerte) Projekte als Mittel zum beabsichtigten, eigenen Zweck vorantreiben.

Wir stellen fest: Die Beraubung der Souveränität eines Landes durch eine andere Macht hat in den meisten Fällen zum Ziel, die Leistungsfähigkeit unter Kontrolle zu bringen. Wer nun glaubt, dass davon nur kleinere Länder betroffen sind, irrt sich. So vermutet fast jeder, dass Deutschland ein souveräner Staat ist. Seit dem Zweiten Weltkrieg ist das de facto nicht mehr der Fall. Zwischenzeitlich leben von den über 80 Millionen Deutschen die meisten im Irrglauben, dass die Alliierten, also amerikanische, französische, englische und kanadische Soldaten, auf dem deutschen Territorium nur dicke Freunde seien. Selbstlos beschützen sie angeblich die deutsche Bevölkerung. Doch vor wem eigentlich?

Im vergangenen Jahrhundert war Deutschland in der Lage, fast die ganze Welt militärisch anzugreifen. Nun glaubt man, dass die Deutschen sich nicht einmal mehr in ihrem eigenem Land verteidigen können, obwohl sie erkennbar nicht einmal einen Feind haben?!

Die amtierenden Politiker sprechen gerne – oder gezwungenermaßen – in Bezug auf die Alliierten von »Freunden«. Diese wiederum fahren jedoch mit ihren Militärkonvois auf deutschen Straßen herum, ganz nach ihren eigenen Regeln, sie unterhalten Stützpunkte, in denen nicht die deutschen, sondern die Gesetze ihrer eigenen Länder gelten. Sehr merkwürdig für ein Land, das als souverän angesehen wird. Oder? Deutschland nennt sich gern eine Wirtschaftsmacht, doch wer kontrolliert diese Macht eigentlich? Häufig behauptet, aber offiziell nie bestätigt ist, dass jede(r) neu gewählte Bundeskanzler(in) vor dem Amtseintritt Dokumente von den Siegermächten unterzeichnen muss. Möglicherweise erfährt er/sie erst dann, welche »Machtfülle« mit diesem Amt eigentlich wirklich verbunden ist. Wie hoch der Anteil an tatsächlicher Souveränität und wie viel Marionettenstaat in Wahrheit das Regierungsamt ausmachen, das erfährt der Bürger, der Wähler, wohl nie. Interessanterweise gaben die Russen 1989, nach dem Fall der Mauer, den Ostdeutschen ihre Souveränität einfach und preiswert zurück. Das westliche Bündnis jedoch behielt seine Kontrolle und lässt bis heute, bis auf eine begrenzte Ausnahme, die Soldaten im Land. Dabei erweitert auch das westliche Kriegsbündnis, die NATO, ständig sein Einzugsgebiet in Richtung Osten, um die Felder abzustecken. Dies war ursprünglich ausdrücklich gegenteilig zwischen Russland, den USA und der EU vereinbart worden.

Wie wenig die einfache Bevölkerung all diese Zusammenhänge versteht, musste vermutlich auch Altkanzler Gerhard Schröder erkennen, als er sich im Jahre 2004 im Zuge der Debatte um eine Reform der UNO einschließlich einer Erweiterung des Sicherheitsrates sehr intensiv um einen ständigen Sitz Deutschlands bemühte. Die Wähler und die meisten (insbesondere oppositionellen) Politiker fanden das offenbar unnötig, falls die offiziellen Umfragen von damals stimmen sollten. Seit Mitte der 1990er-Jahre schon war es Ziel der deutschen Außenpolitik, einen ständigen Sitz im UN-Sicherheitsrat zu erhalten. Ende der 90er-Jahre des vergangenen Jahrhunderts musste dieses Ziel zugunsten eines gemeinsamen Sitzes der Europäischen Union in den Hintergrund treten. Gänzlich in die Ferne rückte es, als Deutschland sich bei der Frage um den Irak-Krieg offen gegen die USA stellte. Seitdem wird nicht mehr wirklich mit einer neuen Chance für Deutschland gerechnet. Spannenderweise wird dies unter anderem, wie es offiziell heißt, »von nicht näher genannten amerikanischen Diplomaten« damit begründet, dass die Amtszeit Deutschland als nicht-ständiges Mitglied 2003/2004 »problematisch« gewesen sei. Die derzeitige Bundeskanzlerin, Angela Merkel, fasst dieses Thema nicht einmal mehr an. Schade für Deutschland, denn um einen Sitz im ständigen Sicherheitsrat der Vereinten Nationen zu haben, wäre es selbstverständlich gewesen, dass der betroffene Staat »absolut souverän« ist. So hätte Deutschland fast, wie versehentlich, zu einem echten Friedensvertrag kommen können, etwas, was bis heute jedoch eben gerade nicht zustande kam. Wer will das nicht? Und warum?

Offensichtlich ist es so wie eh und je: Die besten Sklaven sind die, die nicht wissen, dass sie Sklaven sind! Nun leben wir im dritten Jahrtausend und tun gut daran, niemals zu vergessen, dass offenbar gerade in der heutigen Zeit die modernen Sklaven durchaus auch in Nadelstreifenanzügen stecken und in teuren Dienstlimousinen durch die Gegend fahren können.

Beachtung der Rechtsstaatlichkeit

Die meisten Länder der Welt nehmen für sich in Anspruch, ein Rechtsstaat zu sein. Die ganz Großen ohnehin. Unübersehbar ist aber, dass die Rechtsstaatlichkeit zum Teil höchst differenzierte Auslegungen erfährt.

Es gilt als akzeptiert, dass die meisten Staaten eigene Geheimdienste unterhalten. Diese werden zwar nicht selten anders bezeichnet, aber der Kern ihrer Tätigkeit ist bis heute unverändert geblieben. An die Märchen, dass derartige Nachrichtendienste einer parlamentarischen Kontrolle unterworfen seien, glauben zwischenzeitlich nicht einmal mehr ausgewiesene Staatsromantiker. Man muss dagegen kein Verschwörer sein, um festzustellen, dass solche Dienste wirklich brauchbare Ergebnisse für ihre Auftraggeber nur durch Übertretung allgemeingültiger rechtlicher Regeln erzielen können. Solange ein Rechtsstaat den Einsatz von Geheimdiensten für unverzichtbar hält, stellt er sich damit ein Stück weit selbst infrage.

Bezeichnend ist, dass der russische Präsident Wladimir Putin, der selbst lange Jahre in führender Stellung beim KGB tätig gewesen ist, gegen Ende des Jahres 2013 das Anschaffen von mechanischen Schreibmaschinen im Kreml angeordnet haben soll. Möglicherweise haben ihm Gespräche mit dem 2013 durch einen Spionageskandal zu Ruhm gekommenen US-Überläufer Ryan Fogle Einblicke in die westliche Spionagepraxis gegeben, wie er sie selbst nicht vermutet hatte. Putin gilt in der westlichen Öffentlichkeit eben gerade nicht als ein lupenreiner Demokrat, obwohl sich sein guter Freund Gerhard Schröder nach Kräften darum bemüht hatte, dieses Image für den russischen Vertrauten öffentlich herzustellen. Dieses Prädikat beanspruchen nämlich viel eher diejenigen für sich selbst, aus dessen Heimat der Überläufer zu ihm gekommen war.

Merkwürdigerweise werden kleinere, weniger wohlhabende Staaten, die sich keinen effektiven Geheimdienst leisten können, oft in Bezug auf ihre Rechtsstaatlichkeit kritisiert. Das soll vielleicht davon ablenken, dass in eben solchen Staaten gern alle anderen aktiv sind. Welch ein Treppenwitz der Diplomatie: Das Recht wird von den Großen ganz oben gebrochen, damit diese von allen anderen die Gesetze von Recht und Ordnung einfordern können?

In einem Rechtsstaat sollte die Justiz unabhängig sein. Sämtliche Gerichtsurteile müssen auch von den Regierenden akzeptiert werden. Doch auch in diesem eigentlich klaren Punkt finden wir, wie immer, verkehrt herum gedrehte Gesetze: Bedauerlicherweise ist es die Weltmacht USA, die auch hier den Rest der Welt an der Nase herumführt. Ein krasses Beispiel war die (Mit-)Schaffung des Internationalen Strafgerichtshofes (IstGH) in Den Haag im Jahre 1998, mit gleichzeitiger Erklärung, dass dieser für US-Bürger nicht zuständig sei. 122 Staaten sind dem Rom-Statut zum IStGH beigetreten. Doch von den fünf ständigen Mitgliedern des UN-Sicherheitsrates haben neben Russland und China auch die Vereinigten Staaten das Statut nicht unterschrieben.

Weiterhin werden die Gesetze in anderen Staaten beliebig verletzt, sobald sie den eigenen Interessen zuwiderlaufen. Wer glaubt, auf diese Weise Gerechtigkeit, Demokratie und Rechtsstaatlichkeit anderen beibringen zu müssen, um sich selbst nicht an die Regeln halten zu müssen, mal ehrlich: Macht er sich nicht zum Gespött der Welt? Und was ist die logische Konsequenz aus diesen völlig verdrehten Tatsachen? Ganz einfach: Die so Belehrten lernen automatisch, eher an das Recht des Stärkeren zu glauben als an den Rechtsstaat, zu dem sie sich gleichwohl mit gelerntem heuchlerischen Verhalten bekennen.

Weltweit entsteht immer häufiger der Eindruck, dass der Grad der Gesetzestreue mit steigendem Vermögen und wachsendem Einfluss sinkt. Ohne diese keineswegs nur theoretisch vorhandene Missachtung der Gesetze würde die systematische Korruption gar nicht funktionieren können. Das Korruptionsnetz hätte Lücken, die seinen Einsatz ineffizienter machten, gerade so, als wenn ein Fischer mit gerissenem und instabilem Netz fischen würde. Die Fische würden sich freuen. Schon bemerkt? Die Fische sind wir.

Wie könnte es besser laufen?

Ein Staat, und mag er noch so klein sein, hat das Recht auf eine eigene Justiz. Wenn diese von innen und außen unbeeinflusst bleibt, dann hat sie schlimmstenfalls in Einzelfällen mit dem einen oder anderen korrupten Richter zu kämpfen. Darüber hinaus bietet sie einen guten Schutz für die Zivilisation. Aus diesem Grund wäre es wünschenswert, wenn diese Gedanken einen Appell an die Rechtsvertreter dieser Welt formen könnten. Sollten sie sich mit ihrer Kompetenz nicht endlich für mehr Gerechtigkeit einsetzen? Das verlangt doch schon die Wortbildung *ge-recht*. Keine andere Berufsgattung steht dermaßen in der Pflicht wie die Staatsanwälte, Anwälte und Richter: Sie dürfen sich nicht nur für die Interpretation des Rechts, sondern sie müssen sich für mehr Gerechtigkeit einzusetzen! Darüber sollte jeder meist gut bezahlte Jurist nachdenken, wenn er einen

Vertrag ausarbeitet, der seinem Auftraggeber zu »Rechtssicherheit« verhilft, aber im Kern vor Ungerechtigkeit strotzt. Wer seine fachliche Kompetenz dafür einsetzt, dass sich Recht und Gerechtigkeit widersprechen, nimmt billigend in Kauf, dass sich zwangsläufig immer mehr Menschen der Rechtsordnung nicht verpflichtet fühlen. Man könnte auch darüber nachdenken, Juristen aller Art grundsätzlich persönlich in Haftung zu nehmen bei Fehleinschätzungen oder Fehlurteilen. Sie würden dadurch den immensen Grad an Verantwortung eventuell ernster nehmen, dem sie sich verpflichten, als es heute häufig der Fall zu sein scheint.

Die Menschen haben ohnehin erhebliche Probleme, zu akzeptieren, dass es keinen »Gleichbehandlungsanspruch« im Unrecht gibt, oder anders: Recht haben heißt noch lange nicht, recht zu bekommen. Oder noch anders: Wenn zwei dasselbe tun, ist es noch lange nicht dasselbe. Nur weil »der oder die das tut, darf ich das auch«? Falsch! Dieser irrige Grundsatz ist bestenfalls als Trotzreaktion verständlich. Darüber hinaus ist er aber schlicht gesetzeswidrig. Eben auch dann, wenn ihn die politisch Handelnden für sich beanspruchen. Ein Politiker, der so argumentiert, ist kein harmloser Polemiker, sondern ein Gesetzesbrecher. Die Verantwortung, die auf diesen Personen liegt, allein durch ihre Vorbildfunktion, ist gewaltig. Jeder Akteur sollte sich das genau klarmachen.

Äußerst besorgniserregend ist auch die Vorgehensweise, wie scheinbar gefestigte Demokratien und Demokraten vorgeführt werden. Demokratisch – soweit man diesen Begriff überhaupt noch nutzen kann, da er ja ständig missdeutet und falsch eingesetzt wird – gefällte Hoheitsentscheidungen werden von den benachbarten Ländern infrage gestellt und nicht nur kritisiert, sondern sogar bekämpft. Man sollte annehmen, dass beispielsweise die sogenannten Volksentscheide eine der höchsten denkbaren demokratischen Formen seien. Doch betrachten wir die Europäische Union: Diese schreckte nicht davor zurück, den Volkswillen in der Schweiz offen zu attackieren, da dieser nicht mit ihren eigenen Interessen und Anschauungen übereinstimmte. So geschehen Anfang 2014, als die Schweizer Bevölkerung unter anderem über die Zuwanderung abstimmte. Die Ergebnisse fielen für viele unerwartet klar aus: Eine knappe Mehrheit hatte sich für die weitere Beschränkung der Zuwanderung ausgesprochen. Dieser Beschluss gefiel zahlreichen inner- und außereuropäischen Eurokraten nicht. Nur wenige Tage später titelten die europäischen Medien flächendeckend mit mannigfaltigen Androhungen: Der Ausschluss gemeinsamer EU-Projekte war da noch die harmloseste Zukunftsvision. Ein Demokratie(miss)verständnis, das kaum bedrohlicher vorgeführt werden könnte.

Alle demokratisch gewählten Lenker sollten zu allererst die Wurzeln der Demokratie (im richtigen Sinne) achten lernen. Die grundsätzliche Respektierung der Souveränität und der Rechtsstaatlichkeit ist zwingend. Jede Missachtung fügt der Demokratie, dem harmonischen Miteinander einer Gesellschaft, einen irreparablen Schaden zu.

Abschaffung der Vorteilsdemokratie

Die Überschrift provoziert und polarisiert zugleich. Was ist das: Vorteilsdemokratie? Genau, es ist das, wonach es klingt. Bis jetzt wurde es nicht so genannt – bis jetzt! Doch alles der Reihe nach.

In nahezu allen älteren und neueren Demokratien beklagen die Menschen das Ausufern von Korruption. Trotzdem wird dagegen zu wenig unternommen. Wie sonst ist die fortlaufende Ausbreitung zu erklären? Warum ist das so?

Der Grund ist so einfach wie unpopulär. Der Wähler zuerst, und die Medien gleich an zweiter Stelle, provozieren die Politiker geradezu, sich der Korruption hinzugeben. Ob Kommunal-, Landes- oder Bundespolitiker, alle werden von den Wählern, unter medialem Rückenwind, dazu gedrängt, Versprechungen abzugeben. Die meisten Politiker fühlen sich dem »Wählerwillen« verpflichtet, sie überbieten sich in Versprechungen, die sie gleichwohl nicht erfüllen können, ohne die Gesellschaft zu schädigen. Die Folgen sind noch höhere Steuern oder immer höhere Schulden. Oft sogar beides.

Dieser Prozess ist nichts anderes als ein legalisierter Kauf von Wählerstimmen. Tragischerweise geht auch diese Art von Korruption von der »gebenden Seite« aus. Tragisch deswegen, weil in diesem Fall der Verursacher zugleich auch der Zahlende ist.

In weniger gefestigten Staaten geht es oft auch sehr direkt zur Sache. Die Stimmen werden gegen Barzahlung abgegeben, oder man realisiert einfach ein paar »Projekte«. Der Politiker ist sich meist keiner Schuld bewusst. Irgendwie handelt er doch immer nach dem Wählerwillen.

Wie könnte es besser laufen?

Der Kauf von Wählerstimmen müsste, wenn hier Gerechtigkeit walten soll, unter Strafe gestellt werden. Schauen wir uns das ausgeklügelte, von mehreren Seiten ineinanderwirkende System genauer an: Der Wähler wird in der Regel zuerst manipuliert. Er wird regelrecht provoziert, zu fordern, da die Medien ihn so lange bearbeiten, bis er weiß, was *notwendig* geworden ist. Tagelange, Wochen und Monate währende Gehirnwäsche kann dies sein, bis neue »Wahrheiten« manifestiert werden konnten, die dem Wähler zeigen, wie die Welt von morgen ticken sollte. Schlagworte wie »Gerechtigkeit«, »Gleichheit«, »Antidiskriminierung« usw. machen die Runde. Wenn das alles nur lange genug öffentlich kolportiert wird, glaubt es auch irgendwann der letzte Bürger. Früher, in totalitären Regimes, nannte man das ganze Verfahren offiziell Propaganda, für diesen Zweck gab es sogar eigens eingesetzte Minister, ja ganze Ministerien, die für nichts anderes zuständig waren, als immer neue Lügen zu erfinden, die von den Medien nachdrücklich als »Wahrheit« veröffentlicht wurden.

Wird also lange genug für ein Thema getrommelt, wird damit der Wähler aufgefordert, Forderungen zu stellen, so muss der Politiker schließlich nur noch darauf eingehen. Die nicht selten eigens erdachten beziehungsweise von oben vorgegebenen Ideen, die in den Medien die Runde machen, werden nun von dem zu wählenden Politiker aufgegriffen. Er verspricht seinen Wählern, sich um genau dieses Thema besonders intensiv zu kümmern, und hat damit eine Menge Leute im Sack, die ihm nun willig folgen: Die Stimmen sind gekauft.

Doch muss die Frage gestellt werden, ob dieser Politiker damit nicht in gehörigem Maße die ihm auferlegten und auch anvertrauten Pflichten verletzt.

Darin liegt das eigentliche, zunächst politische, dann Kapital- und zum Schluss auch das ethisch-moralische Verbrechen. Die Demokratie wird prostituiert. Politiker, die so vorgehen, werden zu politischen Freiern, die bedürftige und unerfahrene Wähler zur demokratischen Prostitution verführen.

An dieser Stelle müsste die Demokratie (wieder einmal) reformiert werden. Die Politiker sollten in die persönliche Verantwortung genommen werden, sie sollten mit ihrem eigenen Vermögen für mutwillig oder gedankenlose gemachte Fehler eintreten. Jedes Fehlverhalten der Politiker mit nur politischer Sanktionierung zu belegen ist eine Farce. Warum sollen diese sogenannten Volksvertreter ungestraft lügen und täuschen dürfen? Warum sollten sie weiterhin die Demokratie in ihren Grundfesten beschädigen dürfen, jene Gesellschaftsordnung, über deren Grundprinzipien sie zu ihrem Mandat gekommen sind?

Sofern Demokratien von heute überleben sollen, müssen die Politiker als Voraussetzung für ihre Tätigkeit ihrer Aufklärungspflicht wirklich nachkommen. Und sie müssen in ihren charakterlichen Eigenschaften sittlich und moralisch gefestigt sein. Für die Realisierung ihrer Versprechen müssen sie neben politischer auch persönliche Haftung übernehmen.

Es ist keine Frage: Diese Vorgehensweise ist andernorts, zum Beispiel in der mittelständischen Wirtschaft, durchaus an der Tagesordnung. Zwar gibt es auch dort genügend negative Beispiele unrühmlicher Fälle, aber in aller Regel funktioniert sie weitgehend. Die Lenker der Großkonzerne haben die Schmerzfreiheit der *nur* politischen Verantwortung für sich entdeckt. Das ist zweifelsfrei ein schwerer Nachteil, sowohl für die Beschäftigten als auch für die Verbraucher.

Um jedoch systematische Korruption zu schwächen, sie im Idealfall gar zu beseitigen, muss diese zuerst von der Wahlurne ferngehalten werden.

Eine andere und in Wahrheit mörderische Vorteilsdemokratie ist beinahe immer dann im Gange, wenn sich einzelne mächtige Staaten, allein oder in Gruppen, mit ihrem eigenen demokratischen Verständnis andere Staatsführungen als Unrechtsregime einstufen und militärisch angreifen. Die eigenen Wähler zu manipulieren ist faktisch immer der erste Schritt. Vom ehemaligen deutschen Reichskanzler Otto Fürst von Bismarck stammt das Zitat: *Nie wird so viel gelogen wie nach der Jagd, im Krieg und vor den Wahlen.* Der knapp 100 Jahre später geborene John F. Kennedy sagte: *Die Menschheit muss dem Krieg ein Ende setzen. Oder der Krieg setzt der Menschheit ein Ende.*

Den Kriegstreibern dieser Welt sind solche Weisheiten völlig egal. Es wird von Tyrannei gesprochen, wo es keine gibt. Gefahren werden hochgehalten, die nicht existieren. Selbst die für das eigene Volk als human geltenden Regierungen werden als barbarisch dargestellt. Ein Beispiel:

Ein afrikanisches Land verfügt über reichhaltige Vorkommen von Erdöl und -gas. Daneben besitzt es schätzungsweise 150 Tonnen an Goldreserven. Weiterhin verfügt es über genügend Wasser, da ein milliardenteures Wassersicherungssystem zur flächendeckenden Wüstenbewässerung finanziert worden ist. Die Bürger des Landes erhalten den Strom kostenlos, und die staatlichen Banken vergeben an eigene Einwohner Kredite zu null Prozent Zinsen. Die gesamte Bildung und die medizinische Versorgung sind kostenlos. Die Zahl der Analphabeten beginnt abzunehmen und schon bald in Richtung null zu sinken. Gut ein Viertel der in diesem Staat lebenden Menschen hat einen Hochschulabschluss. Jeden Autokauf subventioniert die Regierung für ihre Bürger mit 50 Prozent des Kaufpreises. Der

Staat hat keine Auslandschulden, dagegen Finanzreserven in Milliardenhöhe. Es gibt praktisch keine Abhängigkeit von internationalen Geldsystemen. Was die Staatsregierung als Baumaßnahme an Auslandsfirmen in Auftrag gab, wird bar gezahlt. Das bereits genannte Wassersystem, ein riesiges Infrastrukturprojekt, das vorab bereits als achtes Weltwunder bezeichnet wurde, steht kurz vor der Fertigstellung. Große Teile des ganzen Kontinents sollen in einen blühenden Garten verwandelt werden. Es sollen Wasservorräte, die schätzungsweise fast 5000 Jahre reichen würden, erschlossen werden.

Dieser Staat heißt Libyen. Oder anders: Dies war das ehemalige Libyen. Unter Muammar el-Gaddafi. Und zwar bis 2011. Zu diesem Zeitpunkt griff das westliche Kriegsbündnis, die NATO, unter mehr als fragwürdigen, ganz sicher aber vorgetäuschten Argumenten, das sogenannte Unrechtsregime mit Bomben und Raketen an. Man entmündigte Gaddafi als machtlüstern, korrupt, kriminell, jagte ihn über Wochen und Monate mit Waffen und Fernsehkameras durch sein eigenes Land, griff ihn schließlich auf, pfählte und tötete ihn im Angesicht der Öffentlichkeit. Das Land wurde in Schutt und Asche gebombt, Anarchie und Barbarei zogen ein. In welchem Zustand sich Libyen nach solchen Hilfsmaßnahmen – als nichts anderes wird der brutale Libyen-Krieg bis heute bezeichnet, bei dem Hunderttausende den Tod fanden, schwer verletzt und traumatisiert wurden –, heute befindet, muss hier nicht näher beschrieben werden. Allem Anschein nach werden dieser Staat und dieser Teil des afrikanischen Kontinents insgesamt auf lange Zeit gesehen nicht mehr in den Zustand zurückfinden, in dem sie sich einst befanden.

Die Demokratisierung mit Waffengewalt war selten bis niemals erfolgreich. Der eigentlich grundsätzlich auf Glück ausgerichtete, heute allerdings vielfach fehlgeleitete Mensch kann derartige, ständig wiederkehrende Kriegsmaßnahmen nicht verstehen und verarbeiten, sowohl bewusst als auch unbewusst nicht. Warum genau das immer wieder, und natürlich auch nur scheinbar in bester Absicht, von entsprechenden Entscheidungsstellen aus versucht wird, ist, rein oberflächlich betrachtet, unerfindlich. Wer sich allerdings mit unverstelltem Blick daranmacht, die wahren Gründe aller Kriege und Unruhen auf dieser Welt allein in den vergangenen hundert Jahren zu erforschen, wird sich schaudernd abwenden.

Tatsächlich werden im wahrsten Sinne des Wortes nur »Bombengeschäfte« gemacht. Das Leben zahlloser Menschen, ja, ganzer Völker, wird leichtfertig aufs Spiel gesetzt, manches Mal einfach skrupellos ausgelöscht, um den perfiden Plänen, die nicht selten an irgendwelchen strategischen Reißbrettern krimineller Think Tanks entstanden sind, einzuhalten.

Hier eines der zahlreichen Beispiele aus dem Alltag der militärischen Weltverwirrung: In Afghanistan war zu Beginn des dritten Jahrtausends der Opiumanbau unter dem *Taliban*-Regime praktisch ausgerottet worden. Nachdem die Internationale Sicherheitsunterstützungstruppe, ISAF (unter NATO-Führung), im Jahr 2001 Afghanistan besetzt hatte, hätte man davon ausgehen können, dass der von dort ausgehende Drogenhandel damit endgültig zum Erliegen kommen würde. Tatsächlich jedoch war es genau umgekehrt: Die Opiumproduktion wuchs – unter den wachsamen Augen der ISAF-Soldaten – von 2001 bis 2011 von bis dahin mageren 185 Tonnen auf nahezu 6000 Tonnen pro

Jahr an. Ferner ist in diesem Zusammenhang festzuhalten, dass circa 90 Prozent des Heroins auf europäischen Straßen den Weg aus Afghanistan, oft über den Kosovo als Drehscheibe, und somit auch unter Beobachtung der Kosovo-Force KFOR (ebenfalls unter NATO-Führung), finden.

Und: Was sagen die verantwortlichen Militärs dazu? Nichts. Oder sie berufen sich darauf, unter keinem polizeilichen Auftrag zu stehen. So einfach ist das.

Natürlich werden all jene Leute als krude Verschwörungstheoretiker abgestempelt, die einen, wenngleich unsauberen, Sinn in dieser Entwicklung sehen, indem sie darlegen, dass unter anderem die Mutter aller westlichen Geheimdienste, die *Central Intelligence Agency*, CIA, aus den Milliardenerlösen dieser krummen Geschäfte finanziert zu werden scheint. Dass derartige Untersuchungen so gut wie niemals Eingang in die Öffentlichkeit finden, um auf diese Weise zumindest einmal in breit angelegter Diskussion durchleuchtet werden zu können, ist unter anderem dem Auftrag der ferngesteuerten und manipulierten Massenmedien geschuldet. Sie unterdrücken jede freie Debatte darüber, sie bringen diese Tatsachen erst gar nicht aufs Tapet. Weil sie möglicherweise den Auftrag haben, sie zu unterdrücken?

Und so wird es wohl auch vorerst bei den Verschwörungstheorien bleiben müssen, zu diesem, wie auch zu vielen anderen zwar weltbewegenden Themen, die jedoch erst zu einer fernen Stunde ins Licht der Wahrheit gerückt werden dürften.

Der höhnische »Kampf« gegen die Armut

Denn wer hat, dem wird gegeben, und er wird im Überfluss haben, wer aber nicht hat, dem wird auch noch weggenommen, was er hat.
– Bibel-Zitat

Die reichsten zehn Prozent der Weltbevölkerung besitzen circa 85 Prozent des globalen Vermögens, die ärmste Hälfte der Menschheit zusammengenommen gerade einmal ein Prozent.
– World Institute for Development Economics Research, 12/2006

Die flächendeckende Armutsbekämpfung ist ein erklärtes Ziel der meisten politischen Parteien und der sogenannten demokratischen Regierungen dieser Welt. Folgt man diesem Bekenntnis, so sollte man schnell zu der Schlussfolgerung kommen, dass auf diesem Sektor alles Notwendige getan wird. Zählt man die auf der Welt tätigen Hilfsorganisationen und das globale Spendenaufkommen zusammen, fällt es schwer, sich vorzustellen, warum trotzdem so viel bittere Armut bleibt.

Die grausame Wahrheit ist, dass sich die extreme Armut mit dem extremen Reichtum im gleichen Rhythmus entwickelt – und ausbreitet. Die mathematische Gleichung beherbergt hier eine fatale Tücke: »Die Reichen werden reicher, die Armen immer zahlreicher.«

Die Rechnung klingt immer gleich: Ein Millionär kann sich ohne große Mühen zum Multimillionär steigern, dann zum Milliardär und zum Multimilliardär usw. Wer die erste Million in der Tasche hat, für den wird es immer einfacher, weitere Millionen hinzuzuscheffeln. Bei einem Armen läuft die Entwicklung in die genau entgegengesetzte Richtung: Wer wenig hat, verliert noch mehr. Doch an einem bestimmten Punkt ist Schluss damit: Ärmer als arm kann niemand sein. Deswegen schafft sich die Welt ihr »Gleichgewicht« durch die Erhöhung der Anzahl von Armen. Die Mathematik ist erbarmungslos.

So unethisch es auch klingen mag, es gibt selbstverständlich auch so etwas wie eine *natürliche Armut* beziehungsweise den *natürlichen Reichtum*. Gemeint sind ganz unterschiedliche menschliche Fähigkeiten und Veranlagungen, danach die soziale, kulturelle sowie die klimatische Herkunft und Umgebung, die den Menschen in seiner Entwicklung prägen, und vieles mehr. Diese Unterschiede können auch als von Gott gegeben gelten und würden der Menschheit an sich nicht besonders schaden. So war es immer, und so wird es auch immer bleiben, allen politischen Gleichmachungsprinzipien zum Trotz.

Der Sozialismus ist in der Natur und als Bestandteil der menschlichen Evolution unbekannt. Diese in Wirklichkeit ungesunde Anschauung wird in den heutigen modernen Zeiten der westlichen Welt noch durch das sogenannte Gleichheits- und Antidiskriminierungsprinzip flächendeckend propagiert und politisch umgesetzt, was in genanntem Zusammenhang natürlich als purer Zynismus zu bewerten ist.

Demzufolge ist jeder pauschale Versuch der Bestrafung von Reichen, wie sie zum Beispiel in Form der Reichensteuer zugunsten der Armen geschehen soll, obsolet. Substanzstarkes und flüchtiges Kapital werden gleich behandelt. Ein folgenschwerer Fehler. Das flüchtige Kapital (Guthaben, Wertpapiere etc.) flüchtet eben einfach und entzieht sich dadurch meist erfolgreich jeder genauen Kontrolle, jeder höheren Besteuerung. Das substanzbehaftete Kapital (Fabriken, Produktions- und Verarbeitungsstätten usw.) ist dagegen meist immobil; es kann keiner Besteuerung, ob gerecht oder ungerecht, ausweichen.

Im Laufe der Entwicklung unserer Zivilisation haben wir uns Lichtjahre von jeder natürlichen Entwicklung entfernt. Längst ist die extreme Armut, ebenso wie der extreme Reichtum, keine Natürlichkeit mehr. Es sind vielmehr von Menschen programmierte Entwicklungen. Doch allmählich muss sich der Eindruck verfestigen, dass der Mensch die Kontrolle darüber verloren zu haben scheint. Trifft in naher Zukunft ein, was unwillkürlich zu befürchten ist, so dürfte der menschlichen Spezies eine immense Gefahr drohen. Es könnte *die* Existenzfrage bedeuten. Schwarzmalerei?

Die vergangenen gut vierzig Jahre sind vom Geldkapitalismus geprägt worden, die Entwicklung dahin läuft natürlich schon viel länger. Damit ist die Abkoppelung vom Dollar im Jahre 1971 vom Goldwert gemeint. Seit dieser Zeit ist das Eldorado des Papiergeldes angebrochen. Jeder Staat kann das Papiergeld beliebig herausgeben, oder, wie zum Beispiel die USA, herausgeben lassen. Fiat-Money = es werde Geld!

Es ist kaum auszumachen, was schlimmer ist, nämlich, ob die Staaten selbst das Geld aus dem Nichts schaffen oder ob sie dieses System, wie in den USA üblich, praktisch auslagern. Wer auch immer die Hoheit über das Geld hat, der bestimmt nahezu über alles. Wer sich diesem Weltgeldsystem in den Weg stellt, bezahlt dies nicht selten teuer: mit seinem Leben. Einige Beispiele hierzu:

US-Präsident John F. Kennedy wollte Anfang der 1960er-Jahre gegen die Machenschaften der Mächtigen, die unter anderem hinter der FED (*Federal Reserve System* oder, verkürzt, *Federal Reserve*) stehen, offen angehen und versprach Aufklärung. Zehn Tage nach einer dieses Thema berührenden Rede starb er durch ein Attentat, das bis heute für viele als ungeklärt gilt. Weniger bekannt, aber leider wahr ist auch die Tatsache, dass weitere hundert Menschen sterben mussten, die mit diesem Fall zu tun gehabt hatten. Darunter waren einfache Polizisten, Reporter, Privatdetektive, Augenzeugen und selbst Kriminelle. Danach fasste kein zweiter US-Präsident mehr dieses ganz offensichtlich hochgefährliche Thema an.

Bereits im 19. Jahrhundert hatte der 16. Präsident der Vereinigten Staaten von Amerika, Abraham Lincoln, den Versuch unternommen, sich gegen den damaligen Geldadel aufzulehnen. Er ließ zinsfreies Geld drucken, womit die Banken in Amerika ihre Geschäfte abwickeln sollten. Denen gefiel das natürlich nicht. Sie wollten viel lieber ihr eigenes Geld in Form von Zahlungsversprechen ausgeben. Abraham Lincoln starb infolge eines Attentats durch einen angeblich verrückten Einzeltäter, wie eben auch später John F. Kennedy. So steht es heute in den Geschichtsbüchern.

Der 20. US-Präsident, James A. Garfield, befürwortete ein Währungssystem, das auf Gold und Silber basierte. Er wurde im September 1981 ermordet. Zehn Tage zuvor soll er gesagt haben: »Wer immer die Geldmenge in unserem Land kontrolliert, ist absoluter Herrscher über Industrie und Handel. Und wenn sie sehen, dass das ganze System somit sehr leicht von einigen wenigen Mächtigen an der Spitze zu kontrollieren ist, dann muss man nicht erklären, wie Depressionen und Inflationen entstehen.«

Man muss nicht als Ketzer gelten, sondern allein aufgrund der hier genannten drei Beispiele liegt es nahe, wenn man sagt, dass die Lebenserwartung eines US-Präsidenten in signifikanter Weise davon abhängt, ob er das bestehende Geldsystem aufzuklären, oder, noch schlimmer, zu verändern versucht.

Manch ein versierter Insider äußert sich nicht selten erst lange Jahre nach seiner Amtszeit, im fortgeschrittenem Alter, wie beispielsweise der ehemalige *Federal-Reserve*-Chef Alan Greenspan, der später den denkwürdigen Satz sagte: »In Abwesenheit des Goldstandards gibt es keine Möglichkeit, Ersparnisse vor der Enteignung durch die Inflation zu schützen. Es gibt keine sicheren Wertaufbewahrungsmittel.« Und weiter: »Die Staatsverschuldung ist einfach ein Mechanismus für die versteckte Enteignung von Vermögen. Gold verhindert diesen heimtückischen Prozess. Es beschützt die Eigentumsrechte. Wenn man das einmal verstanden hat, ist es nicht mehr schwer zu verstehen, warum die Befürworter des Wohlfahrtsstaates gegen den Goldstandard sind.«

In den vergangenen Jahrzehnten starben also durchaus häufiger einflussreiche Menschen durch tragische Unfälle, sobald sie sich gegen die Leitwährung des Papiergeldes, den US-Dollar, positionierten. Das jüngste Opfer stammt aus dem Herbst 2014: Der CEO des *Total*-Energiekonzerns, Christophe de Margerie, kam bei einem mysteriösen Flugzeugunfall am Moskauer Flughafen Wnukowo, unmittelbar nachdem er an einer Regierungskonferenz teilgenommen hatte, ums Leben. Zuvor hatte er die US-Währung als *Petro-Dollar* bezeichnet und sich dafür ausgesprochen, künftige Ölgeschäfte in Euro abzuwickeln. Wie ein Online-Portal nach dem Unglück vermerkt hatte, habe der *Total*-Chef »die Amerikaner mit seiner Dollar-Kritik gegen sich aufgebracht«. Auch hatte Margerie die Sanktionen der EU gegen Russland als nicht zielführend bezeichnet.

Der einzige Wertbezug des Papiergeldes ist seine jeweils gerade herrschende »Glaubwürdigkeit« und der Ausbreitungsgrad. Deswegen wird von *Geld* und von *Devisen* gesprochen. Mit dem Papiergeld kann man im betreffenden Land Güter und Leistungen beziehen. Mit den Devisen auch außerhalb. Wie weit, das hängt von der Wirtschaftskraft und der militärischen Stärke des jeweiligen »Devisenherausgebers« ab.

Apropos Glaubwürdigkeit: Wenn es um die Überzeugungskraft des Papiergeldes geht, so dürfen wir als gesichert annehmen, dass wir uns in der letzten Phase befinden. Gut informierte Fachleute, die nicht die Mainstream-Brille auf der Nase haben, sind derzeit dabei, auch das letzte Fünkchen Hoffnung zu begraben. Doch viele glauben, es gäbe dazu keine Alternative. Verzweiflung macht sich vielerorts breit. Dabei gibt es durchaus schon unabhängig forschende Experten und Wissenschaftler, die längst damit beschäftigt sind, gerechtere und den natürlichen Gesetzen entsprechende Ordnungsprinzipien zu entwickeln. Doch wer will ihnen derzeit zuhören?

Der Großteil der Weltbevölkerung verfügt nicht über das Wissen der Zusammenhänge, um das aktuelle Geldsystem zu begreifen. Das System ist bewusst so angelegt. Von dem US-Autofabrikanten Henry Ford stammt das Zitat: »Es ist gut, dass die Menschen des Landes unser Geld- und Bankensystem nicht verstehen, denn sonst, so glaube ich, hätten wir noch vor morgen früh eine Revolution.« All das macht klar: Die Kleinen können etwas – die Mächtigen können alles. Nach gut vierzig Jahren finden wir eine menschenverachtende Bilanz vor. Hier einige Beispiele:

- Im bisherigen Vorbildland für freie Wirtschaft und Demokratie, den USA, haben, gemäß dem Ökonomie-Nobelpreisträger Joseph E. Stiglitz, im Jahre 2007 die obersten 0,1 Prozent der Bevölkerung an eineinhalb Tagen genau so viel wie die unteren 90 Prozent im ganzen Jahr verdient.
- 85 der reichsten Menschen der Welt besitzen ungefähr so viel Vermögen wie die halbe Menschheit.
- Fast jedes vierte US-amerikanische Kind unter sechs Jahren lebte im Jahre 2010 unter der Armutsschwelle. Gleichzeitig lebten auch über 43 Millionen Amerikaner (über 14 Prozent der Bevölkerung) unter der Armutsschwelle. Im gleichen Jahr erhielten circa 41 Millionen US-Amerikaner Lebensmittelmarken, von denen etwa 15 bis 20 Millionen laut *Wall Street Journal* nicht einmal wussten, wie sie sich ernähren sollten.
- Von 2007 bis 2010 wurden über 6,5 Millionen Familien in den USA aus ihren Häusern vertrieben. Zur gleichen Zeit standen circa 18 Millionen Häuser leer. Tendenz jeweils steigend.
- Vor vierzig Jahren betrug die Zahl der schwerst unterernährten Afrikaner circa 80 Millionen. Vier Jahrzehnte

später, also derzeit, geht die Zahl in Richtung 250 Millionen – hier ist eine Vervierfachung zu beobachten.

- Ähnlich »dynamisch« ist in den vergangenen vierzig Jahren auch die Anzahl der dauerhaft Unterernährten weltweit auf gegenwärtig fast eine Milliarde Menschen angewachsen.
- Am Anfang des 21. Jahrhunderts leidet jeder achte Mensch unter Hunger. Die Zahl der Hungernden geht in Richtung eine Milliarde.
- Alle fünf Sekunden stirbt auf der Welt ein Kind an Hunger – zu Beginn des dritten Jahrtausends nach Christus!

Populistisch wird in diesem Zusammenhang immer wieder angeführt, dass in dieser Zeit auch die Anzahl der Menschen auf dem Planeten schlagartig angewachsen ist. Das soll suggerieren, dass es zu wenig Lebensmittel gibt. Falsch:

- Gegenwärtig leben auf dem Planeten über sieben Milliarden Menschen. Die weltweite Landwirtschaft könnte, unter Berücksichtigung ihrer gegenwärtigen Produktivität, zwölf Milliarden Menschen ernähren. Es gibt also keine reale, sondern eine künstlich erzeugte Verknappung. Wer ist dafür verantwortlich?
- Fünfhundert mächtige, international tätige Privatgesellschaften kontrollieren circa 55 Prozent des Weltbruttosozialprodukts. Auch ohne hellseherische Fähigkeiten sollte man in diese Richtung genauer schauen.

Warum der afrikanische Kontinent besonders schwer von Hungersnöten betroffen ist, liegt auf der Hand. 37 von 52 afrikanischen Nationen sind reine Agrarländer. Deswegen leidet der afrikanische Kontinent im besonderen Maß an landwirtschaftlichem Dumping. Inzwischen verhungern nicht selten sowohl zahlreiche Landwirte als auch ihre Tiere.

So geben zum Beipsiel die Industriestaaten der OECD für ihre Landwirte und Viehzüchter pro Jahr fast 400 Milliarden Dollar an Subventionen für die Erzeugung und den Export von Lebensmitteln aus. Diese werden vielfach in die Entwicklungsländer geliefert, wo sie aufgrund geringerer Preise die dortige Selbstversorgung erdrosseln.

Die devisenarmen Länder sind dagegen machtlos. Den Importen können sie sich kaum widersetzen. Die Unterzeichnung von Freihandelsabkommen wird oft zur Bedingung für die Gewährung weiterer Kredite gemacht. Für Zinszulagen brauchen sie Devisen. Dafür müssen sie Güter exportieren. Oft sind es ihre Rohstoffe, das Einzige, was sie den Reichen verkaufen können. Aber zu welchen Bedingungen? Nicht selten betreiben gerade die westlichen Länder nach althergebrachter Kolonialart Gold-, Silber- und Edelsteinminen selbst und lassen Einheimische dort für wenig Geld hart arbeiten. Und wenn doch die Exportländer selbst am Zuge sind, so beuten sie ihre Rohstoffe aus und bekommen als Gegenleistung das aus dem Nichts geschaffene Papiergeld. Und damit sie bei den Kreditgebern wiederum Maschinen und Anlagen kaufen können, verschulden sie sich immer weiter. Die Armut wächst. Die Globalisierung dient hier als Botschafter von Armut, Ausbeutung und Ungerechtigkeit.

Eine andere Perversität der modernen Zeit ist die unaufhörliche Forderung nach Wachstum. Es ist beängstigend zu beobachten, dass diese Forderung nicht von irgendwelchen Spinnern und Egozentrikern geäußert wird, sondern von Menschen mit anscheinend hoher Intelligenz, die zum Teil höchste Ämter bekleiden. Viele dieser Menschen sind belesen, gebildet und verfügen über Informationen, die es ihnen möglich machen (müssten), all jene Gefahren zu erkennen, die von einem brüchigen System ausgehen, das nur dann zu funktionieren scheint, wenn immer weiteres Wachstum generiert wird.

Warum wird nicht endlich öffentlich festgestellt, dass alles, was unaufhörlich wächst, am Ende doch nur sich selbst zerstören muss? Nachdem zuvor alles verwüstet wurde, was sich seinem kranken Wachstumswahn zu widersetzen suchte.

Dabei ist das Wachstum doch kein wirkliches Wachstum. Das Einzige, was wächst, ist der Reichtum einiger ganz weniger Mächtiger. Während die Masse verarmt.

Und das Papiergeld, gewiss, es wächst auch. Mit der Folge, dass sich die Realwirtschaft und die Finanzmärkte immer weiter voneinander entfernen. Mit zerstörerischer Kraft vermehrt sich das Geld unterdessen weiter, allein um seiner Selbsterhaltung willen.

Im Jahre 2010 betrug der Gesamtwert aller weltweit produzierten Güter und Dienstleistungen circa 63 Billionen Dollar. Im gleichen Jahr belief sich das Volumen der sogenannten Finanzderivate (substanzloser Handel) auf fast das Zehnfache, nämlich circa 601 Billionen Dollar, und der Umfang der Devisengeschäfte (Handel mit Geld als Ware) lag bei etwa 955 Billionen Dollar.

Das Geld ist so zur Schwungmasse des Weltwirtschaftsrads geworden. Es hat längst die Fähigkeit verloren, sich abzubremsen, und treibt die reale Wirtschaft mit an, bis hin zur Schaffung immenser Überkapazitäten.

Um die Überkapazitäten gewinnbringend ausnutzen zu können, hat sich seit geraumer Zeit eine Vorgehensweise etabliert, die mit dem Begriff Obsoleszenz bezeichnet wird. Diese sperrige Bezeichnung leitet sich aus dem Adjektiv »obsolet« her, was sinngemäß hinfällig oder veraltet bedeutet. Nun designt unsere hoch entwickelte Industrie bewusst und in voller Absicht immer mehr Produkte, die zur vorgegebenen oder vorausberechneten Zeit kaputt gehen müssen. Entweder die Technik wird auf Kurzlebigkeit ausgerichtet, oder die Gegenstände erscheinen unbrauchbar, indem sie nach kurzer Zeit schäbig und abgenutzt wirken aufgrund der meist bewusst verwendeten, minderwertigen Oberflächenmaterialien.

Und doch wird am Ende, trotz dieser höchst unethischen, in hohem Maße umweltschädigenden und ressourcenvergeudenden Vorgehensweise, die Realwirtschaft nur eine überschaubare Zeit lang in dem Tempo, das die Finanzwirtschaft vorgibt, mithecheln können.

Die Natur – oder doch der liebe Gott! – mahnt uns mit jeder neu eintretenden Katastrophe, die wir erleben müssen, dass es nichts Gefährlicheres gibt als ein Element, das im Zuge seines Selbstwachstums außer Kontrolle gerät. Nur die Augen auf: Ob Waldbrände, Wirbelstürme, Tsunamiwellen oder Algenplagen, aber auch Krankheiten und Seuchen und vieles mehr – wir können beinahe ununterbrochen Beispiele beobachten, was ein selbst erzeugtes Wachstum bedeuten kann. Wer fortwährend das Wachstum in der Wirtschaft als »alternativlos« bezeichnet – und das sind derzeit wahrlich viele –, der missachtet jegliches Naturgesetz.

Die weitere Entwicklung wird und muss tatsächlich so verlaufen, dass die Wachstumsspiralen wie eine unheimliche Zerkleinerungsanlage die Armen auf der Welt produzieren. Gleichzeitig werden Reichtümer in immer weniger Hände umgeleitet.

In Bezug auf das derzeit dominierende ökonomische System auf der Welt fand das Oberhaupt der katholischen Kirche, Papst Franziskus, im November 2013 in seinem ersten apostolischen Schreiben deutliche Worte: »… in der Wurzel ungerecht …, diese Wirtschaftsform tötet, denn in ihr herrscht das Gesetz des Stärkeren.« Die meisten regierenden Politiker auf der Welt schweigen hierzu, die mächtigen Lenker der Wirtschaftsgiganten ebenso. Warum wohl?

Die einzelnen Staaten wirken währenddessen wie Felder auf einem Schachbrett, die den Spielfiguren als Spielplatz dienen, doch auf das Spiel selbst keinen Einfluss haben. Die regierenden Politiker sind die Figuren, die sich nur nach vorgegebenen Regeln bewegen. Die Kleinen fallen zuerst, doch selbst die ganz Großen werden feststellen müssen, dass auch sie nur bis zum Ende des Spielfeldes gelangen können. Während sie immer noch glauben werden, die Sieger zu sein, sitzen die wirklichen Gewinner *vor* dem Schachbrett.

Die Armut ist die Krebszelle unserer Welt. So zeigt sie sich, und so entwickelt sie sich. Entsteht sie zufällig, als negative Konsequenz eines falschen Spiels? Oder ist sie gar geplant? Am Anfang bleibt sie stets unbemerkt, jedenfalls scheint es so. Dann wird sie lästig, danach schmerzhaft, und am Ende breitet sie sich derart mächtig aus, dass sie nicht mehr bekämpft werden kann. Bezeichnenderweise ist der Mensch bei der Krebsbekämpfung ähnlich machtlos, es sei denn, die Körpersignale werden rechtzeitig ernst genommen. Selbst dann ist die Bekämpfung kein Spaziergang. Schon gar nicht in den Zeiten der übermächtigen Pharmakonzerne.

Es ist, wie bereits erwähnt, kein Zufall, wenn Papst Franziskus drastische Worte in seinem ersten apostolischen Schreiben wählt: »Diese Wirtschaftsform tötet!« Schon merkwürdig, oder? Da strahlten zahlreiche Nachrichtensender diese Papst-Botschaft weltweit aus mit dem Kommentar, der »Heilige Vater« habe in seiner Botschaft den Kapitalismus sehr deutlich kritisiert. Als Begleitbilder zu dieser Nachricht wurden meist die glitzernden Wolkenkratzerfassaden in den einflussreichen Finanzmetropolen gezeigt. Zur gleichen Zeit wurde in einem der mächtigsten Industriestaaten der Welt, Deutschland, unter besonderer Theatralik eine neue Regierung, die sogenannte GroKo (Große Koalition), zusammengestellt. Auf allen Kanälen wurde scheinbar über alle möglichen wirtschaftspolitischen und gesellschaftlichen Fragen debattiert. Auffälligerweise griff nicht ein einziger Regierungspolitiker in spe, ja, nicht einmal einer aus der sehr schwach vertretenen Opposition, die deutliche Botschaft des Oberhaupts der katholischen Kirche auf. Eine unvorstellbare Ignoranz. Die Vermutung, warum dies nicht geschehen würde, hatte der Papst in derselben Schrift auch geklärt: »Der Hirte muss nach seinen Schafen riechen.«

Nun scheint es so zu sein, dass unsere Hirten (dass wir die Schafe sind, daran wird es keinen Zweifel geben) nicht mehr nach ihren Schafen riechen, weil sie zunehmend mit den Schafen nichts mehr zu tun haben wollen. Eine derartige Ignoranz ist möglicherweise ein guter Beleg dafür, dass sich der Krankheitserreger ungehemmt ausbreitet.

Viele Zahlen und Fakten sprechen dafür, dass wir uns bei dem schwer kranken Patienten »Welt« nicht mehr in einem Früherkennungsstadium befinden. Mit einfachen Mitteln wird es keine Heilung geben. Um schmerzhafte Operationen wird unser Patient nicht umhinkommen. Danach wird er seine Lebensweise ändern müssen, um weiter überleben zu können.

Die Alarmzeichen sind überall erkennbar. Die Armut ist nicht nur auf Afrika, Südamerika, Asien oder auf unterentwickelte Regionen dieser Welt allein beschränkt. Sie ist bereits zwischen den Wolkenkratzern riesiger Metropolen angekommen, ebenso in schicken Wohnsiedlungen und gutbürgerlichen Vierteln. Die Slums dieser Welt dienen lediglich vorübergehend als »Abstellplätze« für die Ärmsten der Armen.

Die reichen Staaten der nördlichen Hemisphäre perfektionieren ihre Systeme zur Armutsverwaltung fortwährend. Auf diese Weise entstehen ganz neue Erwerbszweige, man nennt das Ganze auch die »Armutsindustrie«. Was heißt das? Für die Armut werden »Nutzräume« ausgewiesen, sie wird schön hergerichtet, damit sie das Gewissen der Wohlhabenden nicht belastet. Wir spenden großzügig. Wenn Kleider und Nutzgegenstände, die wir nicht mehr brauchen, den Weg zu den Armen finden, dann beruhigt das unser Gewissen, und wir sind sicher, etwas Gutes getan zu haben. Viele von uns sind sogar hundertprozentig davon überzeugt, dass die Armen dadurch glücklicher gemacht wurden.

So oder ähnlich denken alle von uns, die offenbar selbst noch nie in der Situation waren, auf Almosen angewiesen zu sein. Woher sollen wir auch wissen, dass es für einen Menschen kaum ein erniedrigenderes Gefühl gibt, als auf die Zuwendung von

Hilfszuweisungen angewiesen zu sein. Mit jeder milden Gabe helfen wir zwar vielleicht in dem Augenblick, betreiben aber gleichzeitig damit einen Raubbau an der Menschenwürde des Empfangenden.

In unserer immer älter werdenden Gesellschaft sind vor allem betagte Menschen von der Armut bedroht. Betrachtet man die gegenwärtigen Altersversorgungssysteme, wie sie in den meisten Ländern der Welt praktiziert werden, insbesondere auch, in welche Richtung diese sich entwickeln, dann ist es unzweifelhaft, dass sich in Zukunft unsere Straßenbilder negativ verändern werden. Die Altersarmut wird zunehmend sicht- und spürbar werden.

Dabei ist die Altersarmut in den entwickelten Ländern mit der Armut in Afrika, Asiens oder Südamerikas nicht vergleichbar. Rein physisch scheint sie weniger bedrohlich, aber psychisch dürften ihre Auswirkungen weitaus schlimmer sein.

Wenn Menschen in die Armut abrutschen, die vorher einen großen Teil ihres Lebens gearbeitet haben, die stolz auf das sind, was sie geleistet haben, die vor allem auch an ihr Land und das »demokratische Prinzip« glauben, dann ist die Gefahr groß, dass ihre allmähliche Verzweiflung nach dem Erkennen der wahren Lage auch auf andere Personen ihres Umfelds übertragen werden könnte. Auf diese Weise verlieren immer mehr junge Menschen das Vertrauen darauf, dass es in der Gesellschaft gerecht zugeht. Sie werden leicht zu Verweigerern. Jugendliche geraten angesichts solcher Beispiele leicht auf die schiefe Bahn. Der Weg in radikale Gruppierungen erscheint für sie attraktiver, als nur so »herumzuhartzen«. Immer häufiger wird über die Angst vor der Zukunft gesprochen. Was danach folgt, ist viel anstrengender und teurer, als dies der Fall gewesen wäre, wenn man alles darangesetzt hätte, die Armut schon in den Anfängen zu verhindern.

Die Armutsbekämpfung müsste deswegen sofort (!) vor der eigenen Haustüre beginnen und so weit, wie unsere Einflussmöglichkeit überhaupt nur gegeben ist, gehen. Sie muss vor allem neu gedacht, verstanden und, entgegen allen bisherigen Maßnahmen, in ein neues System geführt werden.

Es gibt einen unsäglichen Spruch: »Armut ist keine Schande.« Richtig wäre es, zu sagen: »Armut ist unsere Schande!«

Wie könnte es besser laufen? Hier einige Gedanken dazu:
Die folgenden Vorschläge zeigen nur einige von vielen Möglichkeiten hin zur effektiven Armutsbekämpfung.

1. Keine Handlungen, die Armut verursachen
2. Gerechter Handel
3. Keine Zollfreiheit für subventionierte Güter
4. Hilfsmaßnahmen differenziert einsetzen
5. Uneingeschränktes Recht auf Schulbildung und Arbeit
6. Besteuerung von Luxusgütern

1. Keine Handlungen, die Armut verursachen

Zu allererst muss festgehalten werden, dass die meisten militärischen Aktionen, die nicht direkt der Landesverteidigung dienen, Armut und Verelendung verursachen. Die Verteidigung der Menschenrechte mit Waffengewalt ist eine der schlimmsten Lügen des 20. und des beginnenden 21. Jahrhunderts. In Wahrheit werden Kriege um die Schaffung von Einflusszonen für die

Gewinnung und den Abtransport von Energieträgern oder anderen wertvollen Rohstoffen geführt.

Ein schlimmes, nach wie vor aktuelles Beispiel dafür ist Afghanistan. Das Land traf es doppelt. Zuerst kamen Soldaten wegen der Bedeutung Afghanistans als Transitnation für Pipelines. Danach kamen andere Soldaten, vermutlich wegen der gigantischen Vorkommen an wertvollen Rohstoffen, zum Beispiel wegen des Lithiums, das zur Herstellung von Batterien, Handys und Laptops benötigt wird – vom ertragreichen Opiumanbau einmal ganz zu schweigen. Ganz offiziell aber wird dort der Terror bekämpft, außerdem werden natürlich die »Menschenrechte verteidigt«. Währenddessen versinken die Menschen dort immer weiter in Armut und Elend. Ihnen, um die es eigentlich gehen sollte, wird nicht geholfen.

Fast alle revolutionären Veränderungen, die wir aus der Menschheitsgeschichte kennen, sind von der Armut angetrieben worden. Warum ist die Spezies Mensch in diesem Punkt lernresistent? Die Antwort liegt in einer Eigenschaft, die uns Menschen von nahezu allen anderen Lebewesen auf dem Planeten unterscheidet: Es ist die menschliche Gier. Warum sollten wir eigentlich keine Chance haben, diese negative Charaktereigenschaft zu vertreiben? Oder wäre es gar nicht nötig? Vielleicht ist es ja sogar fraglich, ob dies wirklich erstrebenswert ist. Die Gier, im positiven Sinne als gesunder Ehrgeiz verstanden, kann schließlich auch ein Teil der Antriebskraft sein, die die schaffende Energie mobilisiert. In diesem Sog finden zahlreiche, weniger kraftvoll veranlagte Menschen immerhin den Anschluss an die Leistungsgesellschaft, die nun einmal dominiert. Die Frage ist, wie viel davon gesund ist. Und wo ist die Grenze?

An dieser Stelle sollen Gedanken zum Ausdruck kommen, wie Abhilfe geschaffen werden könnte. Fakt ist, dass alle Menschen, darunter auch die führenden Persönlichkeiten in Banken, Politik, Wirtschaft und Gesellschaft, ihr Streben nach Wohlstand niemals unter Inkaufnahme der Armutsausbreitung umsetzen dürfen. Eigentlich bedarf es nur einiger Kreativität, vor allem auch des Mutes zu nachhaltigem Handeln, und recht schnell dürfte klar werden, dass eine allein auf Menschlichkeit und Nächstenliebe ausgerichtete Handlungsweise unter dem Strich größere Vorteile bringt.

Die Menschheitsgeschichte beinhaltet durchaus auch positive Beispiele zu der Frage, wie man den Kapitalismus stärken und zugleich den Menschen helfen kann. Hierzu ein bekanntes, aber selten dafür herangezogenes Beispiel: Zwei der Sozialismus- (und Kommunismus-)Erfinder, nämlich Karl Marx und Friedrich Engels, haben gegen die unmenschlichen Arbeitsbedingungen und endlosen Arbeitszeiten, wie sie im 19. Jahrhundert vielerorts üblich waren, angekämpft. Die »Arbeiterklasse« huldigt ihnen zum Teil heute noch. Die Motivation, die diese beiden (wohlhabenden) Sozialisten angetrieben hatte, ist möglicherweise zwar eher die Suche nach höherer Produktivität der Fabriken gewesen, doch weiter: Den ersten Schritten, sich für die Arbeiterklasse und ihre Bedürfnisse einzusetzen, dürfte die Erkenntnis vorausgegangen sein, dass Menschen ab einer bestimmten Be- beziehungsweise Überlastung nur noch eine geringe Leistungsfähigkeit besitzen. Es ist wahrscheinlich, dass es unter Umständen Marx und Engels auch darum gegangen sein könnte, den besten »Leistungsbereich« für den arbeitenden Menschen herauszufinden, ihn optimal in die Industrieprozesse einzubinden und ihn außerdem als Konsumenten möglichst ideal auszunutzen.

Die gefundene Formel war am Ende einfach und lautete: 3 x 8 = 24, das heißt acht Stunden Arbeit, acht Stunden Freizeit und acht Stunden Ruhe. Eine logische, einfache wie ziemlich geniale Zeiteinteilung. Der Mensch ist nach dieser Formel optimal ausgenutzt.

Interessanterweise haben diese Formel fortan nicht nur Kommunisten und Sozialisten umgesetzt. Gerade der kapitalistisch geprägte Teil der Welt hat mit dem Einsatz dieser als sozialistisch geltenden Erfindung größte Gewinne und das steilste Wachstum erzielt. Die Arbeitsbedingungen und die Lebensqualität der Werktätigen haben sich in der Zeit danach, bis heute, zweifelsfrei verbessert.

Nun scheint es, dass es dem Kapitalismus erneut an »Selbstbeherrschung« fehlt. Die Gier macht offensichtlich blind, die Armut wird billigend in Kauf genommen. Damit wird ein Dämon zum Leben erweckt, von dem keine Barmherzigkeit zu erwarten ist, wenn er außer Kontrolle gerät. Das muss verhindert werden. Mit Almosen erreichen wir oft das Gegenteil von dem, was wir eigentlich erzielen wollen. Wir senden Mitleid aus und ernten Zorn.

Erweitern wir den Blick: Europa und die USA schotten sich mit Zäunen und militärischer Macht ab, zu Land und zu Wasser. Vor dem italienischen Lampedusa ertrinken verzweifelte Menschen wie die Ratten. Wer sie rettet, macht sich, nach den perversen Gesetzen unseres europäischen »Rechtsstaates«, zum Straftäter. Nach den schockierenden Bildern, die um die Welt gingen, wurde endlich gehandelt. Doch wie? Es wurde aufgerüstet, Europa legte sich eine der modernsten (Eigen-)Schutz- und Überwachungseinheiten zu. Mit Infrarot- und temperaturgesteuerten Sichtgeräten können wir nun an den Bildschirmen in den High-Tech-Leitzentralen die toten von lebendigen Körpern unterscheiden. Schnell wurde erwogen, das Flüchtlingslager auf Lampedusa ganz einfach zu schließen. Welch ein Fortschritt! Doch damit nicht genug. Mit menschenverachtenden Propagandafeldzügen wird uns Menschen in der erdlichen Hemisphäre immer wieder suggeriert, dass die ansteckenden Krankheiten ihre Brutstätte in Afrika haben. Wer seinen Verstand nicht einschaltet, wird sich schnell dabei erwischen, wie er beim Anblick eines dunkelhäutigen Menschen häufig auch an ansteckende Krankheiten denkt. Jüngstes Beispiel: Wer gegen Ende 2014 das Wort Ebola ausspricht, löst bei sich selbst und bei den anderen zwangsläufig die Bilder im Kopf von schwarzen Afrikanern, die von der Todesseuche befallen sind, aus. Ein blanker Wahnsinn, wie wir in diesem Buch noch erfahren werden.

Immer mehr verzweifelte Menschen durchbrechen unterdessen sämtliche Barrieren, die Afrika vom europäischen Kontinent trennen. Wem die Ankunft hier gelingt, der wird dennoch ausgegrenzt. Denn wir müssen schließlich unseren Wohlstand schützen, oder? Wir geben zwar Almosen, aber keine Arbeit. Warum? Weil wir auch nicht wollen, dass diese Menschen zum selbstständigen Denken finden. Sie sollen nämlich nicht begreifen, dass wir es sind, die für ihr Schicksal und ihre Lage zum großen Teil verantwortlich sind. Wir handeln längst aus Angst vor der Vergeltung, und so verlieren wir wertvolle Zeit, die wir genau genommen bräuchten, um unsere Gesundheit, unser Leben, zu schützen.

Wen könnten wir zur Rechenschaft ziehen, bevor die Karre gegen die Wand brettert? Nun, die handelnden Politiker und Lenker multinational operierender Konzerne tragen hier einen gewaltigen Teil der Verantwortung. Sie kennen alle Fakten. Doch sie berechnen alles, was sie tun, messerscharf. Für sich! Nicht für andere, Schwächere. Diese Leute sind es, die jetzt gegensteuern müssten, sonst sind in Kürze sämtliche Werte und Errungenschaften gescheitert, an die die meisten Menschen von uns noch glauben, einmal abgesehen von dem gewaltigen Kollaps, der auf rein wirtschaftlicher und gesellschaftlicher Ebene mit der Zuspitzung des Problems einhergeht.

Wenn wir unsere demokratischen Prinzipien, so wir sie überhaupt richtig verstehen, schützen und bewahren wollen, dann müssen wir moralische und ethische Verantwortung fordern von all jenen Leuten, die uns politisch und wirtschaftlich führen. Jeder Haftungsausschluss bei politisch und wirtschaftlich strategisch Handelnden muss erschwert werden.

In einer Gesellschaft, in der Gewinne in uneingeschränkter Höhe generiert und abgeführt werden können, darf nicht zugleich ein System zugelassen werden, bei dem Verluste sozialisiert werden. Auswüchse, wie sie zum Beispiel in sogenannten Private-Equity- und Offshore-Gesellschaften ihren vorläufigen Höhepunkt gefunden haben, müssen eingedämmt, mindestens stärker kontrolliert und in Extremfällen, zumindest in Bezug auf die zweitgenannte Gruppe, verboten werden.

Solange wir uns mit dem höchsten Grad an Zivilisierung rühmen, müssten wir theoretisch und praktisch nach jeder militärischen Aktion gegen ein anderes Land international verpflichtet werden, der dortigen Bevölkerung so lange Unterstützung zu gewähren, bis sicher ist, dass die Menschen keinen schlechteren Lebenszustand erleiden müssen als zuvor.

Wie lange und ausgiebig Reparationszahlungen geleistet werden könnten oder müssten, wurde eindrucksvoll am Beispiel Deutschland gezeigt: Seit dem Ersten und Zweiten Weltkrieg hat die Bevölkerung nicht mehr aufgehört, ihre Schuld finanziell zu begleichen: Milliarden über Milliarden fließen bis heute in fremde Länder, um das angerichtete Unglück auszugleichen. Es ist demzufolge unerfindlich, warum heute vielerorts, nicht selten unter Federführung der NATO, Nationen andere Nationen zerbomben und danach einfach wieder wegfliegen, ohne Rücksicht auf die angerichteten Schäden.

Die Armut wächst unterdessen stetig weiter. Eines Tages wird sie einfach erbarmungslos zurückschlagen.

2. Gerechter Handel

Diese Wirtschaft tötet.
– Papst Franziskus

Der Handel hat die Welt zu dem gemacht, was sie heute ist: eine globale Kapital- und Wirtschaftsmacht, orchestriert von einigen wenigen mächtigen Leuten. Die großen Metropolen sind nicht an jenen Stellen entstanden, wo Güter hergestellt werden, sondern vorwiegend dort, wo diese gehandelt werden. Schon Jesus von Nazareth hatte warnende Worte gefunden in Richtung derer, die die Waren verkauften, sie aber nicht selbst produzierten. Beim Anblick dessen, was die »Geldwechsler«, also die

Banker, trieben, soll Christus in einen »heiligen Zorn« ausgebrochen sein.

Ohne Zweifel benötigt die Menschheit den Handel, um zu existieren, ähnlich, wie der Mensch Sauerstoff braucht, um zu leben. In beiden Fällen ist das zum Überleben Notwendige zugleich auch das, was das Leben vernichten kann. Müsste unser Organismus keinen Sauerstoff verbrennen, um zu überleben, könnten wir ungleich länger leben, das dürfte unumstritten sein.

Für die Fortentwicklung unserer Zivilisation ist der Handel einer der wichtigsten Überlebenstreibstoffe. Wir sind gut beraten, darauf zu achten, dass sein System rein und sauber bleibt. Um saubere Luft zu atmen, kümmern wir uns schließlich auch verstärkt um ihre Reinhaltung, spätestens seit dem Zeitpunkt des Wissens über die Wichtigkeit sauberer Luft für unsere Gesundheit. Warum wird gleichzeitig nahezu jede Art von Handel zugelassen, mag das Ergebnis auch noch so schmutzig sein?

Seit fast 2000 Jahren ist wohl keiner mehr in einen solchen Zorn wie der Gottessohn gefallen beim Anblick dessen, was die Geldwechsler so trieben. So konnte sich Stück für Stück rund um den Globus eine Seuche ausbreiten, die wir »Bankensystem«, oder, noch schlimmer, »Finanzindustrie« nennen. Wir haben sehenden Auges zugelassen, dass ein Monster so groß wird, dass es niemand mehr kontrollieren kann. Dieses Monster ist täglich auf Nahrungssuche. Es zerstört alles, was seinen Fortbestand gefährdet. Seine Geisel ist die Menschheit. Seine Söldner sind die regierenden Politiker und Lenker der Großkonzerne. Durch seinen riesigen Kreislauf muss immer mehr Überlebensstoff fließen, wie das Blut in unserem Kreislauf: das Geld.

Schon längst ist dieses gefräßige Monster nicht mehr zu ernähren mit jenem Geldfluss, der durch einfachen Warenhandel entsteht. Das reicht nicht einmal mehr als Vorspeise. Das Viech braucht mehr, viel mehr.

Für die wichtigsten Stoffe und Güter, die unsere Zivilisation benötigt, werden oft nur weniger als zehn Prozent des Geldflusses für den Werttausch gebraucht. Den Rest, oft mehr als 90 Prozent, verschlingen Wetten, sogenannte Warentermingeschäfte und ähnliche künstliche Handelssysteme. Ihre Berechtigung kann der gesunde Menschenverstand nicht nachempfinden. Wie in dem bereits erwähnten Beispiel dargestellt, betrug der Gesamtwert aller weltweit produzierten Güter und Dienstleistungen im Jahre 2010 circa 63 Billionen Dollar. Im gleichen Jahr wurden mit substanzlosem Handel 601 und mit Devisengeschäften 955 Billionen Dollar umgesetzt.

Die gigantischen Summen, die mit substanzlosem Handel bewegt werden, haben zwischenzeitlich das Entstehen ganzer Finanzmetropolen bewirkt. Der weltweit wichtigste Finanzplatz ist bekanntlich London. Bei der Benennung *City of London* denkt ein unbedarfter Bürger, dass damit die Londoner Innenstadt, sozusagen eine größere Fußgängerzone, gemeint ist. Kaum jemand weiß es, und nur wenige ahnen es, dass es sich dabei in Wirklichkeit um die *City of London Corporation* handelt, die, bezogen auf ihre Sonderstellung, weltweit einmalig ist. Sie ist ein exterritoriales Gebiet, das nicht zu Großbritannien gehört und in dem nicht einmal die britischen Gesetze greifen. Die *City of London Corporation* besitzt ihre eigene Staatlichkeit und ihre eigenen Gesetze. Sie überwacht sich selbst, sie ist ein Staat im Staate.

Von wegen nur eine niedliche Benennung der Londoner Innenstadt! Diese Institution genießt Privilegien, die ihr vor Jahrhunderten verliehen worden sind. Seit immerhin dem Jahre 886 besteht dieses ausgesprochene Recht zur Selbstverwaltung. Wer sich nun an dieser Stelle fragt, warum diese Privilegien nicht widerrufen worden sind, der muss wissen, dass England eine ungeschriebene Verfassung besitzt: Gesagt ist gesagt! Das ist auch ganz praktisch so, denn dort, in der *City of London Corporation,* befindet sich unter anderem einer der wichtigsten Metallhandelsplätze der Welt, mit immerhin einem Handelsvolumen von fast 50 Milliarden Dollar. Darüber hinaus ein Platz mit einer führenden Position im Devisen- und Derivatehandel, mit einem Marktanteil von etwa vierzig Prozent. Circa fünfzig Prozent des Aktienhandels inklusive internationaler Börsengänge werden an diesem sonderbaren Ort durchgeführt. Händler und Manager der *City of London* können für das, was sie tun, auch wenn es verwerflich ist, nicht verfolgt werden. Kein Gericht kann sie belangen, sie werden auch nicht durch eine Regierung kontrolliert.

Wer so viel Macht und Einfluss hat, tut alles dafür, um beides zu erhalten. Ihm sind möglicherweise sowohl gerechter Handel als auch Armut und Hunger auf der Welt nicht wirklich wichtig.

Genau von einem solchen System wurden Armut und Hunger auf dem gesamten Globus erzeugt, zumindest durch dieses ermöglicht und unterstützt.

Das heißt: Will man eine Besserung der Zustände auf diesem Planeten erreichen, so muss

- jeder substanzlose Handel verboten werden. Darunter fallen insbesondere alle Spekulationsgeschäfte (Leerkäufe und

Verkäufe) mit Lebensmitteln und wichtigsten Energieträgern.

- Kettenbriefe und Schneeballsysteme sind in vielen Ländern verboten, Einzelne dürfen mit diesen Systemen die Mehrheit nicht schädigen. Warum ist es den Banken, praktisch weltweit, gestattet, ihre Geschäftsmodelle in abenteuerlichem Umfang nach genau solchen Methoden zu praktizieren?
- Der Warencharakter des Geldes muss aufgehoben werden. Geld ist ein Tauschmittel, in begrenztem Umfang auch ein Wertaufbewahrungsmittel, aber kein eigenständiges Handelsgut.
- Der Handel selbst darf dagegen fortbestehen und aufblühen. Diejenigen, die Waren besitzen, unabhängig davon, ob sie diese erzeugt oder für Handelszwecke erworben haben, können damit uneingeschränkt handeln. Alle anderen sind davon auszuschließen. Dem Monster wird auf diese Weise schon bald die Nahrung ausgehen. Es wird, wenigstens teilweise, sterben. Mit jedem Atemzug, den es weniger macht, werden Millionen von Menschen aufatmen und neuen Mut schöpfen.

Nach der *Lehman-Brothers*-Pleite wurde der Begriff *systemrelevant* in den allgemeinen Sprachgebrauch der Politik und Wirtschaft aufgenommen. Die in der Hektik neu geschaffene (übrigens aus dem Nichts produzierte) Geldmenge ging in die Billionen. Das war der Rettungsplan für die systemrelevanten Banken! Für die meisten von uns, die nicht mal eben mit solchen Summen zu tun haben, sei erklärt, dass es sich bei einer Billion um eine Zahl mit dreizehn Stellen vor dem Komma handelt. Für die meisten ist sie nicht vorstellbar.

Für die Zahlen- und Faktenverliebten sei hier angemerkt, dass die weltweiten Ausgaben der Zentralbanken zur Rettung ihres Banksystems bis jetzt über 8,7 Billionen US-Dollar ausmachten. Deutlich weniger haben dagegen der Zweite Weltkrieg, der erste Golf-Krieg, die Tsunamikatastrophe in Japan, die Mondlandung und die gesamte Afrika-Hilfe der vergangenen zwanzig Jahre zusammengenommen gekostet.

Das beschriebene Monster ist leider nicht das einzige Ungeheuer. Es hat Verwandte und Handlanger, die ebenso andere um der Selbsterhaltung willen vernichten. Sie sind anders, auf den ersten Blick kaum negativ auffällig. Genau genommen produzieren die mächtigen Handlanger des Finanzmonsters Waren und handeln damit. Dabei fühlen sie sich nur einer Gesetzesmäßigkeit verpflichtet: dem maximalen Profit. Denn nur so können sie sich des Wohlwollens dieses riesigen Finanzungeheuers sicher sein.

Diese Leute werden vom System gejagt, das sie zum Teil selbst miterschaffen haben. Sie unterliegen dem schnellsten Rhythmus, der noch viel schneller ist als der der Politiker, die meist nur von einem Wahltermin zum nächsten hetzen müssen. Sie müssen sich jetzt regelmäßig den Jahres-, Halbjahres- und immer häufiger auch den Quartalsergebnissen und den abgegebenen Prognosen stellen. Sie sind selbst schon so atemlos, dass sie kein Mitleid mit denjenigen empfinden können, denen der Atem bereits ausgegangen ist.

Eine beachtliche Anzahl jener Leute, die im Jetset-Stress leben, ahnt nicht einmal, zu welchen Schädlingen sie selbst verkommen sind. Oft wissen sie im wörtlichen Sinne nicht einmal, was sie (anderen an-)tun.

Ein Beispiel: Wenn ein großer westlicher Lebensmittelkonzern auf dem afrikanischen Kontinent, wo Menschen oft nicht lesen und schreiben können, Werbung mit Bildern von degenerierten Babys zeigt und damit den oft ungebildeten Menschen suggeriert, dass diese Kinder nur deswegen so erkrankt seien, weil sie die Milch ihrer Mutter, und nicht etwa künstliche Babynahrung, tranken, ist dies infam. Wenn sie gleichzeitig mit Bildern gesunder, wohlernährter und fröhlich blickender Kinder für ihre Pulvermischung werben, das auch noch mit »ihrem konzerneigenen« Wasser zubereitet wurde, grenzt dies an kriminelles Verhalten.

Ein solches Vorgehen ist kaum noch mit eigenen, wirtschaftlichen Interessen zu rechtfertigen, denn es wirkt sich direkt zerstörerisch auf den ganzen Kontinent aus: Die psychische und physische Gesundheit der Kinder wie auch der Mütter wird durch diesen Einschnitt stark beeinträchtigt, gehört das Stillen doch zu den für jeden Menschen klar erkennbar wichtigsten Naturgesetzen, um Mütter wie Babys gleichermaßen gesund zu ernähren beziehungsweise gesund zu erhalten. Diese global agierenden Konzernlenker wissen das alles ganz genau! Doch sie verdrehen die Tatsachen, jubeln den unwissenden Menschen Lügen statt die Wahrheit unter – und das alles im Namen des Mammons.

Ach ja, selbstverständlich hatte das gerade erwähnte Unternehmen den afrikanischen Kommunen und Gemeinden die meisten Wasserbrunnen vorher abgekauft und sich die Nutzungslizenzen gesichert. Das weltweite, bestens funktionierende

Korruptionsnetz leistet hierbei gute Dienste. Es fügt sich das eine zum anderen. Wir nennen es Globalisierung oder freien Handel. Mehr Heuchelei geht nicht. Und so ist es derzeit überall auf unserem Globus: Die Werbewirtschaft lebt nicht von der Moral, sondern von der Zufriedenheit ihrer Auftraggeber: der Mächtigen.

Scheinbar unspektakulär und direkt vor unseren Augen werden ganze Industriezweige *verpflanzt.* Auf der Jagd nach höheren Profiten werden unsere westeuropäischen Produktionsbetriebe derzeit immer weiter ostwärts verlagert. Von der Nachhaltigkeit, mit der stets vollmundig geworben wird bei sämtlichen politischen und bankwirtschaftlichen Entscheidungen, findet sich keine Spur. Die einzige Spur ist die der Abwanderung wichtiger Industrieprojekte, die von den modernen *Handelsnomaden* hinterlassen werden. Ihr einziges Ziel ist es, die billigstdenkbare Produktionsart zu finden für all jene Waren, die sie mit mehrfachem Aufschlag an ihre zahlungskräftige Kundschaft zu verkaufen gedenken.

Ein gutes, besser: verheerendes Beispiel dafür ist die Textilbranche. Ganz abgesehen davon, dass sich die meisten von uns schämen würden, wenn sie mit eigenen Augen sehen könnten, wie es in zahlreichen ausländischen Nähfabriken aussieht und zugeht, in denen unsere Kleidung inzwischen weitgehend hergestellt wird: Übel würde es uns werden, wenn wir erführen, wie viel beziehungsweise wie wenig auch die irgendwo in Asien oder Osteuropa arbeitenden Hilfskräfte für ihre harte Arbeit bekommen. Doch halt: Nicht selten gab es in letzter Zeit Fernsehdokumentationen zu diesem Thema, in denen wir völlig erschöpfte Menschen in Indien, China oder anderswo schuften sahen, ohne nennenswerte Pausen, damit unsereiner hierzulande noch günstigere T-Shirts oder Jeans kaufen kann. Hat uns dieses Elend etwa beeinflusst, die hier ansässigen Billiggeschäfte fortan zu meiden? Verantwortung tragen wir alle, indem wir jeden Tag unsere Entscheidungen nach ethisch-moralischen Wertmaßstäben neu überdenken könnten. Und jeder Tag ist eine neue Chance auch für uns, die Welt, sei es auch nur in winzigen Bereichen, besser zu machen. Unsere Erde leidet. Die Mehrheit der Menschen leidet inzwischen. Die Armut hat längst die arbeitende Mehrheit überflutet.

Doch so einfach ist das Rad jetzt auch nicht wieder zurückzudrehen, oder anders ausgedrückt: Inzwischen haben wir uns selbst bereits in eine finstere Sackgasse manövriert, und zwar aus folgendem Grund: Würde nämlich, warum auch immer, der derzeitige Warenfluss auf der Welt verhindert werden, so wären wir in kürzester Zeit ohne adäquate Versorgung in Bezug auf zahlreiche Güter – Bekleidung, Lebensmittel, Ressourcen usw. In unserer hoch zivilisierten und so anspruchsvollen Welt stünden wir ganz schön machtlos da. Allein diese Tatsache beweist, wie unfähig die »politische Elite« in Wahrheit agiert, welch ein Versagen der strategischen Führung allein daran ganz offensichtlich wird. Sie alle, Politiker, Wirtschaftslenker und allen voran die Banker, sind durch die Gier in Bezug auf den Profit erblindet und sehen die immer größer werdenden Gefahren nicht mehr. Oder wollen sie nicht? Oder sollen sie nicht? Solange noch mit Stolz Unternehmensgewinne großer Konzerne veröffentlicht werden, die höher liegen als das BIP vieler Staaten auf der Welt, so lange ist auch keine Besserung zu erwarten.

Wie könnte es besser laufen?
Eine von vielen sinnvollen Gegenmaßnahmen könnte es in diesem Zusammenhang sein, dass Unternehmen ab einer bestimmten Größe, die durch das Verhältnis des Landes, in dem sie tätig sind, gegenüber ihrer Tätigkeit bemessen wird, einer gewissen strategischen Verantwortung unterworfen werden. Sobald sie mit ihrer wirtschaftlichen Größe auf die strategischen Verhältnisse eines Landes einwirken können, müssten die Kontrollen ihrer Tätigkeit darauf angepasst werden.

Jede Art von Verkehr, zu Land, zu Wasser und in der Luft, ist genauen Regeln unterworfen. Nur so ist die *Verkehrssicherheit* gewährleistet. Unfälle werden dadurch zwar nicht ausgeschlossen, aber auf ein Minimum reduziert. Es ist dagegen grotesk, dass die Wirtschaft mit ihrem gigantischen Waren- und Geldverkehr ständig von allen möglichen Regeln befreit wird. Der Weltwirtschaftsverkehr ist, aus der Sicht der Wirtschaftsfanatiker, offenbar die einzige Verkehrsart, die sich selbst regeln kann beziehungsweise an ihren eigenen Interessen ausgerichtet wird. Solche Denkweisen sind nicht nur eine Beleidigung der Intelligenz, sie widersprechen auch jeder Logik. Zudem sind sie natürlich in höchstem Maße ungerecht.

Geht es um seine Selbsterhaltung, so hat das Monster stets bewiesen, dass es schnell und entschlossen handeln kann. Immer wieder. Söldner hat es genug, die es unterdessen füttern, streicheln und immer weiter anstacheln. Gleichzeitig gibt es für die reale Welt kaum alternative Pläne. Zwar arbeiten unabhängige Forscher schon länger an Gegenmaßnahmen, sie haben diese auch formuliert und als sogenannten »Plan B« der Menschheit vorgestellt, doch verhindern die ineinandergreifenden Kräfte von Wirtschaft, Finanzwesen und Massenmedien immer noch »erfolgreich« die Veröffentlichung derartiger Alternativen. Im Gegenteil, diese Vorschläge, die der Gesundung des Systems beziehungsweise der völligen Neuordnung nach natürlichen Prinzipien dienen sollen, werden meist öffentlich als *Verschwörungstheorien* diffamiert und derzeit noch unmöglich gemacht.

Sind wir doch ehrlich: Eine kosmische oder gewaltige Naturkatastrophe kann niemand ausschließen. Einen atomaren, wirklichen Super-GAU ebenso nicht. In einem solchen Fall, Gott bewahre uns, würden auch die nicht direkt betroffenen Teile der Erde mit in den Abgrund gerissen werden. Die Industrienomaden haben ganze Kontinente von für die Selbstversorgung notwendigen Produktionsmöglichkeiten abgeschnitten. Es war und ist fahrlässig, diese immense Gefahr zu ignorieren. Dass dieses kranke System dennoch unhinterfragt einfach fortgesetzt wird, grenzt an blanke Dummheit. Sie ist nur, es sei wiederholt, mit der unendlichen, blind machenden Gier nach Macht und Geld zu erklären.

Multinational operierende Großkonzerne sind auch systemrelevant, nicht für das Finanzmonster, denn diese Monopolisten sind seine Handlanger, aber für die Menschheit.

Um einer Verwechslungsgefahr vorzubeugen, sollen die riesigen internationalen Konzerne nicht als *systemrelevant,* sondern als *strategisch bedeutend* charakterisiert werden. De facto sind sie das auch. Niemand wird und kann bestreiten, dass solche Unternehmen weltveränderndes Potenzial in sich tragen, leider nicht nur positiver Natur. Im Gegenteil.

Alle, die sich trotz der offensichtlichen Gefahren jeder weiteren strategisch bedeutenden Kontrolle widersetzen, müssen als

Wirtschaftsextremisten bezeichnet werden. Wirtschaftsextremisten sind, wie alle anderen Extremisten, gefährlich. Sie verdienen die gleiche Beachtung.

3. Keine Zollfreiheit für subventionierte Güter

Jede Subvention ist ein unnatürlicher Eingriff in die Kreativität und Leistungsfähigkeit der schaffenden Wirtschaft. Am Ende schadet die Subvention auch denjenigen, die zuerst davon profitierten. Vorher allerdings richtet jede Subvention einen mithin verheerenden Schaden an. Warum, um Himmels willen, wird dann diese Praxis immer weiter fortgesetzt?

Die Antworten sind ziemlich einfach, aber allesamt unpopulär. So zum Beispiel:

1. Mit Subventionen werden leicht Millionen von Wählerstimmen gekauft.
2. Mit Subventionen wird das Wachstum deutlich über den Bedarf hinaus generiert.
3. Die *Bakschisch-Mentalität* rund um sämtliche Subventionen gedeiht. Man trennt sich leichter von jenem Geld, das man nicht wirklich verdient hat.
4. Mit Subventionen wächst die Menge an Geld, von dem wir schließlich so viel drucken, wie wir, beziehungsweise die Lenker unserer Geschicke, es wollen.

Die Liste der Antworten und Argumente ließe sich ohne Weiteres verlängern. Positive Aspekte finden sich bestenfalls im regionalen System, ist es doch unter dem Strich das einzige, das für die Menschen als gerecht bezeichnet und dementsprechend funktionieren kann. Doch auch in diesem Fall dürfte es sich meist um vorübergehende Vorteile handeln, wenn nicht auch weitere Systeme hinterfragt und verändert werden.

Alljährliche Debatten im EU-Parlament rund um das Thema Subventionen zeigen, wie brisant diese Thematik ist. Kein Mitgliedstaat möchte Nachteile erleiden, wenn ein anderer mit Subventionen für sein Land bestimmte Wirtschaftszweige in eine bessere Position bringt. Die darüberstehende Zollfreiheit führt schnell, selbst innergemeinschaftlich, zur Schieflage. Die nicht-subventionierte Konkurrenz kann nicht mithalten. Eigentlich alles logisch, oder? Eigentlich!

Denn diese Logik verliert sich schnell, wenn das Streben nach »Gerechtigkeit« außerhalb der EU dabei nicht außer Acht gelassen wird. Das Bedürfnis nach innergemeinschaftlichem Wachstum scheint alle Mittel zu heiligen. Europa muss wachsen, auch wenn deswegen, oder dafür, andernorts Menschen an Hunger sterben müssen. Ein schrecklicher Gedanke, der etwa zutrifft? Leider ja, genau dies ist tägliche Realität.

Betrachten wir nochmals die Bereiche der Landwirtschaft und Viehzucht. Diese wichtigen Industriezweige werden mit gigantischen Summen schon innergemeinschaftlich subventioniert. Fleisch aller Art wird durch die ganze Europäische Union hin- und hergefahren (und umfakturiert). Im Extremfall werden mehrfach Subventionen kassiert, danach kommt oft noch die Exportförderung obendrauf. So wird in den ärmeren Teilen der Welt die Eigenversorgung förmlich stranguliert. Denn so billig, wie ein (geschundenes) EU-Massenhuhn erst »produziert« und dann nach Afrika geliefert wurde, kann kein afrikanischer Bauer sein in der Natur aufgewachsenes Geflügel verkaufen. Er muss im Wettbewerb zwangsläufig unterliegen.

Ist es nicht zynisch, wenn wir in diesem Zusammenhang von besserer Produktivität und moderner Landwirtschaft sprechen? Wir tun das offenbar, um in Wirklichkeit den Opfern die Schuld an ihrem Schicksal in die eigenen Schuhe zu schieben. Weil wir aber gern Gutmenschen spielen, entsenden wir parallel dazu ganze Geschwader von »Hilfsorganisationen«, um den armen, hungernden Menschen dort, wo wir Schaden angerichtet haben, zu »helfen«. Die gesammelten Spendengelder deklarieren wir unterdessen als gemeinnützige Ausgaben und setzen sie von der Steuer ab. Unser System ist rund, oder? Der Rubel rollt, es funktioniert alles bestens. Für uns. Fragt sich, wie lange noch. Wen wundern allein in diesem Zusammenhang noch die Flüchtlingsströme Hunderttausender, die sich, genau aus diesen Gebieten kommend, jetzt vermehrt auf den Weg machen, um in einer besseren Welt zu leben? Wer will den Menschen diese berechtigte Sehnsucht verdenken?

Das ist die derzeitige Situation zwischen den Armen und den Reichen dieser Welt. Übrigens schätzen wir Reichen es aber gerade nicht, wenn umgekehrt uns jemand mit seiner subventionierten Ware bedroht. Ein Beispiel an purem Zynismus war das Abschießen von etlichen Giftpfeilen in Richtung China, als von dort vor Kurzem preiswerte Module für die Gewinnung von Solarstrom geliefert wurden. So hieß es hier flächendeckend in der Presse, es sei doch eine Frechheit, was die Chinesen mithilfe von Dumpinglöhnen in unserer Solarbranche anrichteten! Die EU-Lokalmatadore gaben mit diesen Aussagen ihr ganzes Unwissen preis. Es könnte natürlich auch einfach eine bewusste, bodenlose Frechheit gewesen sein. Die Rufe nach Zöllen und Sonderabgaben wurden immer lauter. Ganz nach dem Vorbild des großen Bruders, dem man offensichtlich immer häufiger nachzueifern sucht.

Und, natürlich: Schnell wurde gehandelt. Solarmodule aus China können nun nur noch über eine extrem hohe Zollhürde nach Europa importiert werden. Im November 2013, just in der Zeit, als meine vorliegenden Gedanken aufgeschrieben wurden, veröffentlichten die Europäer ihre Entscheidung, dass die hohen Zölle weiterhin bestehen bleiben sollen. Welch bestechende Logik! Niemand wollte dem alten, aber weisen Indianersprichwort folgen: »Wenn dein Pferd tot ist, steig ab!« Wir wissen es eben besser: Wir versuchen, das tote Pferde weiterzureiten.

Die geübte Praxis der USA, die Forderung nach dem Freihandelsabkommen, dauert exakt so lange, wie die eigene Wirtschaft davon profitiert. Sonst sind eben hohe Zölle im Land der unbegrenzten Möglichkeiten durchaus ein probates Mittel, um sich zu schützen. So einfach ist das.

Nicht ohne Grund sprechen Insider in diesem Zusammenhang von der *Wirtschafts-NATO*. Sie meinen damit Organisationen und Bewegungen, wie zum Beispiel das *Trans-Atlantic Free Trade Agreement* (TAFTA) oder die *Transatlantic Trade and Investment Partnership* (TTIP). Fast unglaublich, aber in solchen Gremien haben oft nur offizielle Berater der Großkonzerne Zugang zu den Dokumenten und zu den Entscheidungsträgern. Die Öffentlichkeit wird sozusagen im Nachhinein, wenn alles beschlossen (und damit für sie verloren) ist, informiert.

In diesen genannten Fällen geht es übrigens um nicht weniger als etwa 75 000 Unternehmen diesseits und jenseits des

Atlantiks, allesamt Tochterunternehmen von 14 400 US-Unternehmen und 3300 EU-Firmen, die mit den genannten Handelsabkommen eine nahezu uneingeschränkte Handelsfreiheit und gesicherten Investitionsschutz erhalten. Das, was sich hier auf den ersten Blick positiv anhört, ist in Wahrheit der direkte Weg zur Instrumentalisierung ganzer Nationalregierungen.

In Kurzform ließe sich das so erklären: Würde ein Staat den demokratischen Prinzipien folgen, würde er also Vorschriften und Gesetze erlassen, die nach der Mehrheitsmeinung seiner Bürger das Land, seine Ressourcen, vor allem aber die Rechte der Bevölkerung schützen, würden damit aber gleichzeitig die geplanten Gewinne der Großkonzerne geschmälert werden, so könnten die betroffenen Unternehmen diesen Staat erfolgreich verklagen. Das Recht, soweit man diesen Begriff an dieser Stelle überhaupt noch in den Mund nehmen darf, wäre damit stets auf der Seite der global agierenden Monopolisten.

Die ungerechte wie bedrohliche Umverteilung von unten nach oben nimmt fortlaufend zu, längst ist heute, also zu Beginn des dritten Jahrtausends, eine exponentielle Entwicklung daraus geworden. Eine sinnlose Vermögensanhäufung für wenige Leute auf der einen Seite steht der wachsenden Verarmung und Verelendung der Weltbevölkerung auf der anderen Seite gegenüber.

Im Falle der erwähnten Solarbranche kommt übrigens makabererweise hinzu, dass diese nahezu vollständig auf dem Subventionsfundament steht. Von Dumping hatte hierbei niemand gesprochen. Heuchlerisch wurden die Know-how-Vorsprünge beschworen, ebenso die segensreichen High-Tech-Lösungen, bis zu dem Tag, als die Chinesen kamen. Dann knickte die Solarbranche ein. Kaum ein Unternehmen nennenswerter

Größe konnte so schnell sein »Geschäftsmodell« umstellen. Die einstigen Shootingstars der Branche standen da wie gerupfte Hühner. Von Millionen Kunden, die schon bald ernüchtert feststellen mussten, dass sie völlig überteuerte Anlagen gekauft hatten, die sich schleppend und nur aufgrund fortlaufender Subventionen amortisieren, soll an dieser Stelle nicht weiter gesprochen werden. Gibt es ein Entrinnen aus diesem Teufelskreis? Ein Vorschlag könnte lauten:

Keine Zollfreiheit für subventionierte Güter!

Ganz davon abgesehen, dass Subventionen per se immer wieder im kleineren oder größeren Umfang missbraucht werden, werden dadurch in aller Regel ohnehin nur die Stärkeren bevorzugt. Deswegen ist auch eine Zollverordnung für subventionierte Güter kein Schritt in die Rückständigkeit, sondern ein Schritt in Richtung Beseitigung von Ungerechtigkeit, die sich im Zuge der Ausbreitung des Finanzkapitalismus entwickelt hat.

Bei zweckgebundener Verwendung der Zollgebühren könnten eigene Produzenten im Einfuhrland geschützt und zugleich gestärkt werden. Zum Beispiel ließe sich mit den Zolleinnahmen für subventionierte landwirtschaftliche Produkte die eigene Landwirtschaft fördern. Ganz sicher könnten diese zusätzlichen Einnahmen nun zur Armutsbekämpfung eingesetzt werden.

Doch wird es je dazu kommen? Ganz leise und unauffällig werden derzeit die TTIP-Pläne, wie auch CETA und TAFTA, von den Global Players durchgewinkt. Hinter verschlossenen Türen ist man sich längst einig, auch wenn man nach außen noch vorgibt, im Interesse der Bevölkerungen zu entscheiden. Doch die haben längst aufbegehrt: Zahlreiche Petitionen und Protestnoten wurden eingebracht, national wie auch bei der

Zentralregierung in Brüssel. Doch bis sich die hohen Herrschaften aus ihren eigenen Traumgebilden herausbewegen, muss wohl noch einiges mehr passieren, muss der Widerstand von außen, vom Volke aus, wachsen. Mit welchem Effekt? Nun, den großen Machtmenschen werden derartige Systemänderungswünsche nicht gefallen. Und sie haben immer wieder neue Mittel und Wege, um den Widerstand zu schwächen: zum Beispiel die Medien. Diese sind ja längst, wie man weiß, nicht mehr neutral und objektiv, sondern sie gehören in aller Regel den Machtlenkern selbst. Damit ist auch klar, dass stets »pro domo« berichtet werden muss, also ganz nach Hausherrenart. Durch weitere Propaganda und Meinungsbeeinflussung werden immer neue »Wahrheiten« geschaffen, während die Gegner, die immer verzweifelter werdenden Bürger, als Verschwörungstheoretiker oder Nazis abgestempelt und gesellschaftlich kollektiv geächtet werden. Wohl dem, der dennoch offenen Auges und Ohres die Situation beobachtet und sich sein eigenes Meinungsbild schafft, und zwar ohne Zuhilfenahme des heute herrschenden »Qualitätsjournalismus«.

Es wird nicht leicht werden, dieses System umzukehren, doch für eine künftige gesündere Welt ist dies unumgänglich.

4. Hilfsmaßnahmen differenziert einsetzen

Die Beziehung zwischen einem Helfer und einem Hilfsbedürftigen ist in aller Regel von Güte und Dankbarkeit geprägt. Das sind Tugenden, die uns seit Menschengedenken beigebracht werden. So weit also alles richtig, fast alles.

In der Menschheit sind alle auch noch so positiven Tugenden offenbar jedoch mit einem Verfallsdatum versehen. Niemand scheint in der Lage zu sein, dauerhaft nur gütig oder dankbar zu sein. Das mag überraschen, es mag auch auf Ablehnung stoßen, wahr ist es trotzdem.

Einer der Gründe für diese Tatsache dürfte in der Entwicklung des Menschen zu finden sein. Wobei wir hier einmal die Frage außer Acht lassen wollen, ob die Entwicklung des Menschen grundsätzlich in den richtigen, also vom Schöpfer vorgedachten Bahnen verlief oder ob sich der mit der freien Entschlusskraft ausgestattete Homo sapiens nicht durch sein falsches Eigenwollen in eine für ihn ursprünglich nicht vorgesehene Richtung entwickelte. Wie gesagt, diese Frage wollen wir an dieser Stelle gar nicht erst vertiefen, wenngleich es dazu natürlich eine Menge zu sagen gäbe.

Wir sind mit ziemlicher Sicherheit, wie die meisten Mitbewohner des Planeten auch, ein Produkt der evolutionären Entwicklung. Wobei die Evolution nicht, wie viele Menschen glauben, im krassen Gegensatz zur Schöpfungsgeschichte steht, sondern – das ist bei nur wenig logischem Denkeinsatz erkennbar – nahtlos mit ihr verbunden ist. Uns prägen Millionen von Jahren der Fortentwicklung. Aus dem Homo erectus hat sich vor etwa zwei Millionen Jahren der moderne Mensch entwickelt. Gut 95 Prozent seiner Existenz auf dem Planeten hat dieser als Jäger und Sammler verbracht. 99 Prozent unserer Artgeschichte haben sich ohne christliche Kirchenlehre abgespielt. Es sind sogar 99,9 Prozent der Menschen, die ohne Dampfmaschinen auskamen, und 99,99 Prozent, die weder Computer noch Mobiltelefone besaßen.

Ganz sicher also haben uns die vergangenen Jahrhunderttausende entscheidend zu dem geformt, was wir heute sind. Sie prägten uns wesentlicher als unsere derzeitige digitale Gegenwart, die im Vergleich dazu einem Wimpernschlag der Zeit gleichkommt. Was also ist heute noch der natürlichen Art des Menschen entsprechend und was nicht? Was lenkt uns? Moral, Ethik, Nächstenliebe? Sind es die Gebote und Vorgaben, die wir durch die Schöpfung automatisch als innere »Grundausstattung« erhielten, die heute noch unser vornehmliches Handeln beeinflussen? Hier sei vor allem das Gewissen erwähnt, mit dem jeder Mensch bedacht und ausgestattet wird. Nur durch dieses weiß jeder im tiefsten Inneren seines Selbst stets genau, was richtig oder falsch ist, was er dementsprechend tun darf oder was er auf jeden Fall unterlassen muss. Nehmen wir nur die Zehn Gebote, die da unter anderem lauten: Du sollst nicht stehlen, du sollst nicht töten, du sollst nicht falsch Zeugnis reden wider deinen Nächsten. Wir wissen immer, was richtig und was falsch ist. Doch ob wir dies auch beherzigen in jeder Situation, ist fraglich. Meist sind es unschöne Laster und negative Charaktereigenschaften wie Gier und Geiz, Machtstreben, Rücksichtslosigkeit, fehlendes Verantwortungsvermögen und vieles mehr, was uns Menschen den rechten Weg verlassen lässt. Da hiermit meist eine Schädigung Dritter einhergeht, wissen wir automatisch, dass wir falsch handeln. Doch warum hält uns unser Gewissen dann nicht ab von diesem falschen Schritt? Es ist die Summe der vielen kleinen und großen Falschentscheidungen eines jeden Menschen, die unsere Welt heute in ein Chaos verwandelt hat, das uns nun gleich mehreren Katastrophen entgegeneilen lässt.

Wir wollen uns in diesem Zusammenhang noch einmal der Situation des ständig Gebenden und des stets Nehmen-Müssenden, also den Reichen und den Armen, zuwenden. Ob es die staatlichen Systeme sind oder nun die sogenannten sozialen Netzwerke, von überall her werden wir zu bestimmten Verhaltensvorgaben aufgefordert, wie zur Hilfsbereitschaft und Dankbarkeit. Und ohne Zweifel sind wir Menschen gern hilfsbereit und auch gerne dankbar, je nachdem, auf welcher Seite wir gerade stehen. Doch beides funktioniert nur vorübergehend, denn es muss hier immer einen gesunden Wechsel geben. Alles andere kann nach dem Schöpfungsgesetz der Wechselwirkung, dem Gesetz des Nehmens und des Gebens, gar nicht anders sein. Beansprucht jemand dauerhaft nur unsere Hilfe, ohne etwas dagegenzusetzen, wird jeder noch so gut wollende Mensch irgendwann ungehalten. Auch kann die andere Seite nicht glücklich werden, wenn sie immer nur nehmen muss, weil sie ansonsten nicht überleben kann. Jeder Mensch hat die Erfahrung selbst schon gemacht: Geben ist seliger denn nehmen. Alles andere macht auf Dauer keinen Menschen froh. Doch wenn ein ganzes System, um nicht zu sagen, das Weltsystem, gerade so angelegt ist, dass beide Seiten gezwungen werden, in immer derselben Position verharren zu müssen (der eine gibt, der andere nimmt), so muss der Zusammenbruch kommen, daran führt kein Weg vorbei. Denn es ist gegen das Gesetz. Am Ende also stehen sich die Dankbaren und die Hilfsbereiten als Gegner gegenüber. Was danach stets folgt, ist in den Geschichtsbüchern nachlesbar. Dafür muss auch jetzt keine Zukunftsprognose gestellt werden: Lange werden die Ungleichgewichte von Arm und Reich, vom reichen Westen und vom armen Osten, von den reichen Weißen und den armen Schwarzen, von den klugen Reichen und den ungebildeten Armen, nicht mehr akzeptiert werden. Die ersten Dämme brechen bereits, und jeder sieht dies. Wann man flächendeckend die absehbaren Gefahren erkennt und ob dann noch Zeit für eine Umkehr bleibt, ist nicht vorherzusagen. Nur ein Appell kann etwas in Bewegung, kann die Menschen zum Nach- und Umdenken bringen.

Derzeit spaltet sich unsere Welt zunehmend in unterschiedliche Lager. Uneingeschränktes Recht auf unbegrenztes Eigentum auf der einen und das lückenhafte Recht auf eigenes *Über-Leben* und Nahrung auf der anderen Seite.

Noch gibt es nur wenige sichtbare Ansätze zur Umkehr: Unsere Politiker entwerfen, unter der »wissenschaftlichen» Ägide zahlreicher Mainstream-Ökonomen, gern »langfristige« Programme für die Finanzierung unterer Gesellschaftsschichten, denn das bringt Wählerstimmen. Stereotyp wird immer weiter ein Wirtschaftswachstum gefordert, es wird teilweise auch generiert. Die Erträge aus dem ständigen, für notwendig erklärten Wachstum türmen sich inzwischen zu riesigen Bergen auf: für die Wohlhabenden.

Ein solches System gefährdet nicht nur den Frieden in anderen Ländern und auf anderen Kontinenten, sondern ganz konkret auch hier, auf unseren Straßen. Die täglichen Nachrichten zeugen davon: Es mehren sich bereits die Berichte über Bürgerunruhen in großen und kleineren Städten, hier im guten alten Deutschland, wie auch in allen übrigen Staaten der EU, der restlichen Welt selbstredend und sowieso. Doch brennende Autos in europäischen Großstädten, Menschenbarrikaden, Protestaktionen, Massendemonstrationen und gewalttätige Straßenschlachten verfeindeter Gruppen und Religionen wecken inzwischen kaum noch das Interesse der Menschen. Sie sind mit sich beschäftigt, mit ihrem Kampf um die Existenz und das Überleben. Bleibt noch die Frage, ob man inzwischen schon resigniert hat, da man die eigene Machtlosigkeit gegenüber dem ungerechten, korrupten System erkannte.

Um noch einmal auf die Hilfsmaßnahmen zu kommen: Diese dürfen weder der Gewissensberuhigung für den Helfenden dienen, noch dürfen sie dem Hilfsbedürftigen eine dauerhafte »Zuverlässigkeit« vorgaukeln. Alle diesbezüglichen Systeme müssten so schnell wie möglich reformiert, müssten komplett umgestellt werden. Zu allererst sollte eine Zweiteilung der Hilfsbedürftigen erfolgen, nämlich in:

Erwerbsunfähige Hilfsbedürftige sowie *erwerbsfähige Hilfsbedürftige.*

Die Art, wie hier jeweils geholfen wird, sollte sich an diesem Kriterium ausrichten.

Einem älteren Menschen, der, aus welchem Grunde auch immer, in die Armut abgerutscht ist, darf nicht vorgehalten werden, was er anders hätte machen müssen, um nicht in diese Notsituation zu geraten. Ihm kann allerdings auch kein Recht auf einen bestimmten Lebensstandard zugestanden werden. Dafür ist die Allgemeinheit nicht in die Haftung zu ziehen. Wer einen höheren Lebensstandard anstrebt, der ist für die Schaffung und den Erhalt desselben selbst verantwortlich, hier gibt es kein Gleichheitsprinzip – was nicht bedeutet, dass die Chancen auf ein selbstbestimmtes Leben für alle Menschen möglichst gerecht sein wollten. Lebensrisiken gehören zum Leben dazu. Fehlentscheidungen oder Entwicklungen, die Einzelne betreffen, können nicht sozialisiert werden. Dennoch muss sich die Allgemeinheit, also die Gesellschaft, die Erhaltung der Menschenwürde eines jeden Einzelnen gleichwohl leisten können.

Zu den Erwerbsunfähigen gehören selbstredend nicht nur ältere Menschen. Es kann sich auch um eine vorübergehende Lebensphase handeln. Nehmen wir eine(n) alleinerziehende(n) mehrfache(n) Mutter oder Vater. Auch arbeitsunfähige Menschen, die aufgrund einer körperlichen Behinderung eingeschränkt leben, gehören zwangsläufig dazu. Eine diesbezügliche Kategorisierung dürfte keine besonders schwierige Aufgabe sein. Die allgemeingültige Festlegung ist allein schon deswegen nicht sinnvoll, weil die regionalen Gesellschaften, im Zuge ihrer eigenverantwortlichen Autonomie, dies viel humaner vornehmen beziehungsweise entscheiden können.

Am Ende erhalten die erwerbsunfähigen Hilfsbedürftigen Lebens- und Überlebenshilfen. Alle anderen, also all jene, die grundsätzlich erwerbsfähig sind, aber über kein Einkommen verfügen, erhalten vorrangig Hilfe zur Selbsthilfe.

Rutscht beispielsweise eine erwerbsunfähige Person in die Arbeitslosigkeit ab und findet sie in ihrer Wohngemeinde keine Arbeit, dann ist es billiger, humaner und auch sinnvoller, zum Beispiel die Umzugs- und eventuelle Mehrkosten für den zweiten Wohnsitz vorübergehend zu finanzieren, als den Betreffenden in der Arbeitslosigkeit zu verwalten. Vorausgesetzt, er wünscht sich dies auch.

Viele Zuwanderer und Asylsuchende werden gegenwärtig in Gettos eingesperrt. Ihr staatlich verordnetes Nichtstun wird aufwendig kontrolliert und verwaltet. Das sind natürlich teure und überwiegend kontraproduktive Maßnahmen. Alle Erwerbsfähigen, Zuflucht- und Asylsuchenden müssen vorrangig die Möglichkeit bekommen, für ihren Lebensunterhalt selbst aufzukommen. Es ist sinnvoller und einfacher, einen Beschäftigungsnachweis als Voraussetzung für ein eventuell vorübergehendes Bleiberecht zu bekommen, als mit hohem Verwaltungs- und Überwachungsaufwand die Arbeit der Arbeitsfähigen zu beschützen. Wenn jeder Einwanderer wiüsste, dass ein Beschäftigungsnachweis die Voraussetzung für ein Bleiberecht ist, würde dies zumindest die kriminelle Klientel von der Zuwanderung abschrecken.

Nicht selten ist die europäische innergemeinschaftliche Reisefreiheit in Teilen ein Fehlkonstrukt. Sind beispielsweise volle Busse aus Rumänien oder Bulgarien in Richtung Berlin oder Kopenhagen mit sogenannten Touristen unterwegs, dann ist das eine politisch provozierte Verdummung. Das führt zwangsläufig dazu, dass diejenigen, die aus ärmeren Ländern kommend eine ehrliche Arbeit suchen, mit Einbrechern, Geldautomatenknackern und kriminellen Straßenbettlern gleichgesetzt werden.

Mit politisch häufig propagierten, falschen Solidaritätsbekundungen werden bei den arbeitsunwilligen Zuwanderern gefährliche Erwartungshaltungen provoziert; bei den Arbeitswilligen hingegen wird Unmut geschürt. Im Ergebnis steigt hierzulande und anderswo fortwährend die Anzahl der Hilfsbedürftigen. Eine friedliche, pluralistische und homogene Gesellschaft kann daraus nicht entstehen, das glatte Gegenteil ist der Fall.

Im Gegensatz zu alldem und vielen anderen, unerwähnten, aber im Ergebnis vergleichbaren Beispielen ist eine Verpflichtung eines jeden einzelnen Menschen zur Arbeitsaufnahme, zum Zwecke der Selbstversorgung, keineswegs ungerecht. Wenn sich die Hilfe mehrheitlich darauf konzentriert, die Menschen in Arbeit zu führen, anstatt sie zu verwalten, dann dürften sich diese Maßnahmen schnell als Investition in eine bessere Zukunft erweisen.

Übrigens sollten alle Erste-Hilfe-Maßnahmen, wie sie zum Beispiel nach Natur- und sonstigen Katastrophen erforderlich sind, nicht nach den beiden benannten Kategorien unterschiedlich ausgestattet werden. Hilfsorganisationen müssen ihre Arbeit stets ohne Behinderung durchführen können. Diese sind auch als politisch unabhängig anzusehen.

Alle staatlichen Hilfsmaßnahmen dagegen beinhalten oft neben den humanitären auch politische Aspekte, weswegen sie der vorbeschriebenen Differenzierung zu unterwerfen sind. Immer wieder gilt: Ziel muss es sein, die Armut zu bekämpfen, und nicht, sie zu verwalten.

5. Uneingeschränktes Recht auf Schulbildung und Arbeit

Es gibt zwei wesentliche Stützen der Armutsbekämpfung, die praktisch weltweit als grundlegend angesehen werden: der Rechtsanspruch auf Bildung und der auf Arbeit. Die Funktionalität dieser Maßnahmen wird durch die rechtliche Verpflichtung in Form der Schulpflicht erreicht.

In den entwickelten Teilen der Welt ist das Recht auf Schulbildung, meist wie die Schulpflicht selbst, Standard. Die Sinnhaftigkeit dieser Maßnahme wird derzeit von jenen Personen oder Gruppierungen infrage gestellt, die sich inzwischen

Sorgen machen über die zunehmend indoktrinären Maßnahmen vonseiten des Staates als unzulässige Einflussnahme auf die Erziehung der Kinder. Als Beispiel hierzu soll einmal die geplante (Un-)Bildungspolitik Baden-Württembergs dienen, die unter anderem durch entsprechenden Unterrichtsstoff eine vorsätzliche Frühsexualisierung der Kinder vorsieht. Zu Recht protestieren hier flächendeckend Menschen und Gruppierungen, um einem solchen Wahnsinnsplan ein Ende zu bereiten. Das heizt auch die Diskussionen wieder an, wie viel Schulpflicht tatsächlich sinnvoll ist.

Doch bleiben wir einmal bei der derzeit fast überall herrschenden Schulpflicht. Sofern die Bildungsprogramme denn stimmen und dem jeweiligen Alter der Kinder entsprechend sinnvoll eingesetzt würden (was derzeit leider nicht der Fall ist), wäre gegen eine Schulpflicht primär nichts einzuwenden. Denn in allen Teilen der Welt, in denen das Recht und die Pflicht zur Schulbildung existieren, ist es weitgehend gelungen, die schwere Armut zu beseitigen. Die Mittelschicht der Gesellschaft ist stärker ausgebaut und kann sich auf diese Weise besser entwickeln. Bildung heißt in diesem Fall Wissen, und Wissen ist Macht.

Genau umgekehrt verläuft die gesellschaftliche Entwicklung überall dort, wo das Recht und die Pflicht zur Schulbildung nicht vorhanden sind. Dort stehen sich übermäßige Armut und die unverhältnismäßige, jedoch zahlenmäßig unterlegene, reiche Schicht gegenüber. Der Reichtum einer kleinen Bevölkerungsgruppe begründet sich zum einen auf der Ausbeutung von Rohstoffen, zum anderen auf der missbräuchlichen Behandlung der eigenen, armen Bevölkerung. Das weltweit praktizierte Papiergeldsystem dient hierbei als Werkzeug.

Die Voraussetzung, dass ein derart ungerechter Zustand überhaupt möglich ist, wird allerdings von einer ganz anderen, nämlich einer dritten Seite geschaffen. Es sind die wirtschaftlichen und politischen »Handelspartner« der Despoten, die in den verarmten, oft aber rohstoffreichen Ländern ihre persönlichen profitablen Vorteile weit über die Schicksale der Menschen stellen. Sie verstecken sich gern hinter der durchsichtigen Wand der »Nichtzuständigkeit«. Mit jeder Auftragserteilung für Billigproduktion, Abbau- oder Förderkonzessionen – ohne Rücksicht auf die heimische Bevölkerung – verletzen sie in ihrem Profitwahn jegliche Grenzen der Menschlichkeit.

Die Rechnung ist einfach pervers: Die ungebildete Bevölkerung findet keinen Anschluss zu den eigenen, soweit überhaupt vorhandenen Grundlagen internationalen Rechts. Ausgehungerte Menschen können und werden mit wenig finanziellem Aufwand vor den Wahlen »bestochen«. So und mit weiteren perfiden Mitteln wird einem zutiefst autokratischen Regime der demokratische Mantel übergezogen.

Vorgänge wie diese müssen nicht aufwendig auf der Weltkarte gesucht werden. Es gibt sie, am Anfang des dritten Jahrtausends nach Christus, mehr denn je. Demokratisch getarnt, versteht sich.

Die Demokratie (es sei immer wieder betont, dass dieser Begriff ohnehin unter seiner derzeit weltweit falschen Auslegung zum Tode verurteilt ist) überschreitet ihre Grenzen. Sie existiert in Wahrheit gar nicht, sondern entwickelt sich immer deutlicher zur Plutokratie: Das Geld regiert! Schwarzmalerei? Nein, hier wird die bittere Realität beschrieben, die sich direkt vor unseren Augen abspielt. Wir sehen sie, sobald wir sie sehen wollen.

Das ist ein weiteres Problem: Millionen von Pauschaltouristen reisen gern in alle jene Länder, in denen rund um die prächtigen Hotel- und Erholungsanlagen bittere Armut herrscht. Nicht selten geben die westlichen Reiseveranstalter Tipps, wie mit der heimischen Bevölkerung umzugehen ist. Es wird oft geraten, nur an organisierten Ausflügen teilzunehmen. Darüber hinaus gleicht jeder Spaziergang, außer in die ausgewiesenen Feriengettos, einer Reise in die Vergangenheit. Dabei genießt der Tourist das Gefühl der Erhabenheit. Der Blick hinab zu den Bettlern, auf die bitterarmen Bauern und Straßenhändler, ist bei dem einen von Mitleid, bei dem anderen von Hochmut geprägt. Selten jedoch wollen wir der Realität ins Auge sehen: Das, was wir dort geboten bekommen an Elend und Armut, ist das Resultat dessen, wofür wir mitverantwortlich sind! Wir blicken zwar hinab auf die Armen, doch eigentlich ist das, was wir dort erblicken, unsere bevorstehende, eigene Zukunft …

An dieser Stelle kann ich Protest hören, Protest seitens einiger Leser dieser Zeilen: »Alles Unfug! Der Tourismus bringt Wohlstand in die armen, aber von der Sonne verwöhnten Länder. Wir sind die wahren Wohltäter! Mit jeder Reise und jedem Einkauf (meist von Dingen, die wir nicht brauchen) helfen wir aktiv, die Armut zu bekämpfen!« So oder ähnlich werden die Gegenstimmen lauten. Sie haben ja zum Teil sogar recht. Dass diese Einwendung am Ende jedoch trotzdem falsch ist, liegt daran, dass in der demokratisch getarnten Plutokratie keine gerechte Umverteilung existiert. Geld regiert, es vermehrt sich dort, wo es schon vorhanden ist. Die Armut wird nur hübscher gekleidet. Die Prostituierten sehen immer schöner und gepflegter aus. Ihre Anzahl steigt zugleich. Ihr Bildungsgrad nicht. Ihr Wohlbefinden auch nicht. Ein anschaulicheres Beispiel, wie wir mit unserem Verhalten tatsächlich die Welt verändern, gibt es kaum.

Die reichen Viertel und schicken Ferienanlagen werden gut bewacht. Die Mittelschicht existiert praktisch nur in Form von Polizisten und Verwaltungsangestellten, die von Berufs wegen denen gehorchen, die sie bezahlen. Wer die Besitzer der Industrieanlagen, Hochhäuser und Feriensiedlungen sind, ist nicht schwer zu erahnen. Die Armen, die von der Bildung und der gerechten Arbeitsverteilung ausgeschlossen sind, haben damit nichts zu tun. Überall treffen wir sie immer und immer wieder an, auch wenn sie zwischenzeitlich in ihren Hütten einen Fernseher und in der Tasche ein Mobiltelefon haben.

Natürlich gelingt es immer wieder einigen von ihnen, auszureißen. Wohin, ist klar: Sie wollen unter allen Umständen dorthin, woher die reichen Touristen kommen. Auf der Ladefläche eines Lkw, inmitten des Ladeguts, oder in Containern, lebensgefährlich eingepfercht, oder aber auf einem morschen, nicht seetauglichen Boot, zusammen mit Hunderten von anderen Verzweifelten, versuchen sie die Flucht. So kämpfen sie sich zum verheißungsvollen Teil der Welt vor. Ihr Glück finden sie hier selten. Wie auch? Hier will man sie nicht haben, sie stören, sollen wieder gehen. Auch diese Reaktion ist nachvollziehbar. Und hier zeigt sich einmal mehr das große Unrecht, das seit langer Zeit schon unsere Welt beherrscht:

Was die Global Players einbrocken, das haben die Bürger, die Untertanen, um sie nicht schon als Sklaven zu bezeichnen, stets und immer wieder auszulöffeln. Dies ist der Stoff, aus dem die weltweiten Kriege geflochten werden, die nicht selten als Bürgerunruhen ihren Anfang finden.

Die Ausgrenzung der Armen geht immer weiter, einer Schraube ohne Ende gleich. Schuld daran ist auch, es sei noch einmal erwähnt, dass das Recht auf Schulbildung und Arbeit vielen Menschen weiterhin verwehrt bleibt – denn sie sollen nicht schlauer werden, sonst könnten sie am Ende gar eigene Gedanken zum System entwickeln, könnten die Ungerechtigkeit erkennen, die ihnen, ihren Vorfahren und auch ihren Nachkommen gleichermaßen angetan wird.

Wo finden sich Lösungen? Weder in Mitleidsbekundungen noch in wohlklingenden Lippenbekenntnissen. Genau das sollte als Erstes abgeschafft werden. Die wirkliche Lösung kann nur in den Händen derer liegen, die über das Geld herrschen. Nur sie können bei der Verteilung darauf Einfluss nehmen, dass jeder Mensch Zugang zur Schulbildung und zu gerechteren Verhältnissen bekommt. Diese grundlegenden Menschenrechte dürfen weder vom Geschlecht noch von der Herkunft oder dem Vermögen eines Menschen abhängig gemacht werden.

Wie könnte es besser laufen?

Um die Funktionalität zu gewährleisten, müssten das weltweite Recht auf Schulbildung wie auch das der Einhaltung grundlegender Menschenrechte zur wichtigsten Voraussetzung, zur Bedingung gemacht werden, bevor man mit einem Land Handels- und Geschäftsbeziehungen eingeht. Dies darf erst geschehen, wenn die genannten Voraussetzungen eingerichtet und nachgewiesen wurden. Das Streben nach höchstem Profit und nach geostrategischen Vorteilen darf nicht der Menschenwürde, erst recht nicht Menschenleben, übergeordnet werden.

Es sei noch einmal betont, da es wichtig ist: Das Recht auf

Schulbildung sollte entwicklungsbedingt und gerecht eingesetzt werden. Es sollte ab etwa dem sechsten Lebensjahr greifen und nach dem sechzehnten Lebensjahr enden. Alle Erziehungsangebote im Vorschulalter, seien es sogar Pflichten, wie sie oft in hoch entwickelten Staaten angeboten werden, sind einer kritischen Prüfung zu unterziehen. Wichtig: Die Kindererziehung liegt in erster Linie und zuvorderst in der Verantwortung der Eltern. Sonst können Fehlentwicklungen drohen, in extremen Fällen Missbrauch. Anstelle der erhofften besseren Erziehung läuft es dann nicht selten auf eine Art »Kinderdressur« hinaus. Das verheerende Leistungssystem Chinas, in dem schon Kleinstkinder die Schule besuchen und diese über viele Jahre hinweg manchmal bis 23 Uhr am Abend in den Klassenzimmern sitzen und lernen müssen, steht derzeit unter zunehmender internationaler Beobachtung. Mit Sorge wird registriert, dass die immer deutlicher auftretenden Missstände offen zutage treten, die ein solches Drucksystem produziert und den Menschen aufbürdet. So sorgt der dort herrschende Bildungsstress inzwischen für alarmierende Zahlen und Zustände: 250 000 junge Menschen nehmen sich in China jährlich das Leben; Suizid ist damit die häufigste Todesursache unter jungen Chinesen. Wie berichtet wird, sind es auch und vor allem Studenten, die auf den strengen Elitehochschulen in Depressionen verfallen und keinen Sinn im beziehungsweise Spaß am Leben mehr finden können. Bildung also ja, aber nicht um jeden Preis. Keine Gesellschaft kann sich glückhaft entwickeln, wenn die nachfolgenden Generationen unglücklich gemacht werden. Die bildungswilligen Eltern, die ihre Kinder zur Schule schicken, sollen keine programmierten Konsumenten, sondern unbeschwerte Kinder zurückbekommen.

Wichtig ist auch, dass folgende Tatsache stets und immer beherzigt und beachtet wird: Die wichtigste Entwicklungsphase im Leben eines Menschen sind die ersten fünf bis sechs Jahre. Hier müssen die Kinder Liebe, Stabilität und Urvertrauen von ihren Müttern und Vätern bekommen. Danach folgt nur noch die Feinjustierung. Versäumnisse in der ersten Lebensphase sind fatal. Deswegen sind alle Vorschul- und Ganztagsbetreuungsangebote mit großer Vorsicht zu genießen. Schnell wird aus dem Recht auf die Ganztagsbetreuung eine Pflicht. Spätestens dann kann alles außer Kontrolle geraten.

Der Religionsunterricht sollte nicht vor dem zehnten Lebensjahr erteilt werden. Erst dann sind Kinder selbst in der Lage, ihre eigenen Tendenzen zu erfühlen und zu äußern. Jegliche frühkindliche Religionsberieselung irritiert die Heranwachsenden mehr, als sie sie informiert. Dafür könnten zahlreiche Einwirkungen aus den Religionslehren herangezogen werden. Die zwei nachstehenden Fälle sind dem Verfasser bekannt und sollen deswegen beispielgebend für viele andere hier genannt werden.

- Sollen Kinder in zartem Alter, solange sie vorwiegend über das Nachahmen lernen, mit Sätzen wie beispielsweise diesem aus dem Christentum konfrontiert werden? »Wer mein Fleisch isst und mein Blut trinkt, der bleibt in mir und ich bleibe in ihm.« Sollen diese Christus-Worte, die die meisten Erwachsenen nicht verstehen können, wirklich schon Kinder gut auf das Leben vorbereiten? Wie sollen sie dies überhaupt verstehen?
- Wie sollen sich Kinder entwickeln, denen unter anderem eingetrichtert wird, dass ein gewisser Imam al-Mahdi seit

über 900 Jahren in Verborgenheit lebt und »schon bald« einem trockenen Brunnen der Jamkaran-Moschee entsteigen wird, um die Weltherrschaft zu übernehmen? Um auch, mit Allahs Segen, die Menschheit von ihrem Leid zu erlösen?

Werden durch derart unverständliche Aussagen nicht vielmehr negative Auswirkungen wie geistige Unsicherheit, seelische Instabilität, ja sogar Intoleranz bis hin zum Hass gegenüber Andersgläubigen geschürt? Von der Verwirrung der lernbereiten Kinder ganz zu schweigen. Sie lernen schon in der nächsten Schulstunde, dass Menschen weder ewig leben (auch nicht in einem trockenen Brunnen) noch als merkwürdige Geister wiederauferstehen können (christliche Lehre der Auferstehung).

Die meisten von uns kennen die Bilder ganzer Schulklassen, auf denen zu sehen ist, wie Kinder im monotonen Chor und mit hin- und herwippendem Oberkörper versuchen, die 114 Suren und 6236 Verse des Korans auswendig zu lernen. Der reine lernpädagogische Effekt ist hierbei schwer zu erkennen. Im Koran sind die einzelnen Suren weder chronologisch noch inhaltlich geordnet. Die Gliederung erfolgt ausschließlich nach der Länge der Texte (!), diese aber springen ständig von einem Thema zum anderen. Losgelöst von der strengen religiösen Betrachtung (für die Texte im Koran ist nur Allah selbst im Himmel zuständig) bleibt eine logische Frage für uns Menschen: Lernen die kleinen Geschöpfe tatsächlich daraus das, was sie für ihr Leben auf der Erde brauchen?

Jede frühkindliche Religionserziehung kann in die gegenläufige Richtung münden. Im digitalen Zeitalter ist die Klärung jeder Frage maximal einige Mausklicks entfernt. In Zeiten noch, als die Bibel und der Koran geschrieben wurden, war der Himmel unerforscht. Von der Erde glaubte man, dass sie eine Scheibe sei. Nun wissen wir aber seit geraumer Zeit, dass die Erde fast rund und der Himmel ein endloses Universum mit Milliarden von Sternen ist: Im Verhältnis, auch das ist jedem denkenden Menschen klar, ist unser Heimatplanet nicht mehr als ein Sandkorn in der Wüste.

Ein Kind ist meist noch lange nicht in der Lage, die Geschichte hinter der Geschichte zu erkennen, geschweige denn, sie zu interpretieren. Weswegen es mit allen zu früh verabreichten Lehren mehr verwirrt als informiert wird. Die modernen Computer- und Konsolenspiele von heute erscheinen dagegen spielerisch einfach.

Doch zurück zu den vielen wahren Glaubensfragen.

Zu einfach, denken sich wohl immer mehr für die Bildung verantwortliche Politiker, und sie propagieren, den Schulunterricht zunehmend zu digitalisieren. Noch schlimmer kann man wohl kaum an dem gesteckten Ziel vorbeischießen. Wie in diesem Buch schon erwähnt, hat die Spezies Mensch 99,999 Prozent ihrer Existenz auf diesem Planeten ohne digitale Hilfsmittel gelebt. Unser gesamtes Lernsystem hat sich so entwickelt, dass wir aus dem lernen, was wir sehen, hören, ertasten und anfassen können. Wer nun neuerdings glaubt, dass das Lernen auf eine zweidimensionale Ebene reduziert werden kann, der irrt gewaltig. Für die Betroffenen ist das folgenschwer! Computerspiele für Kleinkinder, zum Teil unter Zweijährige, sollten schlicht verboten werden. Der Nutzeffekt solcher Gerätschaften ist schwer vorstellbar, schädliche Auswirkungen dagegen sind zwischenzeitlich unumstritten, sie sind vielseitig wissenschaftlich bewiesen.

Zügellose Werbung suggeriert den oft ahnungslosen Eltern, dass ihre Kinder klüger würden, indem sie früh, bevor sie richtig laufen können, mit einem Touch-Screen umzugehen lernen. Dabei gibt es kaum etwas, das sinnloser und unnatürlicher für ein Kind ist, als über eine kalte Oberfläche zu streichen und sich dumpf über die wechselnden Bilder zu freuen. Die angeborenen und über Millionen von Jahren herangereiften, mehrdimensionalen Fähigkeiten des Menschen werden schlagartig zurückentwickelt. In diesem Bereich (wie so oft) sind es leider nicht die Kinder, die nicht wissen, was sie tun, sondern ihre Eltern und, noch schlimmer, unsere führenden und verantwortlichen Politiker. Ganz krass in diesem Zusammenhang ist auch die bekannte, wissenschaftlich belegte Tatsache, dass Kinder, die sehr früh mit dem Computer umgehen, selbst in dieser Disziplin gegenüber den Kindern, die natürlich aufwachsen und Computer später als Hilfsmittel kennenlernen, prozentual schlechter abschneiden.

Selbst Erwachsene tun sich ja oft schwer mit der Frage, was, wie und wem sie glauben sollen. Die Christen schwanken zwischen dem ewigen Leben, der Auferstehung der Toten, dem Jüngsten Gericht und Gott, der voller Liebe und Zorn ist. Nicht selten geben die, die aus der Kirche austreten, den Grund an, dass sie nicht wissen, woran sie eigentlich glauben sollen. Ist es etwa der Auftrag dieser Institution, so lange zu verwirren, bis die Menschen nicht mehr wissen, wo hinten und vorne ist?

Mit zwangsläufigem Erlernen der physikalischen und anderen naturwissenschaftlichen »Realitäten« kommt es zunehmend vor, dass sich Heranwachsende von dem »religiösen Kram« lösen. Aus dem Versuch, so früh wie möglich Gläubige heranzuziehen, wächst am Ende die Anzahl der Ungläubigen. Es lohnt sich, darüber nachzudenken, nicht nur im Christentum.

Wird in der westlichen, meist christlich dominierten Welt hingegen vom Islam gesprochen, so wissen nur wenige, wie zerstritten der Islam unter sich ist. Wenn westliche Politiker in ihrem Übereifer nach Gutmenschenart den islamischen Unterricht in Schulen fordern, so wissen sie keinesfalls, in welches Wespennest sie damit gestochen haben. Der Islam kann den sogenannten Erbstreit zwischen Sunniten und Schiiten nach dem Tod des Propheten Mohammed immer noch nicht beilegen: die Tochter Fatima mit ihrem Ehemann Ali Talib auf der einen Seite, die jüngste Frau des Propheten Aisha – sie wurde im Alter von sechs Jahren verheiratet – mit ihrem Vater Abu Bakr, der für sich die Führungsrolle beansprucht, auf der anderen Seite. Jahrhunderte und Hunderttausende Tote später, bis in die Gegenwart stehen sich Sunniten auf der Seite Aishas nebst deren Vater Abu Bakr und die Schiiten auf der Seite Fatimas beziehungsweise Ali Talibs, unversöhnlich gegenüber – daneben, immer wieder als Leittragende, die Aleviten sowie andere dem islamischen Glaubens zugehörige Religionen.

Gehört werden bekanntlich meist jene, die am lautesten brüllen. Der glühende Schiitenvertreter Mahmoud Ahmadinedschad, ehemaliger iranischer Präsident, trug die Themen sogar vor der UNO-Vollversammlung in einer feurigen Predigt vor und betete, dass der verborgene zwölfte Imam, der Mahdi, Enkel des Mohammed, endlich kommen möge.

In schiitisch dominierten Ländern sorgt die strenge »Religionspolizei« dafür, dass die Welt dort zu jedem Zeitpunkt für den Empfang des verborgenen Imam so hergerichtet ist, wie sie sich ausgedacht haben, dass er es wohl wünschen würde. Deswegen sterben schon mal Menschen, auch Kinder, wie zum Beispiel im März 2002, als man verzweifelte Schülerinnen aus einem brennenden Gebäude in Mekka nicht herausließ, weil sie sich nicht vorher verschleiern konnten.

Wer nun glaubt, dass die älteste Religion der Juden von ähnlichen Problemen frei sei, irrt schwer. Der Streit der Zionisten und Antizionisten dort stellt viele Skurrilitäten aller anderen Glaubensgemeinschaften in den Schatten.

So gut wie alle Religionen liefern indes, bei genauer Betrachtung, mehr Gründe dagegen als dafür, dass die Schulbildung etwa durch Religionslehren beziehungsweise den entsprechenden Unterricht ersetzt werden könnte. Die Ganztagsbetreuungsangebote, meist inklusive Religionslehre, nehmen manche totalitäre Regimes gern als Vorbild und kopieren diese. Auf diese Weise legitimieren sie ihre Vorgehensweise, und produzieren auf diesem Wege schon mal Kindersoldaten, das heißt Menschen, die kaum eine Chance haben werden, ein normales Leben zu führen. Deswegen und aus anderen Gründen ist jegliche Pflicht zur Ganztagsbetreuung von Kindern abzulehnen. Gegen die Angebote ist nichts einzuwenden, solange man frei entscheiden kann, ob man sie nutzen will. Ein allgemeingültiges Anrecht darauf ist ebenso abzulehnen, weil, wie vorerwähnt, aus einem Recht ganz schnell eine Pflicht erstehen kann.

Wir, die wir im wohlhabenderen Teil der Erde leben, müssen wissen, dass alle Signale, die wir aussenden, auch irgendwo empfangen werden. Diese werden aber meist vor der Verwendung in die jeweilige Form umgewandelt, wie sie am Empfangsort benötigt wird. Deswegen müssen die ersten sechs Lebensjahre eines Kindes in jedem Fall unantastbar in der Verantwortung der Eltern belassen werden.

Mit dem Religionsunterricht sollte, wie schon erwähnt, nicht vor der fünften Klasse (zehntes Lebensjahr) begonnen werden, damit die Kinder Zeit haben zu verstehen und zu unterscheiden lernen. Eine religionsunabhängige Schulbildung kostet bekanntlich Geld. Oft ist es mehr, als sich ärmere Staaten leisten können. Damit keine Notwendigkeit entsteht, dass die Religionslehrer hier selbst in die Bresche springen, könnten zum Beispiel Erträge aus Produktion, Handel oder Lizenzgebühren anteilig mit einem angemessenen Bildungsbeitrag belastet werden. Einnahmen aus unselbstständiger Arbeit (Löhne und Gehälter) sollten, soweit sie ein leistungsabhängiges Einkommen darstellen, von dieser Abgabe ausgeschlossen sein. Hierbei handelt es sich um Abgaben, die sinnvollerweise direkt in einen Bildungsfonds fließen müssten. Die Mittel aus diesem werden ausschließlich zur Schaffung und Verbesserung von Schulbildungsmöglichkeiten in jenem Umfang eingesetzt, wie der betreffende Staat dies aus allgemeinen Steuereinnahmen nicht finanzieren kann.

Währenddessen könnte man andenken, dass international tätige Unternehmen in ihrem Heimatland den nachvollziehbaren Nachweis erbringen müssen, dass sie am Standort für ihre Produktionsanlagen oder Handelshäuser die Abgaben für Bildung abgeführt haben. Es ist unerträglich, wenn vor ihren Toren, hinter denen sie ihre zum Teil exorbitanten Gewinne erwirtschaften, anstelle von Bildung und besserer Zukunft Verderben und Extremismus gedeihen.

In jenen Ländern, in denen Flüchtlinge oder Migranten aufgenommen worden sind, muss eine adäquate Sprachausbildung zu den ersten und wichtigsten Hilfsmaßnahmen gehören. Nur so können die Betroffenen ihre bereits vorhandene Bildung, zumindest teilweise, nutzen, um sich schnell in die neue Gesellschaft zu integrieren.

Danach sollte das Recht auf Arbeit uneingeschränkt gewährt werden. Die Betroffenen und arbeitsfähigen Personen sollten zugleich der Pflicht unterworfen sein, Arbeit anzunehmen und erstrangig für ihren Lebensunterhalt zu sorgen. Erwerbsunabhängige Hilfsmaßnahmen sind für alle Erwerbsfähigen eine zweitrangige Maßnahme, die beschränkt oder mit Auflagen gewährt werden sollte. Eine solche Hilfe sollte ausschließlich Erwerbsunfähigen vorbehalten bleiben.

Bei Verstößen, das heißt der Unterwanderung der Verpflichtung zur Zahlung von Abgaben für die Bildung, sollte eine Gewinnbeschlagnahme als Sanktionierungsmaßnahme eingeführt werden. Durch diese Maßnahme wird die Produktionsstätte nicht unmittelbar gefährdet. Vielmehr wird dem Ausufern der Plutokratie entgegengewirkt.

Ohne diese Maßnahmen wird die gespenstische Anziehungskraft des Begriffes »Billiglohnland« nicht abnehmen. Die Brutstätten des menschenverachtenden Extremismus werden nicht austrocknen. Am Ende wird es für uns alle düster. Das zu verhindern ist nicht nur eine Frage der Hilfsbereitschaft, es ist eine Notwendigkeit für die humane Fortentwicklung der Menschheit.

6. Besteuerung von Luxusgütern

Die Geschichtsbücher enthalten zahlreiche Beispiele einstiger berühmter Herrscher, die nach Aufständen oder Revolutionen ihrer jeweiligen Völker im Angesicht der Öffentlichkeit schwer gedemütigt wurden: Ihre Paläste und Herrscherhäuser wurden zerstört, sie wurden enteignet, ihre Luxusgüter wurden unter dem Volke verteilt. Oft hat es den Anschein, als ob die Vertreibung oder gar Tötung der sogenannten Herrschaftsmacht nicht ausgereicht hätte. Nicht selten gingen dadurch wertvolle Kulturschätze verloren. Sehr selten dagegen waren die Herrschenden und Wohlhabenden auf das, was kam, vorbereitet. Bis zum Eintreffen solcher Ereignisse schienen sie den Betreffenden sogar unvorstellbar, sie fühlten sich bis zum Ende mehr oder weniger sicher. Daran hat sich bis heute kaum etwas geändert.

Luxusgüter wirken stets über ihren Bedarf hinaus. Überall, wohin man mit einem Luxusauto fahren kann, kommt man auch mit einem Klein- oder Mittelklassewagen. Eine Hundert-Euro-Uhr zeigt die gleiche Zeit an wie eine, die 100 000 Euro gekostet hat. So oder ähnlich trifft das auf die meisten Güter zu. Genau genommen braucht kein Mensch Luxus, trotzdem streben die Menschen danach. Hersteller und Verkäufer von Luxusgütern haben große Mühe, die Sinnhaftigkeit ihrer Ware außerhalb des potenziellen Kundenkreises zu vermitteln. Meist wird das gar nicht erst versucht. Viele pflegen sogar das Verständnis, dass all jene Menschen, die sich die Luxusgüter nicht leisten können, eben davon ferngehalten werden sollten.

Kaum jemand macht sich die Mühe, darüber aufzuklären, dass die Herstellung und der Vertrieb von Luxusgütern von großer volkswirtschaftlicher Bedeutung sind. Gebe es dieses Marktsegment nicht, würden Millionen von Arbeitsplätzen weltweit verloren gehen. Techniken und Materialien von hoher Qualität würden nicht so schnell bis in die breite Anwendung vordringen.

Für viele Menschen ist das Streben nach Luxus ein Teil ihrer Antriebskraft. Luxusgüter haben in unserer Welt eine klare wie vielschichtige Bedeutung. Das größte Problem ist das hohe Neidpotenzial, das der Luxus mit sich bringt. Insbesondere schnell reich gewordene Menschen, die ungeschickt mit ihrem Luxus umgehen, provozieren die weniger Wohlhabenden. Die Armen beleidigen sie damit. So wird die Lunte für das nächste Inferno gelegt. Das sollte mit allen Mitteln verhindert werden.

Luxusgüter gehören denen, die sie bezahlen können. Eine andere Regelung gibt es nur in sehr seltenen Fällen. Eine »Zuteilung«, sozusagen nach Überprüfung aller moralischen und ethischen Grundsätze beim Käufer, ist, wie auch immer betrachtet, unvorstellbar. Die Ware gehört dem, der sie bezahlt, das ist die einzige gültige Regel, die der freie Handel kennt. Alle Inhaber von Luxusgütern sind sich möglicherweise in einem Punkt einig: Sie wollen nicht Gefahr laufen, wegen ihres Besitzes Schaden zu erleiden.

Wie könnte es besser laufen?

Um diese Gefahr zu verringern, müssen Luxusgüter einer Sonderbesteuerung unterworfen werden. Die Einnahmen aus dieser Steuer müssten, zweckgebunden, für die Armutsbekämpfung verwendet werden. Die Art und Höhe der Besteuerung legen die souveränen Staaten für ihr Hoheitsgebiet selbst fest. Ebenso die

Grenze, ab der die betreffenden Güter als Luxusobjekte eingestuft werden. Ein SUV mit drei Litern Hubraum und 100 000 Euro Anschaffungspreis kann im reichen Skandinavien anders bewertet werden als im Südosten Europas, in Rumänien oder Bulgarien. Ab welcher finanziellen Grenze der Luxus als solcher eingestuft wird, hängt nicht zuletzt auch vom Durchschnittseinkommen des betreffenden Landes ab. Jede andere Bewertung wäre am Ende falsch.

Durch zweckgebundene Verwendung von Luxussteuern für die Armutsbekämpfung wird die Vertiefung des Grabens zwischen extrem reich und sehr arm verhindert. Spannungen werden abgebaut. Die eine Seite sieht die andere weniger als Bedrohung an. Die Chance, dass sozialer Frieden erhalten bleibt, steigt. Daran müssen besonders Wohlhabende großes Interesse haben, denn sie könnten am meisten verlieren.

In vielen Ländern geben Wohlhabende für ihren Schutz mehr aus, als jede Besteuerung ihrer Luxusgüter kosten könnte. Ausgaben für Leibwächter und Sicherheit steigen bei den reichen Leuten, insbesondere in Entwicklungsländern, ins Unermessliche. Eine absolute Sicherheit erhalten sie dafür gleichwohl nicht.

Mit der Besteuerung von Luxusgütern werden effektiv Sozialspannungen abgebaut. Gesamthaft betrachtet wird die Versteuerung von Luxusgütern den Armen helfen und den Wohlhabenden nutzen.

Wie viel genmanipuliertes Saatgut darf es sein?

Was der Mensch sät, das wird er vielfach ernten.

Seit Menschengedenken haben Bauern ihr Saatkorn selbst sortiert und produziert. Dieses Recht muss erhalten bleiben, es darf nicht durch »moderne, selbst erschaffene Naturgesetze« ausgehebelt werden. Die Wissenschaft wird nicht darunter leiden, sie tut ohnehin besser daran, die Natur so zu nehmen, wie sie ist. Jedes eigenmächtige Eingreifen des Menschen in die Abläufe der Natur wird sich früher oder später als Bumerang erweisen. Genau das geschieht derzeit auf nahezu der ganzen Erde durch den Einsatz genmanipulierten Saatgutes.

Im Namen der Wissenschaft dürfen keine fragwürdigen Geschäftsmodelle mächtiger Weltkonzerne, wie unter anderem das genmanipulierte Saatgut, ungetestet und unkontrolliert in die Erde gepflanzt werden. Die Global Players wollen zwar vorgeben, die Welt zu ernähren. Doch das ist falsch: Es ist allein die Natur, die die Lebensmittel produziert. Die Konzerne ernten nur. Die Ernte soll jetzt gesteigert werden unter den globalen Schlagworten Gewinnmaximierung und Kostensenkung.

Es ist für unsere Zukunft überlebenswichtig: Die Reinheit von Saatgut, Pflanzen, Wasser und Erde muss verteidigt und erhalten werden, das ist die erste wichtige Forderung. Denn wenn hier der Mensch eigenwillig eingreift, werden unsere Lebensmittel zerstört. Was das nur mittelfristig bedeutet, kann sich jeder selbst ausrechnen.

Es gibt heutzutage viele »wohlklingende« Gründe, warum genmanipulierte Pflanzen verwendet werden sollten. Die Beseitigung der Hungersnot auf der Welt gehört sicher nicht dazu, auch wenn dies als Argument Nummer eins angeführt wird. Hier ist, im Gegenteil, höchste Vorsicht geboten. Im Extremfall wird das Gegenteil eintreffen.

Die logisch klingenden Argumente, das Getreidewachstum möge eine gewisse Resistenz gegenüber bestimmten Schädlingen entwickeln, oder aber, es solle die Fähigkeit erlangen, unter anderen klimatischen Bedingungen ebenso zu gedeihen, und vieles andere, hören sich vielleicht verlockend an, ebenso wie das Versprechen nach mehr Ertrag. Warum also nicht, denkt man vielleicht.

Zahlreiche nicht oder unzureichend beantwortete Fragen mahnen jedoch zur Vorsicht:

- Wer kann mit Sicherheit ausschließen, dass Schädlinge, die abgewehrt werden, nicht durch neue, noch resistentere Naturen ersetzt werden? Merkwürdigerweise hält derselbe Hersteller oder Konzern, wie zufällig, häufig schon die dafür notwendigen Bekämpfungssubstanzen bereit.
- Was passiert mit dem Erdreich nach einer »Gen-Ernte?« Und wie entwickelt sich das Erdreich in der Nachbarschaft des genmanipulierten Anbaus? Die Natur lässt sich bekanntlich schlecht einsperren. Ihr Erfindungsreichtum ist immer wieder verblüffend. Ob die betreffenden Wissenschaftler tatsächlich mit der Natur Schritt halten können, darf bezweifelt werden.

- Kann der Lieferant des genmanipulierten Saatguts garantieren, dass nur die betreffenden Pflanzen eine Veränderung erfahren und alles andere im näheren und weiteren Umfeld, wie Pflanzen, Bäume, Tiere, Wasser, Erde, Luft usw., nicht?
- Was ist mit der nächsten und den weiteren Ernten danach, wenn andere Kulturen gezüchtet werden sollen?

Das sind nur einige von zu vielen Fragen. Sicher gibt es darauf mehr oder weniger schlüssige Antworten. Würde aber alles rund laufen, dann gäbe es deswegen keinen Streit. Den gibt es aber, und zwar auf fast allen Ebenen.

Diese Vorschläge haben weder das Ziel, den Fortschritt abzuwürgen, noch wird der Anspruch aufgestellt, hiermit die allein richtige Empfehlung abzugeben. Vielmehr soll, im tiefen Respekt vor der Natur und ihren »Produkten«, eine notwendige Differenzierung der sensiblen Thematik angestoßen werden, um die allgemein herrschenden Unsicherheiten zu beleuchten und günstigstenfalls einige von ihnen auszuräumen.

Bekanntermaßen werden dort, wo Überschwemmungen drohen, Dämme gebaut. Hierbei kommt es darauf an, dass man dies rechtzeitig tut, also direkt, nachdem man die Gefahr der Überschwemmung erkannt hat. Man muss nicht erst darauf warten, bis das Wasser über die Ufer tritt und ins eigene Haus schwappt, denn dann ist es für den Bau definitiv zu spät. Beim Thema Genmanipulation ist eine ähnliche Betrachtungsweise zu empfehlen.

Wie bei den meisten Gütern, so liegt auch hier die Anwendungsverantwortung beim direkt Handelnden, also beim zuständigen Landwirt, oder, wie heute eher üblich, bei den Großkonzernen, die anbauen lassen. Meist sind, und das gilt inzwischen nahezu weltweit, die Bauern nur noch Ausführende, die Anweisungen kommen aus den Chefetagen der Multis. Die Artenvielfalt hat aus diesem Grunde in den vergangenen Jahrzehnten schwere Einbußen hinnehmen müssen, sie wird zunehmend eingeschränkt, alte Obst- und Gemüsesorten verschwinden mehr und mehr aus dem Blickfeld der Anbaufelder.

Wie könnte es besser laufen?

Die Genmanipulation erfordert eine ganz bestimmte Züchtungstechnologie. Es ist eine künstliche Form, die immense Gefahren birgt. Die Diskussion, welche vielfältigen Auswirkungen die genmanipulierten Lebensmittel auf den Organismus von Tier und Mensch sowie die Natur haben könnten, ist noch längst nicht an jenem Punkt angekommen, an dem die wirklich sachlichen Zusammenhänge dargelegt werden. Folgende Punkte sollen festgehalten werden, die notwendig erscheinen, um grundlegende Verhaltensweisen im Umgang mit diesem nicht ungefährlichen Thema zu regeln:

1. Saatguthersteller müssen unmissverständlich auf der Verpackung angeben, dass genmanipulierte Pflanzen keine über sich hinaus umweltverändernden Eigenschaften haben. Dies kann natürlich nur dann geschehen, wenn dies auch ganz konkret erwiesen ist.
2. Wenn eine biologische Ausbreitung möglich ist (durch Wind, Vögel usw.), dann müssen notwendige Sicherheitsabstände zu anderen Produktionsflächen verbindlich benannt werden.

3. Bei Vorhandensein, und auch, wenn sie nicht ausgeschlossen werden können, sind alle weitere Risiken anzugeben.
4. Alle Angaben müssen in der jeweiligen Sprache des Landes erfolgen, in dem das Saatgut in Verkehr gebracht wird.
5. Die Benutzer, das heißt, die verantwortlichen Landwirte oder Konzerne, müssen die betreffenden Flächen amtlich registrieren lassen. Die zuständigen Behörden, wie zum Beispiel das Landwirtschaft- oder Grundbuchamt, sowie eventuell spätere Käufer/Pächter der betreffenden Fläche müssen darüber in Kenntnis gesetzt werden, dass dort genmanipulierte Pflanzen gezüchtet beziehungsweise angebaut werden oder worden sind. Für den Grundeigentümer stellt eine solche »Belastungsanzeige« unter Umständen eine Wertminderung dar, die in Kauf zu nehmen ist. In der Regel wirken sich alle eingetragenen Lasten nachteilig auf die betreffende Fläche aus. Diese Hürde ist aber notwendig, damit keine leichtsinnige Verwendung erfolgt. Der Saatgutausbringer würde sich so mit der sensiblen Materie gründlicher befassen. Diese Regeln kommen in der Art der unmittelbaren Handlungsabsicherung gleich, wie sie beispielsweise Piloten aus dem Cockpit verschiedener Flugzeuge oder Hubschraubern kennen. In Fällen, wo durch Fehlbetätigung eines Hebels oder Schalters – beispielsweise aufgrund einer Verwechslungsgefahr – das Fluggerät im Extremfall zum Absturz gebracht wird, gibt es einfache, aber äußerst wirksame mechanische Absicherungen. Der Pilot müsste diese dann zuerst entfernen, um die gewünschte Funktion auszuüben. Diese kleine Zusatzhandlung ist eigentlich wie eine stille Gewis-

sensfrage zu verstehen: »Willst du es wirklich tun?« Falls ja, so beseitigt der Pilot wohlüberlegt die Absicherung (beispielsweise auch beim Abschießen von Waffen) und betätigt den Schalter, er entscheidet in vollem Bewusstsein.

6. Patentgeschütztes Saatgut ist grundsätzlich in der breiten Anwendung abzulehnen. Es kann Landwirte, auch wenn diese gar nicht unmittelbar am Anbau beteiligt sind, in eine unkalkulierbare Abhängigkeit stürzen. Die ethische Frage, ob Patente auf die Natur überhaupt eine hinnehmbare Vorgehensweise sind, wird hiermit nur am Rande gestellt.

Ein generelles Verbot, Genpflanzen zu züchten und anzubauen, wäre vielleicht eine unverhältnismäßige und im Sinne der wissenschaftlichen Weiterentwicklung überzogene Maßnahme. Vielleicht aber auch nicht? Denn noch können wir die Frage nicht restlos beantworten, welche Folgen diese »Geister«, die wir derzeit auf den Plan rufen, noch haben werden. Ob genmanipulierte Pflanzen in einem Land gezüchtet und/oder angebaut werden dürfen, wie zum Beispiel in den Vereinigten Staaten, liegt grundsätzlich in der Verantwortung der jeweiligen Regierung. Für die einzelnen europäischen Staaten gibt es diesbezüglich derzeit kaum noch nationale Entscheidungsgewalt, doch ausgehend von den in diesem Buch bereits festgestellten Forderungen der Entscheidungshoheit nach dem regionalen Prinzip müsste eben auch auf dieser Ebene das hier behandelte Thema zum Beschluss kommen. Dennoch sollte auch die Frage nicht außer Acht gelassen werden, ob das Einbringen genmanipulierten Saatgutes nicht eine Frage globalen Charakters ist. Es sei wiederholt: Noch wissen wir Menschen viel zu wenig über das Thema und seine mittel- bis langfristigen Auswirkungen.

Eine Registrierung jener Flächen, auf denen genmanipuliertes Saatgut ausgebracht wird, sollte in jedem Falle international gefordert werden. Die Nahrungsproduktion ist eine strategische Angelegenheit von höchster Bedeutung. Bei Verfehlungen drohen Konsequenzen über die Grenzen des jeweiligen Landes hinaus.

Menschliches Erbgut in Gefahr?

Seid fruchtbar und mehret euch und füllet die Erde und machet sie euch untertan.
– Bibel-Zitat

»Die Würde des Menschen ist unantastbar.« So oder so ähnlich steht es in den Grundgesetzen jener Staaten geschrieben, die das demokratische Prinzip zur Anwendung bringen. Unumstritten ist ebenso das Recht auf Leben. Durch die Manipulation menschlichen Erbgutes werden sowohl das Recht auf Leben als auch die Menschenwürde außer Kraft gesetzt.

Der Schöpfer oder, nach Darwin, die Natur hat den Lebewesen durch die Fortpflanzungsmöglichkeit eine gesunde Grundlage geschaffen, das eigene Erbgut zu schützen und zu veredeln. Der Homo sapiens ist die einzige Kreatur, die sich durch die Sich-Selbst-Bewusstwerdung zu einem intelligenten Wesen entwickeln konnte. Ihm steht die freie Entschlusskraft zur Verfügung, was ihn von allen anderen Lebewesen unterscheidet. Im günstigsten Fall sucht der Mensch sich geistig, körperlich und auch artenmäßig weiterzuentwickeln. Hier seien vor allem positive Charaktereigenschaften und Tugenden genannt, die ihn in rücksichtsvollem Handeln sich selbst und allen anderen Lebewesen gegenüber zur Vervollkommnung streben lassen können. Negative Tendenzen, zu denen Lug, Betrug, Korruption und kriminelle Energien gehören, blockieren bekanntermaßen derart hohe und gute Ziele. Sie halten die Entwicklung der Menschheit auf.

Die moderne Wissenschaft beansprucht für sich vielfach die Freiheit ihrer Weiterentwicklung. Der angebliche Nutzen wird hochgehalten, Politik und Medien unterstützen den Prozess begeistert. Die vielfältigen Risiken der wissenschaftlichen Arbeit werden indes verharmlosend dargestellt, die Missbrauchsgefahr wird heruntergespielt. Die Politiker behandeln das Thema vorwiegend so, dass damit Wählerstimmen gewonnen werden können. Die wenigen, die auf die Gefahren hinweisen und zur Vernunft mahnen, werden gern als rückständige Verschwörer abgestempelt. Währenddessen wächst die Gefahr, dass einige mächtige Fanatiker sich selbst das Recht herausnehmen, die Welt nach ihren Vorstellungen zu designen.

Unheilvolle Vorboten findet man unter den Nazis im Dritten Reich. Im Streben nach der Rassenreinheit wurden Pläne und Methoden entwickelt, die Menschheit nach der Vorstellung der einigen wenigen zu verändern. Bekanntlich beinhalten diese Pläne unter anderem eine systematische »Vernichtung anderer Rassen«. Zu jenen Zeiten wurde auch »praktisch nachgewiesen«, dass selbst eine industriell organisierte Vernichtung hohe Kosten verursacht. Die perverse Idee, »bestimmte Menschen« erst gar nicht entstehen zu lassen, das heißt ihre Geburt zu verhindern, hat auch dort ihren Ursprung. Die »Herrenrasse« sollte sich gleichzeitig durch gezielte »Züchtung« immer weiter ausbreiten.

Können wir tatsächlich glauben, dass all diese kranken Ideen und verantwortungslosen Forschungsansätze restlos beseitigt sind? Dagegen spricht schon die Tatsache, dass nahezu sämtliche Menschheitspläne, die zum Teil höchstes Vernichtungspotenzial in sich tragen, auch heute fleißig weiterentwickelt werden. Nehmen wir nur die hochgefährliche Atombombe oder zahlreiche chemische Kampfstoffe, die leider nicht nur entwickelt, sondern auch heimlich immer wieder bei Kriegseinsätzen genutzt werden: Sie zerstören Menschenleben, sie verändern das Erbgut, sie vernichten wertvolles Leben auf allen Ebenen.

Der Verfasser dieser Schrift geht von der Annahme aus, dass wir auch in diesem Fall nur die Spitze des Eisberges sehen können. Die perfidesten Vernichtungsmethoden dürften, dieser Logik zufolge, ganz sicher außerhalb unserer Sichtweite entwickelt und eingesetzt werden. Nach dem bekannten Motto, dass die beste Geheimhaltungsmethode das gänzliche Verschweigen eines Themas ist, findet hier Einlass. So wird bis heute beispielsweise die einfache Möglichkeit, eine gezielte und breit angelegte Beeinflussung der männlichen Zeugungsfähigkeit vorzunehmen, nur äußerst selten angesprochen. Wir wollen es an dieser Stelle tun.

Zunächst ist es unabdingbar zu erkennen, dass die Grenze zwischen dem Guten und dem Bösen leider wesentlich fließender ist, als gemeinhin angenommen wird. So haben die Amerikaner, nachdem sie Hitler und die Nationalsozialisten besiegt hatten, die fast fertig entwickelte Atombombe nicht etwa verhindert, indem das betreffende Projekt eingestellt wurde. Im Gegenteil, die neue Superwaffe wurde schnellstens fertiggestellt und, wie wir alle wissen, auch umgehend eingesetzt: gegen Japan. Diejenigen Forscher, die ähnlich geartetete Waffensysteme für das Hitler-Regime entwickelt hatten – man denke hier nur an die V-2-Rakete oder spezielle Giftgase –, und die von Geheimdiensten in die Vereinigten Staaten geholt wurden, erfuhren hier weder eine Verfolgung noch Verurteilung. Im Gegenteil, sie durften und sollten ihre Arbeit fortsetzen, ihre in Deutschland begonnen Projekte fertigstellen – nun für die »Guten«. Aus diesem Grund wurden einige dieser Wissenschaftler mit hohen Auszeichnungen bedacht und fortan als anerkannte Persönlichkeiten verehrt. Darüber genauer nachzudenken ist wirklich deprimierend.

Nachdem wir die Illusion begraben können, dass das Böse dieser Welt beseitigt werden könnte, erscheint die Frage zulässig, ob es systematische Eingriffe in das menschliche Erbgut zum Ziel der Manipulierung seiner Zeugungsfähigkeit gab, gibt oder geben wird. So etwas könnte auch als »kalte Sterilisation« bezeichnet werden. Zugegeben, eine kaum akzeptable Horrorvorstellung. Hirngespinste?

Aus Krisen- und Kriegsgebieten ist in den vergangenen Jahrzehnten nicht selten Kunde von der jeweils ansässigen Bevölkerung gekommen, dass nach Kriegseinsätzen – oder auch schon während dieser – überdurchschnittlich viele degenerierte Babys zur Welt kommen. Gift- und Kampfstoffe werden damit meist in Verbindung gebracht. Besorgniserregend sind die unbestätigten Berichte über die sonderbaren Geburtenrückgänge in solchen Gegenden.

Wurde anfangs noch schlicht vermutet, dass junge Paare in Kriegszeiten von zu viel Angst vor der unsichereren Zukunft geplagt werden und deswegen keine Kinder in die Welt setzen möchten, ist nun immer häufiger zu vernehmen, dass die jungen Ehemänner einfach zeugungsunfähig sein könnten.

Erwartungsgemäß wird dieses Thema lieber tabuisiert, vor allem in den sogenannten Massenmedien, die, wie man inzwischen weiß, häufig ihre Nachrichten nach den Wünschen ihrer Auftraggeber »nachrichten« müssen. Auch dürfte der Umstand keine unwesentliche Rolle spielen, dass Männer nicht selten ein Problem damit haben, erkennen zu müssen, dass sie nicht in der Lage sind, eine Frau zu schwängern. Viele interpretieren es als persönliche Schwäche und flüchten sich anschließend in allerlei Ausreden.

Nachdem aber in der schrumpfenden Bevölkerung auch eine gewisse Lustlosigkeit der Männer wahrnehmbar wird, erwachen die ersten Zweifel: Kann es sein, dass den Neugeborenen während des Krieges und unmittelbar danach Präparate verabreicht worden sind, die Jahre später – im Erwachsenenalter – die Zeugungsfähigkeit beeinträchtigen oder gar verhindern? Doch wie, auf welchen Wegen, hätte dies geschehen können?

Eine immer häufiger formulierte Sorge äußert sich im Zusammenhang mit Impfstoffen. Wer hier den Vorwurf der Verschwörung beiseitezuschieben in der Lage ist, der achte auf die Einzelheiten, die er natürlich nur äußerst selten in den öffentlich-rechtlichen oder anderen Massenmedien finden wird.

Gerade während der Zeit in und nach einem Krieg haben junge Mütter, rein aus dem natürlichen Überlebenstrieb heraus, ein besonders großes Interesse daran, ihre Kinder durchzubringen. Jeder Aufruf zur Impfung beispielsweise wird gewissenhaft befolgt. Nicht selten ist die Kinderimpfung sogar Pflicht. Mindestens aber galt und gilt bis heute: Jeder, der sich beziehungsweise sein Kind diesem »Nutznießen« entzieht, gilt als verdächtig. Wer heute zum Beispiel sein Kind, das nicht gegen Masern geimpft ist, in den Kindergarten bringt, sieht sich gepfefferten Angriffen ausgesetzt. Die Unterstellung, man tue nicht alles für die Gesundheit des eigenen Nachwuchses, ist noch einer der harmlosesten Vorwürfe.

Mangels wissenschaftlich recherchierter beziehungsweise veröffentlichter Beweise ist alles hier Erwähnte vorläufig nur eine unbewiesene Theorie, die von Menschen aufgestellt wird, die weiter hinauszudenken in der Lage sind, als es politisch korrekt erlaubt ist. Die einfache Machbarkeit, solche Einschnitte gegen die Menschheit so gut wie verdeckt vornehmen zu können, dürfte nicht gerade eine Euphorie auslösen.

Unübersehbar gibt es Landstriche auf Erden, in denen die dort lebende Bevölkerung eventuelle geostrategische und auch politische Interessen anderer Staaten behindert. Weiterhin fällt auf, dass in zahlreichen Konflikten zwischen verschiedenen Bevölkerungsgruppen und Ethnien die sogenannte Weltgemeinschaft ganz offensichtlich ihre militärische Hilfe meist nur darauf ausrichtet, die Verfeindeten voneinander zu trennen. So entstehen in vielen Teilen der Welt immer mehr Kleinstaaten, während die großen Industrienationen und Weltallianzen ihre homogene Einheit erhalten und immer weiter in Richtung Zentralismus ausbauen. Man sei nur erinnert an das römische Imperium. Auf dem Territorium der ehemaligen UdSSR, in Afrika und sogar auf dem Balkan sind innerhalb kurzer Zeit auf diese Weise viele neue, scheinbar souveräne Staaten entstanden; eine fortlaufende Atomisierung findet statt, die zunehmend Zuordnungsprobleme mit sich bringt.

Fakt ist, dass nach solchen Aufsplitterungen, man könnte es auch Destabilisierung nennen, im Bedarfsfall natürlich viel leichter und kontrollierter Einfluss auf die Bevölkerungsausbreitung genommen werden kann. Selbstverständlich ist das eine rein hypothetische Behauptung – von persönlichen Berichten unabhängiger Beobachter einmal abgesehen – ohne jeden weiteren Beweis.

Dass ein solcher Eingriff in das menschliche Erbgut möglich ist, wird kaum angezweifelt werden können. Freiwillige Zeugungsverhütungen werden weltweit milliardenfach praktiziert. An Wirkstoffen, die dabei zum Einsatz gelangen und eine Langzeitwirkung haben, fehlt es ebenso nicht. Ein Mangel an mehr oder weniger bekannten Machthabern, Despoten und Machtregimes, die mit zum Teil höchstem Einfluss ausgestattet sind und derartige Maßnahmen begrüßen beziehungsweise umsetzen würden, herrscht auch nicht: Sie sind überall zu finden. Nach Hitler haben viele von sich behauptet, im »göttlichen Auftrag« zu handeln. Wie gefährlich solche Menschen sind oder werden können, wird gern ignoriert. Insbesondere dann, wenn sie zu den sogenannten Freunden gehören und allgemein als die »Guten« gelten. Die Gefahr solcher verdeckten, menschheitsverändernden Eingriffe ist also nicht von der Hand zu weisen.

Wie könnte es besser laufen?

Wer hier vorbeugen will, muss zu nachhaltigen, ja, drastischen Maßnahmen greifen. Wer das Entstehen von Leben selbstherrlich verhindern will, der ist ein grausamer Massenmörder, der die Zukunft tötet. Die härtesten Strafen, die eine zivilisierte Gesellschaft verhängen kann, sind in solchen Fällen vollauf gerechtfertigt:

- Jede Manipulation an menschlichem Erbgut, ohne individuelle Zustimmung, muss mit Höchststrafen geahndet werden.

- Alle Initiatoren und die an der Lebensverhinderung Beteiligten müssen national und international strafrechtlich verfolgt werden.
- Alle Mitwisser und Mittäter sind im gleichen Umfang straffällig wie die Haupttäter und Initiatoren, weil ohne deren Mithilfe keine Umsetzung möglich ist.
- Impfungen dürfen nicht zwingend angeordnet werden. Ob ein Kind geimpft wird oder nicht, entscheiden ausschließlich die Eltern.
- Machthaber und mächtige Persönlichkeiten, die von sich behaupten, in direktem oder übertragenem Sinne im Auftrag Gottes zu handeln, müssten von der internationalen Gemeinschaft als Schizophrene geächtet werden. Gott erteilt keinem Menschen irgendwelche gesellschaftspolitischen Handlungsaufträge. Er benötigt auch keine Stellvertreter, und er hat auch keinen Stellvertreter auf Erden. Jede diesbezügliche Behauptung ist per se als Gotteslästerung zu betrachten. Die anerkannten Religionsgemeinschaften sind in der Pflicht, hierzu deutlich Stellung zu beziehen.

Die hier niedergelegten Gedanken richten sich aufklärend an all jene, die einer eigenmächtigen Geburtenkontrolle nicht ablehnend gegenüberstehen. Sie sind als ein Appell an die Vernunft zu verstehen, dass der Mensch nicht das Recht hat, Leben zu zerstören, sondern dass er vielmehr respektvolle Demut gegenüber der Schöpfung zeigen sollte. In der Geschichte der Menschheit gibt es zahlreiche Beispiele dafür, dass eine Nation und ihre Menschen nicht so einfach durch irgendwelchen Fremdeinfluss vernichtet werden können. Die jüdische Gesellschaft ist hierfür ein wahrlich leuchtendes Beispiel. Die Juden wurden seit Jahrtausenden verfolgt. Ihre Ausrottung hatten sich viele vorgenommen, noch mehr hatten sie sich gewünscht. Eine rationale Erklärung gibt es dafür nicht. Gelungen ist es bekanntlich zum Glück nie. Im Gegenteil. Mit der Religion des Judentums verbunden ist ein Staat, Israel, entstanden, der im Vergleich zu seiner Größe die meisten Nobelpreisträger stellt. Darüber hinaus verfügt man dortzulande unübersehbar über einen beeindruckenden außenpolitischen Einfluss. Im Nationalstaat Israel unterhalten die meisten multinationalen Unternehmen Niederlassungen beziehungsweise Firmen, die als wichtige Entwicklungsstandorte und Gedankenschmieden gelten. Die Menschen dort werden als ausgesprochen intelligente Querdenker angesehen.

Möglicherweise ist gerade die Verfolgung der Juden, der sie in der Geschichte ausgesetzt waren und bis hin zur Gegenwart ausgesetzt sind, die Antwort auf die Frage, warum das so ist. Aufgrund ihrer erzwungenen Mobilität sind Juden viel seltener als Völker sesshafter Nationen von der Gefahr betroffen, dass miteinander (fern-)verwandte Frauen und Männer heiraten und Kinder zur Welt bringen. Im Gegenteil. Vom rein natürlichen Standpunkt aus betrachtet fand eine Veredelung des menschlichen Erbguts gerade deswegen statt, weil die Frauen und Männer, die Paare wurden, in geografischer Hinsicht oft eine voneinander weit entfernte Herkunft hatten.

Andernorts, vor allem in den islamisch geprägten Ländern, waren und sind dagegen bereits innerhalb der relativ nahen Verwandtschaft Eheschließungen und Kinderzeugungen möglich. Zwar legen die meisten westlichen Gesetzgebungen Wert auf ein Verbot von Inzest, vor allem in der Ehe, doch wie schnell es damit vorbei sein kann, zeigen die 2014 vom Deutschen Ethikrat losgetretenen Diskussionen, dieses Verbot aufzuheben. So hieß es in einer im September 2014 formulierten Presseerklärung unter anderem: »In seiner heute veröffentlichten Stellungnahme zum Thema Inzestverbot plädiert die Mehrheit der Mitglieder des Deutschen Ethikrates dafür, den einvernehmlichen Beischlaf unter erwachsenen Geschwistern künftig nicht mehr unter Strafe zu stellen.« Was hinter dieser Entscheidung steht, ist zunächst schwer erkennbar. Der Schritt widerspricht jeglicher Logik natürlicher Überlebensgesetze der Menschheit. Aus dem einstigen Vorsatz der vorsätzlich erzwungenen »Rassenreinheit« wurde offenbar ein Fluch der schleichenden Verdummung herbeibeschworen.

All den Erkenntnissen und Einschätzungen zufolge ist jeder Eingriff in die menschliche Natur ein Verbrechen. Dabei ist es unerheblich, ob ein solcher Eingriff religiös oder politisch motiviert ist. Das Erbgut des Menschen benötigt keine Manipulation, es benötigt allein den Schutz des Natürlichen!

Geniale Erfindungen?
Wie unser Mittelstand zu überleben sucht

Wer dem Neuen keine faire Chance einräumt,
fördert in Wahrheit die Rückständigkeit.

Es drängt sich auf, dieses Kapitel mit einigen Fragen zu beginnen:

- Existieren überhaupt Technologiebereiche, die unser tägliches Leben wie selbstverständlich formen und begleiten und die nicht in einer Art »Garage« ihren Ursprung hatten?
- Was wäre mit all den aus heutiger Sicht unentbehrlichen Erfindungen passiert, die unseren Alltag erleichtern, wenn sie sich zu ihrer Entstehungszeit durch einen, wie heute üblich, dichten Dschungel von Zulassungen, Zertifizierungen, Basel-1-, -2- und -3-Abkommen hätten hindurchkämpfen müssen?
- Wie weit wären Daimler, *Ford*, Bosch & Co. gekommen, wenn sie die Zulassung ihrer Technik den damals großen Dampfmaschinenherstellern hätten anpassen müssen?
- Waren am Anfang Dampfmaschinen nicht sogar als »Teufelswerk« beschimpft worden?
- Was wäre geschehen, wenn sich der im vorletzten Jahrhundert geborene italienische Radiopionier und Nobelpreisträger Guglielmo Marconi dem Druck einer damals vielleicht mächtigen Telegrafenlobby gebeugt hätte?

- Wurde der im vorletzten Jahrhundert geborene Physiker und Erfinder Nikola Tesla in seiner Heimat Serbien nicht sogar als Spinner bezeichnet, während sein Lebenswerk auf dem weiten Gebiet der Elektrotechnik bis heute der Menschheit das Leben erleichtert?
- Hatten Bill Gates und Steve Jobs nicht ebenso in einem Hinterzimmer mit ihren heute die Welt beeinflussenden, kommunikationstechnischen Tüfteleien begonnen?

All diese und ähnliche Fragen sind nicht schwer zu beantworten. Es ist klar: Wer dem Neuen keine faire Chance einräumt, fördert in Wahrheit die Rückständigkeit.

Nun sehen wir uns bewusst um: Genau das geschieht zunehmend. Aus den kleinen Garagenunternehmen sind multinationale Supergiganten der Weltwirtschaft geworden. Viele nennen sie »Kosmokraten«. Kaum ist irgendwo noch ein Mitglied der Gründerfamilien im operativen Geschäft tätig. Die Politiker sonnen sich gern im positiven Schein der einstigen Landesdenker und -erfinder. Beide dienen nun einander nach dem Prinzip: Eine Hand wäscht die andere. Und das alles scheint normal, niemand wundert sich mehr über irgendwelche diesbezügliche Zusammenhänge. Die Medien frisieren eventuell in diesem Zusammenhang auftretende Fragen oder gar Kritik schon irgendwie hin im öffentlichen Raum der Meinungsmache und Propaganda. Offenbar, so scheint es, gehören »die da oben« zwangsläufig zusammen. Der Klub der Mächtigen wird immer mächtiger. Die Türsteher lassen kaum noch Fremde ein.

Ein Beispiel: Inzwischen für viele Interessierte, vornehmlich für die alternativen Denker, gut sichtbar, demonstriert das alljährliche Treffen der sogenannten Bilderberger-Gruppe den geheimen Zirkel der Mächtigen. Die Bilderberger: ein Verein, der keiner ist. Eine Vereinigung ohne erkennbaren Zweck. Neutral und überparteilich. Freunde sozusagen, die sich einmal jährlich zum Dinner treffen, irgendwo auf der Welt, immer woanders: in Amerika, in der Schweiz, in Deutschland, England usw. Die mächtigsten Protagonisten aus Politik und Wirtschaft. Sie treffen sich ganz unabhängig? Ohne bestimmte Ziele? Ohne bestimmte Einflüsse oder Steuerungen? Das sollen wir glauben? Kein Problem. Der Verfasser dieser Schrift ist auch imstande, seinen Glauben an den Weihnachtsmann zu betonen, wenn die Kinder es denn so hören wollen. Dieses Buch ist allerdings kein Kindermärchen, und es richtet sich auch nicht etwa gegen die Mächtigen dieser Welt. Seit wir denken können, gab und gibt es immer »die da oben« und »die dort unten«. Warme Luft steigt nach oben, die kalte geht nach unten. Wasser fließt bergab, und Bäume wachsen in Richtung Himmel. Irgendwie scheint alles in einem mehr oder weniger geregelten Chaos doch geordnet zu passen.

Jedoch braucht jedes Haus stets einen stabilen »Mittelbau«, der das Oben mit dem Unten fest verbunden hält. Nur so funktioniert es, so will es die Physik. Wer sich plump und populistisch gegen die Reichen und Mächtigen stellt, der verkennt, dass am Ende doch nur sie es sind, die den Armen werden helfen können, sollte es irgendwann in unserer Geschichte einmal zu einer kritischen Situation kommen. Denken wir einmal genauer nach: Immer wieder sind es in der Geschichte die Reichen gewesen, die am Ende vernichtet und vertrieben wurden, ohne dass die Armen dadurch etwa reicher geworden wären. Wir Menschen lernen bekanntlich fürchterlich wenig aus den Erfahrungen unserer Geschichte.

In der Wirtschaft hat sich nun erneut eine bedrohliche Entwicklung in Gang gesetzt. Die obere Schicht hebt immer weiter ab. Ganz unten wird das Dickicht immer dichter. Die Mitte hängt wahrlich dazwischen, ihr fehlt zunehmend die Stabilität, irgendwie scheint sie sich zunehmend gar zu verlieren. Das wird zum Problem, zunächst für die untere Schicht, danach werden die oben ganz sicher in Mitleidenschaft gezogen werden, auch wenn es ihnen derzeit vielleicht noch unvorstellbar erscheint.

Eine Gesellschaft ohne einen gesunden Mittelstand ist höchst gefährdet. Ein Staat, der seine Politik nur als Spagat zwischen »den Oberen«, den Gönnern, und »den Unteren«, den Wählern, ausrichtet, wird sich selbst zerreißen. Gewiss: Für manche kommen diese Überlegungen schon zu spät.

Man achte einmal auf den Gesichtsausdruck mancher Politiker, wenn diese sich bemühen, Reportern Fragen zu beantworten, die mit dem eben Erwähnten in Verbindung stehen. Die Gesichter wirken trotz des ernsten Themas fröhlich, unbeschwert, die Fragen werden einfach weggelächelt. Eine wirkliche Antwort erhalten die Fragenden nicht, dafür vernehmen sie oftmals bereits hundertfach gehörte Floskeln. Die Politiker wollen so wohl den Eindruck erwecken, dass es keinen Grund zur Sorge gebe, sie die Situation fest im Griff hätten und man diejenigen, die auf die Gefahren hinweisen, nicht ernst nehmen müsse. Ein solches Verhalten ist allerdings gefährlich und dumm – wie auch bemitleidenswert. Die Politiker steigern sich täglich neu in ihre eigene Fata Morgana, die ihnen Dinge vorgaukelt, die es in der Realität nicht gibt. Denn nur bei einer winzigen Portion eigener, ernsthafter Überlegung müssten sie schnell erkennen, auf welchem Holzweg sie und das von ihnen vertretene System sind.

Folgende Zahlen- und Faktenbeispiele mögen noch einmal beleuchten, wie es derzeit um unsere Welt steht:

- Auf ein Prozent der Weltbevölkerung entfallen über fünfzig Prozent des Weltvermögens.
- Neunzig Prozent der Weltbevölkerung besitzen kaum zehn Prozent des Weltvermögens.
- Eine Schweizer Großbank hat 2014 berechnet, dass die Weltbevölkerung über circa 250 Billionen US-Dollar in Form von Sparguthaben verfügt. Das addierte Vermögen aller erwachsenen Personen dieser Welt ist damit so hoch wie noch nie. Das Weltvermögen wird übrigens bis zum Ende des Jahres 2016 sogar noch auf 345 Billionen US-Dollar anwachsen, so die Prognose. Das wäre noch einmal ein Anstieg von rund fünfzig Prozent.
- 250 globale Finanzmanager kontrollieren ein Vermögen von dreißig Billionen Dollar. Ihr Spitzenvertreter erhielt im Jahre 2013 als Einkommen eine Summe in Höhe von 3,5 Milliarden Dollar, das sind circa zehn Millionen Dollar pro Kalendertag.
- Eine Minderheit verfügt also über die Mehrheit der Vermögen: Danach besitzen – wohlgemerkt im Durchschnitt – über zwei Drittel der Weltbevölkerung weniger als 10 000 US-Dollar, ein Viertel zwischen 10 000 und 100 000 US-Dollar, knapp zehn Prozent über 100 000 bis eine Million und gerade mal 0,5 Prozent über mehr als eine Million US-Dollar. Wird man in der Rechnung noch präziser, so heißt das, dass eine verschwindend geringe

Minderheit die absolute Mehrheit des Weltvermögens ihr Eigen nennt: Die reichsten 0,5 Prozent der Menschheit besitzen 38,5 Prozent, also 89,1 Billionen US-Dollar, die reichsten knapp zehn Prozent verfügen sogar über 82,6 Prozent des Weltvermögens, also die Summe von 189,7 Billionen US-Dollar.

- Eine gesunde Mittelschicht ist bei dieser Aufteilung nicht zu erkennen.
- 0,1 Prozent der US-Amerikaner – circa 15 000 Haushalte – erhielten 2010 siebenunddreißig Prozent zusätzlich erwirtschaftetes Einkommen (mindestens 23,8 Millionen Dollar). Das ist eine Steigerung gegenüber dem Vorjahr um 21,5 Prozent. Gleichzeitig erhielten neunundneunzig Prozent der US-Bevölkerung eine Einkommenssteigerung von achtzig Dollar (!) pro Kopf, oder noch deutlicher: Im Jahre 2010 flossen von den 288 Milliarden US-Dollar des zusätzlich erwirtschafteten Einkommens zu circa einem Prozent der dortigen Bevölkerung, die über ein Jahreseinkommen von über 350 000 US-Dollar verfügt.
- Die US-amerikanischen Beispiele sind deswegen von Bedeutung, weil immer häufiger das »amerikanische Modell«, wenn nötig auch mit Waffengewalt, anderen Nationen aufgezwungen wird. Die Bevölkerung in derart amerikanisierten, armen, teilweise ausgewiesenen Zwergstaaten blutet aus. In Bosnien und Herzegowina erhält ein Prozent der Bevölkerung 80 Prozent des Einkommens.
- Die meisten Wirtschaftsprognosen der sogenannten Mainstream-Ökonomen (zum Beispiel IWF, CBO, in Deutschland Sachverständigenrat der Wirtschaftsweisen usw.) fal-

len falsch aus. Trotzdem werden sie immer wieder als Grundlage für politische Entscheidungen genommen.

- Mit den sogenannten Rettungsschirmen werden die oberen 0,1 Prozent bis maximal zehn Prozent und nicht etwa die Mehrheit der Bevölkerung geschützt. Schon gar nicht in jenem Land, dem die sogenannte Rettung zuteil wird.
- »Bankgarantien kosten kein Geld«, so sagen es uns die höchstangesehenen und in der Regierungsverantwortung stehenden Politiker. Sie beleidigen damit jeden Banklehrling, der schon im ersten Lehrjahr weiß, was Aval-Bürgschaften sind und dass sie sehr wohl Geld (Zinsen) kosten.
- Die höchste Abgabelast liegt auf den Schultern mittlerer Einkommensbezieher.

Mit weiteren Beispielen ließe sich ein ganzes Buch füllen. Im Ergebnis werden wir aber stets feststellen müssen, dass wir immer seltener in Richtung Mitte und sozial, sondern zum Rand hin und somit asozial denken und handeln. Das ist der Kurs in Richtung Eskalation.

Wie könnte es besser laufen?

Um das zu verhindern, muss der Mittelstand gestärkt werden. Nur so wird das Rückgrat einer Gesellschaft stark und gesund sein. Kleine und mittlere Unternehmen müssen aktive Unterstützung erfahren, vorwiegend durch Nichtbehinderung:

1. Unternehmensgründungen dürfen nicht durch die Bürokratie belastet werden. Das erreichte Ausmaß ist schon unerträglich. Die EU ist dabei, zu einem uneinholbaren

Sieger in Sachen blödsinnigster Verordnungen zu werden. Wie lang eine Schnullerschnur sein darf, regeln die Bürokraten der EU auf 52 Textseiten einer bedeutungslosen Verordnung. Das deutsche Grundgesetz ist kürzer!

2. Zahlreiche Zertifizierungspflichten belasten insbesondere kleinere und mittlere Unternehmen. Ohne diese können sie oft nicht als gleichwertige Marktteilnehmer auftreten. Oft wird mit dem Wunsch beziehungsweise der Voraussetzung für beste Produktsicherheit argumentiert, um in Wahrheit preisgünstigeren Wettbewerb aus den Märkten fernzuhalten.

Dieses »Behinderungssystem« funktioniert ohnehin nur vorübergehend – bis die wirklich billigere Konkurrenz in Form von Großunternehmen aus dem kostengünstiger arbeitenden Ausland ihre Produkte anbietet. In solchen Fällen können sich die vorher geschützten Großunternehmen kaum wehren, und die kreativen, schnellen, günstigeren, kleineren und mittleren Anbieter existieren dann nicht mehr.

Dieser Effekt kann weitestgehend verhindert werden, wenn eine differenzierte Betrachtung zwischen inhabergeführten kleineren und mittleren Unternehmen und den großen, oft multinationalen Unternehmen erfolgt.

Kleine und mittlere inhabergeführte Unternehmen müssen in der Lage sein, ihre Produkte und Dienstleistungen ohne Zwänge in Form von Zertifizierungen und Zulassungen anbieten zu können. Ein mit seinem ganzen Vermögen haftender Betriebsinhaber ist, von seltenen oder negativen Beispielen abgesehen, ein mindestens gleichwertiger Garant für Qualität und Sicherheit, wie es durch die Vielzahl von Zertifizierungen gewährleistet werden kann.

Hinzu kommt, dass hohe Zertifizierungs- und Zulassungshürden meist dazu dienen, dass sich ein kleinerer und somit günstigerer Anbieter in einem Markt gar nicht etablieren kann. Die Zertifizierungsagenturen gehören oft direkt oder indirekt zu den Großkonzernen. Dort wird das Kapital sozusagen von der einen in die andere Tasche geschoben. Ein Neu- beziehungsweise Quereinsteiger schafft es selten, die benötigten finanziellen Mittel aufzubringen.

Drastische Beispiele hierzu gibt es zuhauf im Pharmabereich, dort geht es oft nicht darum, wer in der Lage ist, die vielfach zitierte Forschung und Entwicklung zu finanzieren, sondern wem es vielmehr gelingt, die offenbar für die Zulassung unumgänglichen, teureren Studien zu finanzieren. So kann es schon mal vorkommen, dass ein Medikament in den Markt eingeführt wird, das über kaum nennenswerte Genialität verfügt (einfache Präparate), das jedoch zum teuersten Preis an die Patienten, den »aufwendigen« Studien und Zulassungen sei es geschuldet, verkauft wird.

3. Von Vertretern der Großunternehmen dominierte Lobbyverbände dürfen nicht die Macht haben, mit der sie die kleineren und mittleren Unternehmen unterdrücken oder selektieren können.
4. Ein sozialer Staat muss seine Importe so steuern, dass damit die Existenzgrundlage von kleineren und mittleren Unternehmen nicht gefährdet wird. Wenn zum Beispiel

die oft mehrfach subventionierten Fleischprodukte zollfrei importiert werden und der Handel (meist große Technokraten) den Markt damit überschwemmt zu Preisen, die weder der lokale Züchter noch der örtliche Metzger anbieten kann, so wird damit bewusst das Aussterben des Mittelstands gefördert. Weitere Beispiele gibt es zuhauf, von der Bekleidungsindustrie bis hin zu Spielzeuganbietern. Immer siegt der kurzfristige Profit – der ohnehin in Richtung der kleinen Minderheit, die 0,1 bis ein Prozent ausmacht, über die langfristige Stabilität fließt.

Chancengleichheit widerspricht nicht dem freien und fairen Wettbewerb. Die Sichtweise macht den Unterschied.

5. Die zusätzlichen Einnahmen aus Zollgebühren für subventionierte Güter werden anteilig für die Schaffung eines Finanzierungs- und Sicherungsfonds verwendet. Damit werden Finanzierungshilfen für kleinere und mittlere Unternehmen organisiert:
   - Bei Existenzgründung könnten dies nicht rückzahlbare Zuschüsse für Bildung (oder Aufstockung) des Eigenkapitals sein.
   - Für kleinere und mittlere Unternehmen kann deren Kreditbedarf darüber abgesichert werden. Die kleineren und mittleren Unternehmen werden damit erstklassige Schuldner bei der Bank, sie erhalten Kredite zu besten Konditionen. Ohne solche Maßnahmen ist der umgekehrte Fall die Realität. Die Banken rechnen hohe Risikozuschläge ein, die Finanzierung fällt zu teuer aus, sie erwürgt die Kreditnehmer.

Viele kleinere und mittlere Unternehmen haben ohnehin oft Probleme, den Banken nach den verschärften Richtlinien von Basel 1, 2 und 3 ausreichende Sicherheiten anzubieten. Die Banken erteilen infolgedessen entweder die Kredite nicht, oder wenn doch, dann unter dem Verweis auf das höhere Risiko (Blankoanteil) zu höheren Zinsen. Mit einem staatlichen Sicherungsfonds wird die wirtschaftliche »Waffengleichheit« geschaffen. Der betreffende Staat riskiert kaum etwas. Im schlimmsten Fall wird er zum Besitzer von Immobilien, Anlagen und Patenten. Diese lassen sich bekanntlich, oft sogar gewinnbringend, verwerten. Die positive Stimmung wird überwiegen, die vielen erfolgreichen Projekte werden zu Mehreinnahmen und Beschäftigung führen. Die einzelnen Ausfälle werden auf diese Weise viel leichter kompensiert.

6. Private-Equity-Unternehmen müssen stärker kontrolliert und vor allem in die volle Haftung genommen werden. Sie dürfen nicht einzeln betrachtet werden, sondern müssen als Konzern (-Mitglied) innerhalb der gesamten Investorengruppe eingestuft werden. Nur so wird verhindert, dass mit der »Heuschreckenmentalität« gesunde kleinere und mittlere Unternehmen zur bloßen Profitbeschaffung degradiert werden.

Viel mehr Unterstützung beziehungsweise sehr viel mehr Maßnahmen zur Beseitigung von Behinderungen benötigen kleinere und mittlere Unternehmen nicht. Leistung und Kreativität finden so besser zueinander. Jede Art von Extremismus wird an einem breiten und gesunden Mittelstand scheitern müssen.

Wie der Umweltschutz zum globalen Geschäft wurde

Die Menschheit kann mit ihren Dummheiten
nicht die Erde zerstören, nur sich selbst.
– Milorad Krstić

Bringen wir die Rede auf den Umweltschutz, dann meinen wir Menschen in Wahrheit meist nur uns selbst, obwohl gemeinhin unser Planet, die Erde, als zu schützendes Ganzes bezeichnet wird. Die Erde existiert schon seit einigen Milliarden Jahren und hat in dieser Zeit unzählige kosmische Eskapaden überlebt. Es geht also in erster Linie um uns Menschen, seit wir uns zu den beherrschenden Bewohnern dieses Planeten erklärt haben. Nach dieser Betrachtung landen wir schnell bei einigen menschlichen Charaktereigenschaften wie beispielsweise der Herrschsucht.

Immer wieder deuten sich Tendenzen an, dass die im Zusammenhang mit dem jeweils umzusetzenden Umweltschutz herrschende Macht offenbar im Auftrag handelt. Um die Umwelt zu schützen, muss man also ganz offensichtlich an der Macht, zumindest jedoch an ihr beteiligt sein. Dort angekommen, kann man, als nun mächtiger Umweltschützer, meist auch als bekennender Pazifist, durchaus Kriege ausrufen, ja diese sogar als »unausweichlich« in die Welt hineinheucheln.

Ein gutes Beispiel dafür ist, dass in Deutschland die rotgrüne Regierung jene Instanz war, die mit der Initiierung des

Jugoslawien-Krieges in den 1990er-Jahren erstmals nach dem Zweiten Weltkrieg deutsche Truppen ins Ausland befehligt hatte. Demokratie, Gerechtigkeit und eben auch Umweltschutz wurden in Form von Bomben zum Beispiel über Rest-Jugoslawien auf das Volk gebracht! In dieser Zeit lernten wir die Bedeutung des Begriffs *Kollateralschaden* kennen. Vorher palaverten die Möchtegernfeldherren in rot-grüner politischer Färbung etwas über *chirurgische Eingriffe,* bis dann tausendfach, vorwiegend, Zivilisten starben: Kollateralschäden eben.

Nun wissen wir: Um die vermeintliche Demokratie zuerst zu schützen, eben aber auch die Umwelt, müssen Kollateralschäden in Kauf genommen werden. Es lohnt sich durchaus, über diese (Un-)Logik einmal nachzudenken.

Doch zunächst noch ein paar Worte zu unserer Erde: Wenn wir, der besseren Verständigung wegen, zugrunde legen, dass zwischen dem Urknall und unserer Gegenwart nur ein kosmisches Jahr vergangen ist, dann hat der als intelligentestes Wesen dieses Planeten bezeichnete Mensch in den vergangenen wenigen kosmischen Sekunden wohl die allergrößten Dummheiten angerichtet. Das ist sehr überraschend für eine Spezies, die von sich im Brustton der Überzeugung behauptet, besonders lern- und entwicklungsfähig zu sein.

Nur um das kosmische Jahr (das Jahr eins) zu verdeutlichen: Alles, was vor unserer aktuellen Zeitbetrachtung auf der Erde geschehen ist, ist uns weitestgehend unbekannt. Erst um den geschätzten 20. Dezember nach dem Beginn des kosmischen Jahres eins herum tauchten die ersten Wirbeltiere auf. Die Zeit der Dinosaurier verlief zwischen dem 28. und 30. Dezember. Und dann, am 31. Dezember, wenige Minuten vor Mitternacht und dem Wechsel zum Jahr zwei, betraten die ersten Vorfahren des modernen Menschen den Planeten Erde.

In den letzten zehn Sekunden vor der kosmischen Mitternacht spielte sich also praktisch alles ab, was wir archäologisch und geschichtlich gesehen kennen. Von der Jungsteinzeit, die zeitlich betrachtet circa zehn Sekunden vor Mitternacht begann, über die Bronzezeit, erste Buchstabenschriften in Oberägypten, die Kompasserfindung der Chinesen bis hin zum Übergang der Bronzezeit in die Eisenzeit. All das dauerte in Summe betrachtet nur fünf kosmische Sekunden.

Der Chinese Konfuzius und der Grieche Pythagoras waren etwa fünf Sekunden vor Mitternacht einen Wimpernschlag lang Bewohner der Erde. Vier Sekunden vor Mitternacht begann sich aus einer jüdischen Sekte das Christentum zu entwickeln, eine Sekunde später endete die Expansion des Römischen Reiches, und die islamische Religion begann, sich zu entwickeln. Eine weitere Sekunde später, sozusagen zwei Sekunden vor Mitternacht, führten die Christen ihre Kreuzzüge und Inquisitionen durch. Martin Luther kam dann nach einer weiteren Sekunde kurz zu Besuch.

Die Reformation auf der einen Seite und die europäische Hexenverfolgung auf der anderen liefen auf Hochtouren, als Kopernikus mit seinen Berechnungen das geozentrische Weltbild zerstörte – wir erfuhren eine Sekunde vor Mitternacht, dass die Erde rund ist.

Praktisch alles, was unsere moderne Zivilisation ausmacht, von der Dampfmaschine über die Glühbirne, den Transformator und Elektromotor bis hin zum Smartphone, all das wurde innerhalb der letzten wenigen Millisekunden des kosmischen

Jahres eins erfunden. Gleichzeitig schaffte es der Mensch in dieser Zeit, wie wir alle wissen, unzählige seiner Artgenossen in ebenso unzähligen Kriegen und Konflikten abzuschlachten. Nun ist es genau 00:00 Uhr. Wir stehen da und debattieren, wie lange wir die Erde noch (mit uns) überleben lassen können.

Von einer Sekunde möchten wir alle ausgehen, das wären etwas mehr als 400 Jahre. Ob wir es allerdings bis 00:01 Uhr im neuen Jahr, dem Jahr zwei kosmischer Entwicklung, schaffen, beginnt jetzt schon fraglich zu werden, denn das sind immerhin mehr als 26 000 Jahre. Am 2. Januar wären es schon über 37 Millionen Jahre, und ehrlich: So weit in die Zukunft wollen wir nicht wirklich hineinspekulieren. Die meisten von uns würden vermutlich auch zustimmen, dass es uns Menschen auf diesem Planeten so lange nicht mehr geben wird. Die Erde werden wir also grundsätzlich wohl nicht mehr retten können.

Wie jedes einzelne Lebewesen dieser Welt, ob riesig groß oder winzig, fast unsichtbar klein, so ist auch unsere Erde von Beginn an zum Tode verurteilt. Die Leuchtkraft der Sonne wird permanent ansteigen, und circa Mitte Januar des kosmischen Kalenderjahres zwei (das heißt in über 500 Millionen Jahren) werden aller Wahrscheinlichkeit nach auf der Erde keine höheren Lebensformen mehr existieren. Circa zehn Tage später (in etwa 900 Millionen Jahren) werden auch alle Pflanzen ihren Überlebenskampf aufgegeben haben. Danach wird es doch einige Jahrmillionen dauern, möglicherweise bis in den März hinein, bis unsere schöne Erde ein einziger Wüstenplanet sein wird. Da sich in dieser Zeit die Sonne immer weiter ausdehnen und irgendwann das Zwei- bis Dreihundertfache ihrer momentanen Größe erreichen wird, wird die Erde letztlich keine Überlebenschance haben und vermutlich um die Jahresmitte des zweiten kosmischen Jahres, also in etwa sieben bis acht Milliarden Jahren, nur noch einige Zeit vor sich hinglühen, bis dann am Ende alle Lichter ausgehen.

Wir allesamt, die ausgemachten Besserwisser, sollten als Erstes einmal lernen, den Mund nicht zu voll zu nehmen, wenn wir über unsere Mission *Rettung der Welt* schwatzen. Die Erde hat uns Menschen genauso wenig für ihre Entstehung gebraucht, wie wir je in der Lage sein werden, sie zu retten. Es geht also ausschließlich um uns und unser Wohlergehen, natürlich auch um unsere Verantwortung gegenüber der Schöpfung, wenn wir den Begriff *Umweltschutz* in den Mund nehmen. Den Begriff kannten wir doch vor fünfzig Jahren noch nicht einmal. In vielen Sprachen lässt sich *Waldsterben* gar nicht übersetzen – die Franzosen haben es deswegen einfach aus dem Deutschen im Original übernommen. Schauen wir uns den Umweltschutz erst einmal mit der gebotenen Sachlichkeit an.

Mit einer notwendigen Dosis an Bescheidenheit kann der Umweltschutz von niemandem infrage gestellt werden. Das erste und eigentliche Problem ist, dass gerade diese Bescheidenheit auf der Strecke bleibt, sobald es um den Umweltschutz geht. Es wird gefordert und gefördert, über jeden Sinn und alle Maßen hinaus, selbst dann, wenn längst jede Logik dagegenspricht. Fakten zählen nicht, der Umweltschutz ist und bleibt eine emotionelle Angelegenheit. Und zunehmend wird er zum monetären Eldorado für die sogenannten Global Players.

Einige Beispiele hierzu sind durchaus erwähnenswert:

- Mülltrennung, um die »Erde zu retten« – von Europa bis Japan und weiter noch bis in die USA wird die Bevölkerung aufgerufen, sich daran zu beteiligen. Sorgfältig gereinigte, oft zu Hause vorgewaschene Plastikbehälter landen (trotzdem), nachdem sie einen aufwendigen Trennungszirkus durchlaufen haben, mit dem Restmüll zu fast zwei Dritteln im Ofen.

- Die Müllverbrennungsanlagen verhungern in Deutschland, weil es zu wenig Müll zum Verbrennen gibt. Tausende Tonnen des Unrates werden durch halb Europa gekarrt und, um diesen hier zu verbrennen, importiert. Unterdessen haben sich die Müllentsorgung und die Müllwiederwertung zu profitablen globalen Geschäftszweigen ausgewachsen, einschließlich sämtlicher krimineller Strukturen in Form von Betrug und Korruption.
- Das meiste Wasser wird in wasserreichen Regionen eingespart. (Deswegen hat in den trockenen Regionen der Welt niemand einen Liter Wasser mehr.) Dadurch gehen allerdings Abwasserkanäle kaputt. Um das zu verhindern, werden diese mit Millionen Tonnen Frischwasser gespült. Die Kosten steigen laufend, weil über zwei Drittel von ihnen auf die Betriebs- und Instandhaltung der Wasser- und Abwassersysteme entfallen.
- Durch die Abschaffung konventioneller Glühlampen erleben giftige Schwermetalle ihre Renaissance aufgrund zunehmender Anwendung von quecksilberverseuchten Energiesparlampen.
- Häuser werden so gedämmt, der Subventionierung sei Dank, bis sie physikalisch eher einer Thermoskanne als einem Wohnraum ähneln. Darin wird erfolgreich Schimmelpilz gezüchtet. Sonst hochwertige und langlebige Bau-

materialien faulen viel zu früh. Es wird nicht lange dauern, bis unter Umständen eine Abrisswelle der ökologisch korrekt gedämmten Gebäude beginnen wird. In einigen US-Bundesstaaten ist inzwischen das Dämmen von Wohnhäusern verboten. Zudem: Wohin später mit dem Dämmmaterial?

- Immer häufiger sollen wir vor giftigem Feinstaub geschützt werden. Von schädlichen Nanopartikeln ist inzwischen die Rede. Wo auch immer »Sperrzonen« für die älteren Fahrzeuge ausgewiesen worden sind, um die Feinstaubbelastung zu senken, brachte dies keinen Erfolg. Gemacht wird es trotzdem.
- Einige Politiker wollten populistisch »mehr Bio ins Benzin« packen. Daraus wurde bekanntlich nicht viel. Den Verbrauchern wurden sozusagen aus Versehen Millionen geklaut. Die *Tank-oder-Teller-Diskussion* gab der schicken Idee den Rest. Zwischenzeitlich haben sich davon auch die härtesten Naturschützer verabschiedet. Davon unberührt – und abermals den Subventionen sei Dank –, werden auf riesigen Flächen Pflanzen für die Kraftstoffgewinnung gezüchtet. Die Verbrennung erfolgt nun nicht in Autos oder Lkw, sondern in Generatoren zur Strom- und zur teilweisen Wärmegewinnung. Die Landbesitzer freuen sich über fast zehnfache Erträge. Die Frage: *Tank oder Teller?* ist damit keineswegs endgültig beantwortet.

Deutschland muss bereits Getreide importieren, um genügend Brot backen zu können. Tatsächlich werden in Deutschland nur knapp 17 Millionen Hektar als Agrarland genutzt. Europa ist auf circa 35 Millionen Hektar zusätzliche landwirtschaftliche Fläche im Ausland angewiesen. Die Auslagerung der landwirtschaftlichen Produktion nimmt gewaltige Ausmaße an, Tendenz steigend.

- In Mexiko musste die Regierung vor wenigen Jahren den Maispreis künstlich herabsetzen, um soziale Unruhen in der Bevölkerung einzudämmen, nachdem sich der Preis für Tortilla (dort Grundnahrungsmittel) in kürzester Zeit verdoppelt hatte.
- Ein seltenes wie seltsames Vorgehen vollzog 2009 die deutsche Bundesregierung mit der Auslobung von *Umweltprämien* in Höhe von 2500 Euro für jeden, der bereit war, sein absolut gebrauchsfähiges Auto zu verschrotten. Dadurch wurden erstmals in Deutschland mehr Autos angemeldet als Kinder geboren. Hurra, welch ein Erfolg!
- Nun gilt unsere ganze Liebe und Aufmerksamkeit den Elektroautos. Diese sind zwar »ein bisschen« teurer, unter anderem auch deswegen, weil für ihre Herstellung (das gilt hauptsächlich für die Batterien) mehr Energie aufgewendet werden muss, als in 10 000 Litern Benzin steckt. So viel vertankt ein Mittelklassewagen in seiner ganzen Lebenszeit nicht.
- In Deutschland erfand bekanntlich ein grüner Umweltminister das Dosenpfand. Es hieß, dass dadurch Einwegverpackungen nach und nach aus dem Handel verschwinden würden. Stattdessen lief es umgekehrt. Betrug der Anteil der Mehrwegflaschen im Jahre 2003 noch 64 Prozent, so ist er inzwischen auf etwa 50 Prozent gesunken. Mineralwasserflaschen wurden vor der Einführung dieser »genialen« Idee bis zu 50 Mal wiederbefüllt, gegenwärtig

kommen sie nach einmaligem Gebrauch meist in den Schredder. Der »Grüne Mann« leidet heute mitnichten unter dieser Fehlentscheidung, nein, er wird weiterhin regelmäßig in bundesdeutsche Talkshows eingeladen, um sich für seine »großartige« Dosenpfanderfindung öffentlich loben zu lassen.

- Dass gegenwärtig beim Einkaufen eine Baumwolltüte jenem aus Plastik hergestellten Modell vorgezogen wird, ist selbstverständlich geworden. Die CO_2-Bilanz der beiden Produkte überrascht allerdings ein wenig: Eine Plastiktüte ist für den Ausstoß von circa 120 Gramm verantwortlich, während ihre Baumwollschwester auf über das Zehnfache, nämlich circa 1700 Gramm, kommt.
- Rund um den Globus blitzt es in unserer Atmosphäre. Beinahe jeden Augenblick findet irgendwo auf dem Planeten ein heftiges Gewitter statt. Ein einzelner Blitz von durchschnittlich zwei Kilometern Länge ist für mehr Stickoxide, die während der Sekundenbruchteile seiner Existenz entstehen, verantwortlich als über 3600 fahrende Autos an einem ganzen Tag. Eine Hoch- beziehungsweise Gegenrechnung hat bisher niemand gewagt. Es drängt sich aber die Vermutung auf, dass der Großteil der schädlichen Stickoxide und des Ozons im wahrsten Sinne des Wortes eine Gewitterangelegenheit sind.
- In der Arktis leben heute fünfmal mehr Eisbären als vor sechzig Jahren. Trotzdem ist ein einsames Tier dieser Gattung, das auf einer angetauten Scholle sitzt, zum Symbolbild der Vernichtung dieser Tierart geworden. Dann erblickte der kleine Eisbär Knut im Berliner Zoo das Licht

der Welt. Eine kollektive Emotionalisierung voller Schuldgefühle nahm ihren Lauf. Trotz bester Pflege und noch nie da gewesener Aufmerksamkeit, die je ein Eisbär erfahren hatte (oder gerade deswegen), starb Knut viel zu früh. Offenbar sind wir nicht einmal in der Lage, einem »Star-Eisbären« zu einem längeren Leben zu verhelfen. Darüber wird aber wenig gesagt. Die Fakten spielen keine Rolle.

- Keine Rolle spielen die unübersehbaren Fakten, wenn es darum geht, uns Durchschnittsmenschen einzuhämmern, dass wir unser Verhalten noch mehr im Einklang mit der Natur gestalten sollen. Wir sollen natürlicher leben und uns die Natur mit all ihrer Artenvielfalt als Beispiel nehmen. Selbst die Bibel-Gläubigen sowie die Forscher des Buches mit den sieben Siegeln winden sich krampfhaft um die darin enthaltene Botschaft an den Menschen: »Macht euch die Erde untertan.« Irgendwie hat offenbar selbst der liebe Gott nicht immer den aus rein menschlichem Blickwinkel betrachteten ökologisch einwandfreien Überblick gehabt. Wie auch, gab es doch zu dieser Zeit keine eifrig engagierten grünen Politiker, die ihm vermutlich gern in diesem Bereich Ratschläge erteilt hätten.

Zu dumm nur, dass uns die Natur vielerorts die prägnantesten Beispiele für ihre erbarmungslose Grausamkeit vorhält. Besonders naiv wirkt das Argument, dass in der Tierwelt gemordet würde, um den Hunger zu stillen. Der Verfasser dieser Schrift möchte nicht bildhaft darüber nachdenken, was passieren würde, wenn auf unserer schönen Welt alle, die an Hunger leiden, zu morden begännen.

Anstatt vernünftig nachzudenken, produzieren die Ökofreaks Falschbilder und geben sie mit erhobenem Zeigefinger an die nachkommenden Generationen weiter. Unter den Plüschtieren befinden sich auch heimtückische Raubtiere wie Krokodile, alle Arten von Wildkatzen und sogar Schlangen. Es werden zusammengesponnene Geschichten verfilmt, in denen eben solche Tiere tiefmenschliche Eigenschaften eingepflanzt werden. Noch kraftvoller kann man die künftigen Generationen aus der wahren Natürlichkeit kaum entfernen. Fakten wurden rücksichtslos gefälscht.

Ohne jeden Zweifel könnte die Liste der Beispiele erheblich verlängert werden. Darunter befinden sich alle Gattungen, von lustig anmutenden über zahlreiche berechtigte bis hin zu extrem kontraproduktiven Beispielen. Es scheint jetzt schon so, dass im Namen des Umweltschutzes alles, und mag es noch so schwachsinnig sein, durchgesetzt werden kann.

Nun ist es aber Fakt, dass wir tatsächlich in vielfacher Hinsicht über begrenzte Ressourcen beziehungsweise Rohstoffe verfügen. Wir verfeuern täglich zehn Millionen Tonnen Erdöl, etwa acht Milliarden Kubikmeter Erdgas und dazu circa zwölf Millionen Tonnen Steinkohle. Die Frage, wie lange das noch gut gehen wird, ist also absolut zulässig. Es geht darum, einen geschärften und vor allem intelligenten Blick auf alle Argumente und Forderungen im Zusammenhang mit dem Umweltschutz zu entwickeln.

Wie könnte es besser laufen?

Zu allererst sollte damit aufgehört werden, Müll und Müllberge zu produzieren. Wie bereits aufgeführt, beschreibt der weitestgehend unbekannte Begriff *Obsoleszenz* eine dekadente Vorgehensweise, bei der die Produkte in Richtung Kurzlebigkeit entwickelt werden. Es ist keine Seltenheit mehr, dass bestimmte Waren schon in den Verkaufsregalen zu Müll werden. Bedauerlich, dass diese allerorts sichtbare Tatsache selbst von dem deutschen *Ex-Dosenpfand-Minister* übersehen wurde. Oder sehen wir stets nur das, was wir sehen wollen?

Der Umweltschutz ist zunehmend zum politischen Gut geworden. Grüne Politiker erschrecken nahezu weltweit, wenn Vertreter der größeren und länger etablierten politischen Parteien dieses Thema zu besetzen beginnen. Mit Umweltschutzthemen werden oft Zukunftsängste produziert, und so gelingt es leicht, enorme emotionale Reserven anzuzapfen. Das Wichtigste, das der Umweltschutz benötigt, ist eine Versachlichung der Argumentation. Ohne diese Veränderung laufen wir Gefahr, früher oder später mit *umweltschutzgetarnten Argumentationen* als Wähler missbraucht zu werden. Sofern dies nicht sogar schon der Fall ist.

Die Vorboten der Ökokratie – eine politische Macht, die weitestgehend unter dem Deckmantel Umweltschutz operiert – sind längst unterwegs. Nicht nur der im Jahre 2013 vorgeschlagene *Pflicht-Veggie-Day* der deutschen Grünen zeugte davon. Nehmen wir die Vereinten Nationen: Sie sind Mitbegründer des Weltklimarats IPCC (*Intergovernmental Panel on Climate Change*), in dem mehr als 3000 hochkarätige Klimawissenschaftler aus aller Welt ihre Erkenntnisse zusammentragen. Aus den Tausenden Seiten umfassender Sachstandberichte entsteht alle paar Jahre ein circa zwanzigseitiges Papier, das die politischen Entscheider erhalten.

Mit zunehmender Etablierung dieser Organisation wurde die Ausdrucksweise in den Berichten immer radikaler. Es wird nicht nur von drohendem Klimaschock, Katastrophen und flächendeckender Umweltzerstörung, sondern zunehmend auch von drohendem Weltuntergang, einer Sintflut oder einer bevorstehenden »biblischen Völkerwanderung« gesprochen. Es sind dies alles Formulierungen, die man eher in sogenannten Verschwörungsschriften vermutet. Dass vieles, was in dem Papier steht, schlichtweg falsch ist, wird kaum hinterfragt. Die Niederlande sollen angeblich mit ihrem Territorium niveaumäßig zu 55 Prozent unterhalb des Meeresspiegels liegen. Tatsächlich sind es aber nur etwa 26 Prozent, wie man in jedem holländischen Schulbuch nachlesen kann.

Für den Himalaya wurde das Abschmelzen der Gletscher bis 2035 vorausgesagt. Kaum hatte die Schocknachricht gewirkt, stellte sich heraus, dass sich die Wissenschaftler schlicht vertippt hatten und die Prognose für das Jahr 2350 lauten sollte. Tatsächlich können Forscher, seriös betrachtet, nicht mit Sicherheit sagen, ob die Nord- und Südpolkappen tatsächlich, wie befürchtet, abschmelzen werden. Zwar ist eine bestimmte globale Erderwärmung unumstritten, doch wohl genau deswegen nehmen die Eismassen zu, weil es an den Polen mehr schneit als vorher.

An dem Geschrei um die Erderwärmung und die damit verbundene Klimakatastrophe infolge des Kohlendioxidanstiegs nehmen keineswegs nur grüne Politiker teil. So gut wie keiner dieser Möchtegern-Retter in der Welt kümmert sich um die Fakten. Fakt zum Beispiel ist, dass CO_2 schwerer als die Luft ist. Schwer vorstellbar, dass es sich einfach so wie eine Schicht um die Erde in circa fünf Kilometer Höhe legen kann. So hatte es zwar gegen Ende des 18. Jahrhunderts ein schwedischer Chemiewissenschaftler fälschlicherweise angenommen. Der Mann war jedoch nicht einmal Klimaforscher, mit dem Klima befasste er sich eher spekulativ und hobbymäßig. Doch was soll's, die Politiker brauchen nun mal ungewöhnliche Thesen, um als extrem vorausschauend aufzufallen. Gerade in Deutschland schrien die Klimaretter-Politiker um die Wette. Angela Merkel wurde eine Zeit lang gar als Klimakanzlerin bezeichnet. Sie genoss es wohl so sehr, den Grünen einen ihrer Kerngeschäftsbereiche abzujagen, dass sie dabei selbst ihr Wissen als Physikerin einfach abschaltete. Dumm nur, dass es in Deutschland immer kälter wird. Der Meeresspiegel will auch nicht so recht ansteigen. Jahr für Jahr werden die Werte nach unten korrigiert und wirken immer harmloser, aber das politische Geschrei wird immer lauter.

Ganz sicher ist nur eines: Der Klimawandel ist ein Milliardengeschäft geworden. Es mag sein, dass die Mitbegründerin der grünen Partei in Deutschland, Petra Kelly, zu einigen Mitgliedern der Rockefeller-Dynastie freundschaftlichen Kontakt pflegte, wie es heißt. Ebenso leicht vorstellbar ist es, dass die Hochfinanz, gemeinsam mit der Erdölindustrie, durchaus ein gutes Maß Interesse daran gehabt haben könnte, bestimmte politische Bewegungen in Gang zu setzen. Die Energiepreise stiegen seit den 1970er-Jahren bekanntlich unaufhörlich.

Durch die indirekten Folgen des Wahnsinns sterben auf der Welt immer mehr Menschen an Hunger, weil die dadurch ebenso ausgelöste Umverteilung zulasten – natürlich – der Armen abläuft. Wenn es um den Klimawandel geht, so hat der Wähler inzwischen kaum mehr Mitspracherechte als die Rindviecher auf der Weide. Diese dürfen noch ungestraft bis zu ihrer Schlachtung regelmäßig CO_2 ausstoßen. Obwohl darüber ja auch schon gestritten wird in grünen Zirkeln. Der Schöpfer muss wohl, zumindest nach Menschensinn, ein lausiger Umweltschützer sein, denn er vergaß doch tatsächlich, diesen harmlosen Geschöpfen einen Katalysator zu verpassen.

Damit alles politisch korrekt zum Ausdruck gebracht werden kann, steht der Begriff Klimawandel ausschließlich für den von Menschen gemachten Klimawandel. Die Klimaänderung ist dagegen ein natürlicher Klimawandel! Logisch, oder?

Seit der Kyoto-Klimakonferenz des Jahres 1997 ist bekannt, dass der, der mit Abgasen die Atmosphäre verschmutzt, Abfallgebühren entrichten muss. Seither wird mit Verschmutzungsrechten gehandelt. Hurra! Endlich wieder ein Produkt, das keines ist, mit dem aber munter und gewinnbringend gehandelt werden kann.

Nun werden teure Zertifikate rund um den Globus hin- und hergereicht. Dass dabei kleinere und größere Betrügereien nicht ausbleiben, ist kaum überraschend. So haben beispielsweise die cleveren Chinesen quartalweise ein klimaschädliches Kühlmittel in hohen Mengen produziert. Viele fragten sich, wofür, denn den Stoff wollte praktisch niemand mehr haben. Schließlich stellte sich heraus, dass die Chinesen von europäischen Zertifikathändlern fortwährend dafür bezahlt worden sind, dass sie das Gas wieder beseitigen. Die Chinesen konnten so fette Gewinne einfahren, und die europäischen Energiekonzerne konnten auf diese Weise (auf dem Papier) ihre CO_2-Bilanz aufmöbeln. Irgendwann, gegen Ende 2010, flog dieser Schwindel auf. Ein paar zerknirschte Gesichter waren die Folge, mehr aber nicht. Die Verbraucher blieben gleichwohl auf einem Schaden von geschätzten drei Milliarden Euro sitzen.

Das ist ein sonderbares Beispiel unter vielen. Zwischenzeitlich ist es nichts Neues, dass europäische Energiekonzerne ihre CO_2-Bilanzen mitunter damit aufpolieren, dass sie sich an Wasserkraftwerkprojekten in China oder anderswo beteiligen. Der Umweltschutz ist doch so schön global. Die Verbraucher müssen das alles gar nicht verstehen, es genügt, wenn sie das alles bezahlen. Nun könnte man auch sagen, dass das nichts Neues ist. Die breiten Massen wurden durch den längsten Teil der Menschheitsgeschichte hindurch ausgebeutet. Die Art und Weise allerdings, mit der sie von den Verantwortlichen in kaum noch zu überbietender Frechheit und Arroganz für blöd gehalten werden, ist allerdings verhältnismäßig neu.

Wenn es beim Klima und beim Umweltschutz darum geht, unseren Lebensraum zu schützen und damit Menschenleben zu retten, dann stellt sich die Frage, weshalb es nicht möglich ist, die dafür aufgewandten Summen *direkt* für die Rettung von Menschenleben einzusetzen. In jedem Jahr sterben Millionen an Krankheiten wie Malaria, Tetanus, Masern und vergleichbaren Seuchen. Hier direkt zu helfen wäre unvergleichlich effizienter, als im wahrsten Sinne des Wortes mit heißer Luft zu handeln. Unbewiesenermaßen sieht es danach aus, als ob für die Ausbreitung des Geldkapitalismus eine weitere, diesmal wahrlich himmlische Spielwiese geschaffen wurde.

Dem Umweltschutz ist am meisten gedient, wenn jede Trickserei in diesem Zusammenhang verboten wird. Unzweifelhaft kann es passieren, dass uns fossile Energieträger ausgehen.

Die Gefahr, dass die Menschheit an einer solchen Katastrophe zugrunde geht, ist allerdings um einiges geringer als die, dass uns irgendein fanatischer Extremismus zugrunde richtet. Die Menschheit ist gut beraten, in ihrem Kampf gegen jeden Extremismus den Ökoextremismus nicht außen vor zu lassen.

Das Gefährliche am Ökoextremismus ist, dass er sich meist unsichtbar und äußerst wohltäterhaft ausbreitet. Zahlreiche dem Naturschutz zugewandte Gruppierungen und politische Parteien haben möglicherweise in den seltensten Fällen etwas Unredliches im Sinn. Leider ist in diesem Bereich aber der Grad der Manipulierbarkeit besonders hoch. Wie bereits ausgeführt, ist Umweltschutz eine durchweg emotionale Angelegenheit. Damit wird manipulativen Kräften Tür und Tor weit geöffnet.

Hoch bezahlte Ökokraten verkünden bereits ihre Botschaften. Für sie ist die Demokratie keineswegs eine heilige Kuh, die nicht geschlachtet werden darf. Sie nennen sich Transformationsexperten, und sie sprechen gern von *großer Transformation.* Der Klimaschutz soll zum Staatsziel erhoben werden. Am besten überall. Es wird mehr oder weniger offen verlangt, dass sich die übrigen Politik- und Wirtschaftsbereiche diesem Ziel unterordnen. Das heißt am Ende nichts anderes als »Demokratie gern, aber in Maßen!« Ein Ökostaat kann auch andere Seiten aufziehen. Von einem eine solche Linie offenbar vertretenden Möchtegernexperten stammt das Zitat: »Freiheit kann auch in der Selbstbeschränkung liegen.« Viel deutlicher muss man wirklich nicht werden.

Der letzte große Feldzug der Mächtigen ist nach dem 11. September 2001 als globaler Krieg gegen den Terror ausgerufen worden. In der Zwischenzeit haben wir einiges über die Schurkenstaaten und die Achse des Bösen gelernt. Der Schock sitzt tief. Niemand, der die Bilder gesehen hat, als die beiden Zwillingstürme, fast wie bei einer perfekt durchgeführten Sprengung, in sich zusammenkrachten und rund 3000 Menschenleben auslöschten, kann gleichgültig darüber hinwegsehen.

Wir sind so schockiert, dass uns viele Fragen im Hals stecken bleiben. Wir wissen demzufolge nicht, wie es dazu kam, dass zwar zwei Wolkenkratzer von Flugzeugen getroffen wurden, aber drei Hochhäuser in sich zusammenfielen. Wie konnten britische TV-Sender über den Einsturz des dritten Hochhauses berichten, noch *bevor* genau dieses überhaupt eingestürzt war? Der Einsturz erfolgte sozusagen nach der ersten Berichterstattung! Vorausschauender Journalismus? Oder doch eine weitere Panne unter vielen anderen an diesem Tag?

Vorausschauende Fähigkeiten musste auch Larry Silverstein gehabt haben. Er kaufte die Zwillingstürme wenige Monate vor 9/11, und er versicherte sie sogleich unter anderem auch gegen terroristische Anschläge. Vor Gericht erstritt er nach 9/11 rund 4,5 Milliarden US-Dollar Entschädigung, und zwar die doppelte Summe, weil es schließlich zwei Anschläge waren!

Wie war es überhaupt möglich gewesen, dass mit 800 °C heißem, brennendem Kerosin eine Stahlkonstruktion zum Nachgeben gebracht werden konnte, die bekanntlich eine Schmelztemperatur von 1500 °C hatte? Tausende von Spreng-, Feuer- und Materialspezialisten staunen bis heute darüber, denn sie wissen: Nachrichten sind leicht zu manipulieren, mit anderen Worten, man kann sie »nachrichten«, doch bei der Physik geht das nicht!

Wie soll es möglich sein, dass Passagierjets dieser Größe vollständig, und ohne dass ein einziges Teil beim Aufprall abfiel, durch zum Teil über 30 Zentimeter dicke Stahlkonstruktionen wie durch einen Pappkarton hindurchschossen? Die dafür angegebene Fluggeschwindigkeit beim Aufprall von über 800 Kilometern pro Stunde widerspricht jeder fliegerischen Logik, überhaupt, dass ein Flugzeug dieses Typs in so einer niedrigen Höhe so schnell fliegen kann.

Die an der Nase herumgeführte Öffentlichkeit soll auch glauben (müssen), dass selbst die Triebwerke, bekanntlich aus höchsttemperaturresistenten Materialien gebaut, ebenso wie der Rest rückstandslos wegschmolzen. Nichts davon wurde je gefunden. Egal, wer hört schon auf Spezialisten, solange offensichtliche Desinformationen wie ein medialer Tsunami um den Globus fegen und die vorgesetzte (Un-)Wahrheit verbreiten?

War es vielleicht doch eine perfekt durchgeführte Sprengung gewesen, und wenn ja, von wem wurde sie organisiert? Und hatte sich möglicherweise deswegen der 2010 neu gewählte britische Premierminister David Cameron in einem BBC-Interview versprochen, als er von einer *Sprengung* der Zwillingstürme sprach? Es gibt Menschen, die behaupten, dass die Wahrheit wie ein Geist ist, der nicht zur Ruhe kommen kann, bevor er nicht entdeckt wird. Am Beispiel des Anschlags auf das World Trade Center sind es möglicherweise über 3000 Geister, die unschuldig starben und immer noch nicht zur Ruhe gekommen sind.

Dem Verfasser dieses Buches ist bis heute unklar geblieben, wie die Menschen in den entführten Flugzeugen ihre Handys benutzen konnten und so ihre verzweifelten Botschaften aufgezeichnet beziehungsweise bekannt wurden. Das klappt auch bis heute (2014) eigentlich grundsätzlich nicht. Trotz ständiger Versuche, beispielsweise in einem Privatflugzeug, bleibt ein Mobiltelefon kurze Zeit nach dem Start bis unmittelbar vor der Landung ohne Funkkontakt. Nur in Hollywood-Filmen ist es problemlos möglich, mit einem gewöhnlichen Funktelefon während des Fluges zu telefonieren!

Dass ein weiteres Flugzeug am 11. September 2001 das Pentagon traf und dabei so gut wie rückstandslos dematerialisiert wurde, ist sicher ein weiteres Phänomen, das zahlreiche Physiker dieser Welt quält. War es ein zusätzlicher merkwürdiger Zufall, genau wie der, dass an diesem Tag eine höchst effiziente amerikanische Luftwaffe am Boden blieb, sodass die Kommission für die Beweisaufnahme keine Sachverständigen oder Piloten während ihrer zweijährigen Untersuchung der Anschläge anhörte? Am Ende wurde das bestätigt, was schon am Tag der Anschläge unmittelbar bekannt gegeben wurde: Es waren islamische Terroristen, die für die Anschläge verantwortlich zu machen waren!

An einer Tatsache gibt es allerdings keinen Zweifel: An 9/11 wurde in Amerika der größte Terroranschlag der Menschheitsgeschichte verübt. Die Aufklärung von über 3000 Morden kostete die US-Regierung den Medienberichten zufolge circa 15 Millionen Dollar. Offensichtlich konnten alle Fakten, Indizien und Beweise rasch und kostengünstig ermittelt werden. Am Ende stand fest: Die Terroristen sind überall beziehungsweise könnten überall sein. Folglich kann der Krieg gegen den Terror überall und jederzeit geführt werden.

Was an diesem schlimmen Tag tatsächlich passiert ist, wissen nur Gott und die *Terroristen* selbst. Vielleicht wird auch die Welt einmal mehr zum Narren gehalten. Die Fluggäste in den Todesflugzeugen können auch vorher eingegast und so, inklusive der Flugbegleiter und Piloten, bereits tot oder im Schlaf gewesen sein, als es krachte. Die Fernsteuerung der Fluggeräte ist bekanntlich ebenso wenig eine technische Herausforderung, wie auch die Stimmenimitation via Funktelefon. Beides gehört inzwischen zu den leicht käuflichen Spielereien.

Die *Terroristen* können sowohl die Sprengung der *drei* Gebäude als auch die Flugzeuge vorher entsprechend vorbereitet haben. Wenn wir nur genau wüssten, wer die *Terroristen* waren? Waren es tatsächlich nur die, die wir den Ermittlungen zufolge bereits kennen?

Nun sind seit den Ereignissen um 9/11 weit über zehn Jahre vergangen. Der Welt sind zwar die Terroristen nicht ausgegangen, doch irgendwie scheint sich dieses Thema zu inflationieren. Die große Frage, die sich nun zu stellen beginnt, lautet: Was kommt als Schwerpunktthema eigentlich nach dem globalen Krieg gegen den Terror?

Unterstellen wir vorsichtig, dass in der Welt der (be-)herrschenden Politik auch ab und zu manipulative Kräfte am Werk sind. Deswegen ist es nicht auszuschließen, dass im Bereich des Umwelt- und Klimaschutzes vermutlich das größte Manipulationspotenzial existiert. So sind nunmehr längst die ersten Stimmen hörbar, denen zufolge unser Weltraum immer mehr zu einer Müllhalde wird, die *wir* (wer ist eigentlich wir?) säubern müssen.

Vielleicht wird es schon bald besonders »schmutzintensive« Satelliten geben, die aus Umweltschutzgründen beseitigt werden müssen. Voraussichtlich wird es genügen, uns eine mittelmäßig gemachte PowerPoint-Präsentation, wie über die Chemiewaffen des irakischen Präsidenten Saddam Hussein, zu zeigen. Den ganzen Osten, und China vorweg, überflutet der Westen derzeit mit seinen Autos und Maschinen. Westliche Konzerne überbieten sich gegenseitig mit Milliardenaufträgen. Ihre Regierungen feiern sie als Superstars des fortschrittlichen Kapitalismus. Doch kaum sind die Asiaten von ihren Fahrrädern, die extrem umweltfreundlich sind, auf die Autos umgestiegen, werden sie für ihre schlimme Umweltverschmutzung angeklagt. Die westlichen Politiker zeigen sich selbstbewusst als Heilsbringer für unsere Umwelt, so zum Beispiel auch die deutsche Bundeskanzlerin Angela Merkel, als sie im Juli 2014 in Peking offen über die Nachhaltigkeit, so wie sie diese zu verstehen scheint, sprach. Müssen wir vielleicht doch erwarten, dass unsere Umwelt schon bald mit Waffengewalt geschützt werden muss?

Um die (Um-)Welt zu retten, können allem Anschein nach in sehr kurzer Zeit und mit wenig technischem und finanziellem Aufwand große Anhängermassen mobilisiert werden. Wenn es überhaupt eine Bedrohung gibt, die vom Umweltschutz ausgeht, dann ist sie in ihm selbst zu finden. Im Jahre 2000 trat in den Vereinigten Staaten der Präsidentschaftskandidat der Demokraten, Al Gore, gegen den konservativen G. W. Bush vollmundig mit reißerischen Umweltparolen und düsteren Weltuntergangsszenarien an.

War dies der erste große Versuch, den Umweltschutz zu militarisieren?

Der Umweltschutz ist – in seiner Reinkultur – unangefochten ein schützenswertes Allgemeingut. Millionen von Umweltschutz-Sympathisanten, -Aktivisten und Mitgliedern politischer Umweltschutzparteien müssen wachsam jedem Manipulationsversuch entgegentreten. Ohne extreme Wachsamkeit sind sie nichts anderes als eine leicht einfangbare Beute.

Wie weit die Lobbyisten das politische Geschäft in Bezug auf die Umweltthemen beeinflussen, ist sehr gut sichtbar geworden, als im Oktober 2014 die mühsam neu zusammengestellte EU-Kommission am Tag eins ihrer Arbeit als erstes Thema die *Klimarettung* aufnahm. Merkwürdig, dass angesichts des monatelangen Gezerres um die Kommissionsbildung, und trotz zahlreicher höchst brisanter Krisen in und rund um Europa, ausgerechnet die *Klimafragen* zum Top-Thema wurden. Ein euphorischer EU-Technokrat verkündete unverhohlen: »Ein bisschen Klimaschutz, wie zum Beispiel ein bisschen schwanger, geht überhaupt nicht. In diesem Bereich gibt es nur entweder – oder!« Ja, auf diese Weise haben wir doch endlich ein Thema, bei dem kein Widerspruch möglich ist, oder?

Von politischer Seite her darf der Umweltschutz weder tabuisiert, noch dürfen die Umweltschutzbewegungen idealisiert werden. Abzulehnen und gegebenenfalls rechtlich zu verfolgen sind alle einzelnen Personen und Organisationen, die im Namen des Umweltschutzes extreme oder gesetzeswidrige Handlungen durchführen beziehungsweise zu ebensolchen aufrufen.

Der beste Umweltschutz wird nachgewiesenermaßen dort praktiziert, wo ein bestimmter Wohlstand, eine verlässliche, zivile Grundordnung und ein hoher Bildungsgrad herrschen. Jede Bemühung, eine Gesellschaft dahin zu bringen, ist, indirekt betrachtet, ein aktiver Beitrag zum bestdenkbaren Umweltschutz.

Nachdem nun bekannt ist, dass in jedem Bereich des Lebens die Extremisten schädlich sind, wäre es nahezu töricht anzunehmen, dass man ausgerechnet von Umweltschutzextremisten nur

Gutes erwarten kann. Stehen wir vielleicht kurz davor, dass im Namen des Umweltschutzes, oder noch besser der Klimarettung, Waffen eingesetzt werden könnten? Hier kann die Demokratie ganz schnell zur Waffe werden. Die Massen sind leicht zu mobilisieren. Emotionen verdrängen jede Sachlichkeit. Man muss nur offiziell sogenannte *Umwelt- oder Klimaschänder-Staaten* ausrufen. Danach ist beinahe alles möglich – und auch schnell demokratisch legitimiert. Die Schurkenstaaten von morgen stehen möglicherweise schon fest. Es werden diejenigen sein, die sich nicht so einfach vor dem Geld- und Öl-Adel beugen. Und sollten sie ein Staatsgebiet haben, das besonders wertvolle Rohstoffvorkommen sein Eigen nennt und das nicht dicht besiedelt ist, dafür aber eine leicht zu manipulierende Bevölkerung besitzt, dann sind sie vermutlich schon angezählt.

Zusammenfassung:
Voraussichtlich wird die menschliche Rasse den Planeten Erde die längste Zeit ihrer Existenz bewohnt haben. Umweltschutz ist zugleich Menschheitsschutz: Solange die Umwelt einigermaßen gesund erhalten werden kann, geht es auch der Menschheit gut (außer, sie richtet sich anderweitig zugrunde). Diese Aufgabe muss dringend versachlicht und aus den Händen von Exzentrikern, Fanatikern und selbstherrlichen Wissenschaftlern genommen werden. Verantwortungsbewusster Umweltschutz kann nur aus der Mitte einer Gesellschaft heraus und nicht etwa von den politisch korrekten Rändern her gestaltet werden.

Der Umweltschutz darf nicht als Waffe benutzt werden. Sämtliche Umweltschutzthemen müssen, wie alle anderen gesellschaftlichen und politischen Themen auch, der Verhältnismäßigkeit unterworfen werden. Wo wegen eines Vogelnestes der Weiterbau einer Autobahntrasse gestoppt werden kann, findet kein sinnvoller Umweltschutz statt, sondern es wird eine Riesendummheit begangen. Der Umwelt- und Klimaschutz ist zu wichtig, als dass er dauerhaft in der emotionalen Ebene belassen werden darf. Er muss in hohem Maße davor beschützt werden, von extremen Kräften missbraucht zu werden.

Unsere Zukunft: Gemeinschaftsordnung oder globale Weltordnung?

Menschen, die führen können, können auch verführen.
Auch Hitler, Mussolini etc. wurden »demokratisch« gewählt.

Unterlaufen den Verantwortllichen bei einem großen Bauwerk gleich zu Beginn, also beim Fundament, gravierende Fehler, so wird man beim weiteren Hochziehen des Baus schon bald merken, dass es der gesamten Konstruktion an der notwendigen Stabilität fehlt. Alle Statiker und Bauingenieure dieser Welt wissen: Wurde ein Gebäude auf einem stabilen und tragfähigen Fundament gebaut, so können zu jeder Zeit Änderungen, Aufbauten oder Erweiterungen vorgenommen werden: Der Bau hält! Wessen Fundament dagegen wackelig und fehlerhaft ist, der wird für alle Zeiten Probleme haben. Im schlimmsten Falle wird sein Gebäude gar vor dem Einsturz stehen. Seine gesamten Energien werden künftig in dieser Sorge gebunden sein, er ist in seinem Handeln nicht mehr frei, bleibt abhängig, bleibt Sklave seiner Fehler, seine Kraft wird dezimiert. Versucht der Bauherr die verursachten statischen und baulichen Mängel zudem noch durch prunkvolle Ausstattung zu kaschieren, so ist er nicht nur ein miserabler Baumeister und ein schlechtes Vorbild, sondern auch noch ein Betrüger.

In diesem Kapitel sollen einige Verbesserungsanregungen zur allgemeinen Gemeinschaftsordnung unterbreitet werden. Dabei gilt der Grundsatz, dass das Recht des Einzelnen nur in Ausnahmefällen über das Recht der Gemeinschaft gestellt werden darf. Wir müssen also umdenken. Auch das Thema Verantwortung des Einzelnen spielt hier eine tragende Rolle. Und schon sind wir wieder bei dem zu Beginn gedeuteten Begriff Demokratie angelangt.

Ein Beispiel: Eine Staatsregierung soll nicht über die Art und Anzahl von Kindergärten und anderen sozialen Einrichtungen allein entscheiden dürfen, denn diese Aufgabe fällt in den Bereich der regionalen Ordnung und nicht der zentralen Steuerung. Es dürfte logisch sein, dass der ortskundige Gemeinderat für seine Gemeinde und deren Mitglieder besser entscheiden kann, was vor Ort vonnöten ist, als ein »Zentralrat«. Ein »Masterplan«, der in einer höhergestellten Zentrale erlassen wird, die generalstabsmäßig gleich für viele riesige Staatenteile entscheidet, ist abzulehnen. Gleichzeitig sollten eine kleine Gemeinde oder einflussreiche Einzelpersonen nicht ganze Infrastrukturprojekte mit überregionaler Bedeutung verhindern können, indem sie ihren Einfluss geltend machen, worauf immer dieser auch basieren mag. Die Gemeinschaftsordnung strebt im Wesentlichen an, den Unterschied zwischen entwicklungsrichtig und entwicklungswidrig besser erkennen zu können. Nur diesem Grundsatz ist zu folgen.

Eine strukturierte Gemeinschaftsordnung ist aus zwei wesentlichen Gründen (wobei es noch viele andere gibt) unumgänglich. Ohne jeden Zweifel ist der Mensch als Individuum das intelligenteste Lebewesen auf dem Planeten. Bedauerlicherweise haben wir in unserer Menschheitsgeschichte unzählige Male bewiesen, dass wir in der Masse dagegen höchst unintelligent agieren. Für das Überleben einer Spezies ist es möglicherweise von entscheidender Bedeutung, wie sich die Masse verhält.

Sehr viele Tiere verfügen über eine verhältnismäßig niedrige Einzelintelligenz, jedoch über eine stark ausgeprägte, sogenannte Schwarmintelligenz. In diesem Zusammenhang kann man einen polarisierenden Vergleich zwischen Mensch und Ameise anstellen:

Wer glaubt, dass Ameisen, diese kleinen, zuweilen lästigen Tierchen, auf der Erde gegenüber dem Menschen unterrepräsentiert seien, der irrt. Sie sind nicht nur zahlreicher, sondern die vielen Trillionen Ameisen bilden zusammen eine größere Biomasse als die Spezies Mensch: Alle gewogen, würden die Ameisen ein größeres Gewicht auf die Waage bringen als sämtliche Säugetiere zusammen.

Bis heute haben sich bei den Ameisen weder Überbevölkerungs- noch ökonomische oder ökologische Probleme innerhalb ihrer Lebensgemeinschaft eingestellt. Einzeln sind Ameisen unzweifelhaft nicht besonders intelligent. Sie verfügen aber über eine bestechende Klugheit in der Gemeinschaft, die ihnen das Überleben, allen Widrigkeiten zum Trotz, zu garantieren scheint.

Es ist eine Tatsache, dass der Mensch zwar über eine ausgeprägte Einzelintelligenz verfügt. Jedoch entwickelt er sich in der Masse meist zu einem stumpfsinnigen Mitläufer. Jeder, der ausbrechen möchte, wird mit allen Mitteln der Mehrheit daran gehindert. Da die Mehrheit der Menschen jedoch ständig und inzwischen markant wächst, sollten wir kurz einen Blick auf die exponentielle Entwicklung der Weltbevölkerung werfen:

In jener Zeit, als Jesus mit seinen Jüngern zu den Menschen predigte, lebten auf der Erde schätzungsweise 300 Millionen menschliche Individuen. Das war, aus heutiger Sicht, das Jahr null. Die Vermehrung der Menschen ging zunächst recht langsam vonstatten. Um das Jahr 1500 waren es circa 500 Millionen, aber bereits 300 Jahre später, um das Jahr 1800, verdoppelte sich diese Anzahl auf etwa eine Milliarde Erdbewohner.

Trotz der verheerenden Weltkriege wuchs die Bevölkerungsanzahl im 20. Jahrhundert rasant an. Sie betrug 1930 bereits über zwei Milliarden. Dreißig Jahre später, also 1960, waren es schon über drei Milliarden. Mitte der 1970er-Jahre wurde die Vier-Milliarden-Marke geknackt, zehn Jahre später die der fünf Milliarden – und weitere zehn Jahre darauf, man schrieb das Jahr 2000, sprach man schließlich von sechs Milliarden Erdenbürgern. Heute leben weit über sieben Milliarden Menschen auf der Welt, der Zuwachs einer weiteren Milliarde wird um das Jahr 2025 erwartet.

Ohne jeden Zweifel: Die Spezies Mensch hat viele ihrer natürlichen Feinde offenbar besiegt. Seuchen und ansteckende Krankheiten, die noch vor siebzig Jahren das sichere Todesurteil bedeuteten, können heute meist problemlos mit Arzneien oder Operationen behandelt und behoben werden.

Die Zahl der Menschen wächst und wächst. Doch was bedeutet das im Zusammenhang mit der Tatsache, dass der zentral regierte Massenmensch immer seltener selbstständig denkt, dass er kaum noch eigene Überlegungen anstellt, um bestimmte Probleme zu analysieren oder Lösungen zu erarbeiten? Heißt das im Klartext: Je mehr Menschen wir sind, umso dümmer werden die Gesellschaften? Ist das vielleicht am Ende dann doch die »natürliche Auslese«? Soll heißen: Schaffen wir uns letztendlich selbst wieder ab, weil wir nicht in der Lage sind, effektiv Gefahren zu erkennen und sie in der großen Gemeinschaft abzuwenden?

Wir wollen nun die verschiedenen Gemeinschaftsformen für das Zusammenleben der Menschen einmal genauer betrachten, um die möglichst günstigste Form für eine Gemeinschaftsordnung herauszufinden, die den Völkern Gesundheit, Wohlstand und Glück bringen könnte.

Als Gemeinschaftsordnung bezeichnen wir den Oberbegriff für den strukturellen Aufbau: von der Paargemeinschaft – als kleinster Form – bis zur internationalen Staatengemeinschaft als riesigem Menschenansammlungskonglomerat, das man durchaus auch als Imperium bezeichnen könnte, ganz nach dem einstigen berühmten, römischen Vorbild.

Gemeinschaften folgen in Aufbau und Schutzwürdigkeit dem hierarchischen Prinzip, unter grundsätzlicher Berücksichtigung der stabilen Grundkonstruktion einer Gesellschaft. Der Aufbau erfolgt von unten nach oben. Der Schutz verläuft umgekehrt – von oben nach unten.

Der Aufbau der Gemeinschaftsordnung geschieht religionsunabhängig. Religionen und religiöse Gruppierungen treten in der Wichtigkeit frühestens an die zweite Stelle nach der zivilen gesellschaftspolitischen Gemeinschaftsordnung. Im gesellschaftspolitischen Sinne sind es im Wesentlichen sechs Gemeinschaftsgruppen:

Erstens: Paargemeinschaft – die kleinste, privilegierte Gemeinschaftsform

Hierbei wird nicht zwischen heterogenen oder gleichgeschlechtlichen Paaren unterschieden. Eine Gleichstellung mit der nächsthöheren Gemeinschaftsform, der Familiengemeinschaft, ist allerdings ausgeschlossen.

Familiengemeinschaft – die kleinste privilegierte Gemeinschaftsform mit besonderer Schutzwürdigkeit
Die Familiengemeinschaft bedingt mindestens drei Mitglieder, bestehend aus Mutter, Vater und Kind. Familiengemeinschaften bedürfen einer entsprechenden behördlichen Registrierung und Anerkenntnis ihrer Form.

Orts-/Gemeindegemeinschaften – erste und wichtige, regional organisierte Verantwortungsinstanz
Gemeinschaftsmitglieder sind Einzelpersonen, Paar- und Familiengemeinschaften. In der Verantwortung der regionalen Orts-/Gemeindegemeinschaften befinden sich erstrangig Kinder-, Jugend- und Familienschutz sowie die gesamte Kommunalrechtverwaltung und deren Durchführungsaufgaben.

Ab hier ist jede Vergemeinschaftung in hohem Maße fraglich. Staaten sind für ihre Bürger so gut wie nie vorteilhaft, da nur im regionalen Prinzip wahre Autonomie im natürlichen Sinne verstanden werden kann.

Erstaunlicherweise jedoch wird gerade das Staatensystem, ja, sogar das Bündnis vieler Staaten, heutzutage als Erfolgskonzept gepriesen. Man könnte es auch einfach als Zentralismus bezeichnen, wie wir es schon aus historischen Zeiten am Beispiel des Römischen Reiches erkennen konnten, das auch als Imperialismus charakterisiert wird.

Doch zurück zum Staatenprinzip. Die Staaten belasten die Einkünfte ihrer Bürger zwischen einem Drittel (paradiesisch wenig) bis zwei Drittel (eher die Regel), im Normalfall über Steuern und Abgaben. Die Bürger werden indessen vom Staat behandelt wie dessen Eigentum. Bestenfalls darf man alle paar Jahre sein armseliges Kreuzchen auf einem Stimmzettel abgeben, so glaubt man mitentscheiden zu dürfen, wer die nächsten Peiniger sind. Wenn man als Wähler vorher nicht ausreichend manipuliert worden ist, um die »richtige« Wahl zu treffen, dann werden schon mal die gesamten Wahlen einschließlich der Auszählungen manipuliert. Eine Praxis, die leider nicht nur in Hinterwäldler-Staaten vorkommt, die wir deswegen hin und wieder als Bananenrepubliken bezeichnen.

Von dem enteigneten Kapital, das heißt Steuern und Abgaben, fließt nur ein kleiner Teil zum Wohle der Bürger zurück. Und der Rest? Es ist schon phänomenal: Die sogenannten Staatsbürger wählen und bezahlen diejenigen Leute, die sie ausbeuten, bestrafen, verfolgen, einsperren, oft sogar körperlich misshandeln, manchmal gar direkt töten beziehungsweise in den Tod schicken. Diese sich als Staatslenker definierenden Politiker bestimmen auch über Bildungs-, Gesundheits- und Rentensysteme. Sie bauen von den Geldern der Untertanen Autobahnen und Straßen, auf denen sie anschließend von denselben Leuten weitere Benutzungsgebühren verlangen. Kurz: Sie liefern als Gegenleistung nur das und so viel, wie sie es selbst nach ihrem Gutdünken beschließen. Dagegen kann sich niemand wehren, denn sie beschließen auch die Gesetze, stellen Richter und Staatsanwälte ein. Und Rechtsanwälte müssen, um überhaupt in das Arbeitsleben eintreten zu können, ihre eigenen (Staats-)Prüfungen ablegen, bleiben damit auf der Linie. Nichts bleibt mehr dem Zufall überlassen.

Genau genommen missbraucht, betrügt, belügt und bestiehlt der Staat oft seine Bürger so schamlos, dass die Kriminalität seiner Handlungen auch für den Gesetzesunkundigen kaum noch zu übersehen ist. Der Begriff *Staatsterror* ist nicht neu, wird aber nur in Ausnahmefällen benutzt. Zum Glück nehmen die meisten friedfertigen Bürger den Aufruf der USA zum sogenannten Krieg gegen den Terror nicht wörtlich. Die Jäger würden sonst nämlich schnell zu Gejagten werden, denn Terrorist ist und bleibt nun einmal Terrorist.

Für sich selbst schaffen die Staatsterroristen die sogenannte Immunität. Diese schützt sie persönlich vor Strafverfolgung – ihres politischen Amtes wegen. Und sollten sie einmal, und aus welchem Grund auch immer, keine Lust mehr haben zu arbeiten, so genehmigen sie sich eine üppige, lebenslange Rente. Natürlich finden sie immer Mittel und Wege, um diese besonderen, der eigenen Person zukommenden Schutzmaßnahmen dem Bürger gegenüber schönzureden. Doch ebenso kann man die Nacht zum Tag erklären, denn schließlich besteht ein Tag aus 24 Stunden.

Solange es ein vielfältiges Angebot an Staaten gibt, wobei man in dem einen besser, in dem anderen schlechter lebt, kann der Mensch im Rahmen seiner Möglichkeiten aus- beziehungsweise einwandern. Einzelne Staaten sind dann in gewisser Weise Wettbewerber – noch! Zwar liegt der Sinn des Lebens sicher nicht darin, die Völkerwanderungen wiederzubeleben, denn nicht umsonst gibt es nun einmal vielfältige Völker mit unterschiedlichen Kulturen und Traditionen, deren Erhalt in ihrer Unterschiedlichkeit das Ziel sein sollte. Doch die Gefahren der abwechselnden Heimaten sind nicht unbedeutend: Mit fortschreitender Vergemeinschaftung verschwinden auch die Fluchtmöglichkeiten. Der Mensch sitzt zunehmend in der Falle.

Landesgemeinschaften – erste staatliche Instanz

Landesgemeinschaften verantworten das Sozial- und Bildungsrecht, darüber hinaus leisten sie landespolizeiliche Dienste und alle Landesverwaltungs- und politischen Aufgaben. Rechtliche Mitglieder sind Gemeindegemeinschaften beziehungsweise Landkreisgemeinschaften aus ländlichen Räumen.

Bundesgemeinschaft – absolute hoheitsrechtliche Instanz

Die Bundesgemeinschaft (oder Staatsgemeinschaft) verantwortet alle Hoheitsrechte, die einem Bundesstaat obliegen, insbesondere Fiskal-, Zoll- und alle internationalen Vertretungsaufgaben innerhalb der internationalen Staatengemeinschaft. Rechtliche Mitglieder sind die Landesgemeinschaften.

Wichtig: Staaten beziehungsweise Staatsgemeinschaften sollen keine sprachlichen Grenzen überschreiten. Ein Volk kann und wird seine Führung dauerhaft nur in seiner Muttersprache akzeptieren. Jedes Aufzwingen von Amtssprachen führt dazu, dass sich das Volk von seiner Regierung abwendet. Die Europäische Union wird zuvor eher auseinanderbrechen, als dass die einzelnen Völker nur eine Amtssprache akzeptieren. Dass die meisten EU-Technokraten damit kein Problem haben, ist unerheblich. Sie bilden derzeit noch eine selbst ernannte, selbst geschaffene Elite. Sind sie am Ende vielleicht sogar ein wenig stolz (nicht alle, aber vielleicht einige gewiss), wenn das gemeine Volk sie nicht richtig versteht? Erinnert uns diese Tatsache nicht ein wenig an die altrömische Dekadenz beziehungsweise an die immer wieder praktizierte »Sprache der Gelehrten«, wie sie in der Geschichte vorkam? Alles ist, wie man weiß, immer wieder sang- und klanglos untergegangen.

Und überhaupt: Ist es nicht höchst merkwürdig, dass die EU-Umgangssprache Englisch ist, wo doch bis heute aus dem Vereinigten Königreich kein einziger Verfechter der Europäischen Union kam? Allein das zeigt die Zerstrittenheit der EU-Gründernationen Deutschland, Frankreich, Spanien und Italien. Hätten sie doch wenigstens die Amtssprache des Alten Roms, Latein, gewählt, so wäre es zumindest symbolisch richtig gewesen, denn die Zustände, wie sie damals herrschten, sind für uns ja bereits in Sichtweite.

Kurzum: Staatsgrenzen sind gerade so ausdehnbar, so weit die sprachliche Einheit reicht. Darüber hinaus fängt bereits die Besatzung, das Protektorat, an. Oder die Diktatur. Genau genommen ist es auch ganz egal, wie die jeweilige Form benannt wird. Das Volk wird es am Ende ohnehin verstehen und erleben: Es ist das Prinzip der Unfreiheit, das auf direktem Wege in die Sklaverei führt.

Internationale Staatengemeinschaft – Verwaltungs- und Vollzugsstelle für das internationale Recht – UN

Die internationale Staatengemeinschaft ist nach dem einfachen Mehrheitsprinzip berechtigt, einzelne Staaten als Mitglieder aufzunehmen beziehungsweise sie aus der Mitgliedschaft auszuschließen. Bei einem gravierenden Bruch oder dem Nichtanerkennen des internationalen Rechts ist diese Maßnahme (als erster und deutlicher Warnhinweis) unumgänglich.

Veto gegen eine Weltregierung

An dieser Stelle muss jede weitere, darüber hinausgehende Vergemeinschaftung beendet werden. Einer Tendenz hin zu einer einheitlichen Weltregierung muss entschieden entgegengetreten werden. Diese würde die Zivilisation in der Form, wie sie bis jetzt geschaffen worden ist, vernichten.

Das kann und, wenn es nicht verhindert wird, wird wohl auch schrittweise so geschehen. Der Mensch, es sei noch einmal wiederholt, ist in seinem Leben und Trachten stets auf seine Sippe, seine regionale Gemeinschaft, konzentriert. Hier kann er seine Kräfte bündeln und entfalten, hier kann die Gemeinschaft im übersichtlichen Umfeld funktionieren, können Verantwortung und Rücksichtnahme gedeihen.

Doch die zentralistischen Weltmodelle sind auf dem Vormarsch. Die Europäische Union mit ihren inzwischen 28 Staaten wird in diesem Zusammenhang immer wieder lobend erwähnt, als »erfolgreiches« Beispiel für immer weitere Vergemeinschaftungspläne. Zu Recht? Eher das Gegenteil dürfte der Fall sein. Die EU ist nämlich ein geeignetes Beispiel dafür, dass derartige Ziele schon im Vorfeld und während all ihrer Entwicklungsprozesse mit lautem Trommelwirbel zwar begleitet werden. Doch die Ernüchterung folgt stets recht schnell auf dem Fuß. Man erinnere sich nur an die flächendeckenden Werbemaßnahmen für die zur Europäischen Union gehörende, maßgeschneiderte Zentralwährung, den Euro: Sowohl Altkanzler Helmut Schmidt als auch die ARD-Tagesthemenmoderatoren Sabine Christiansen und Ulrich Wickert überschlugen sich damals, zur Einführungszeit 2001/2002, in den bundesweit ausgestrahlten Werbespots für die neuen finanzpolitischen »Segnungen«.

Sowohl die Entstehungsgeschichte der EU als auch die dazugehörige Währung wurden jahrelang befeuert durch vermeintliche Vorteilsbegründungen. Protagonisten gab es reichlich, von Politikern über Wirtschaftsbosse bis hin natürlich zu den Medienvertretern: Alle zogen am selben Strang, alle sangen dasselbe Lied.

Doch, wie erwähnt, nach und nach stellte sich, sowohl beim Euro als auch bei der EU-Gestaltung, schnell Ernüchterung ein. Für die betroffenen Menschen meist zu spät. Dabei hätte nur genau hingesehen werden müssen, von wem die ersten Pläne der Europäischen Gemeinschaft stammen. Den deutschen Kanzler Kohl und den französischen Präsidenten Mitterrand werden viele in Erinnerung haben als die Vorantreiber der Europäischen Union beziehungsweise der Gemeinschaftswährung Euro. Doch sie waren beim Weitem nicht die Ersten, die entsprechende Ziele verfolgten. Bereits lange vor ihnen gab eine Person, auf die wir gleich zu sprechen kommen werden, folgendes Statement ab:

»Das bedeutet ein ständiges Bemühen, die großen Zielsetzungen und die kommenden Aufgaben zu verstehen und sich darauf einzustellen. Das bedeutet aber auch die Bereitschaft, die eigenen Interessen im gegebenen Falle denen der europäischen Gemeinschaft unterzuordnen; das ist das höchste Ziel, das wir von den europäischen Staaten verlangen, das wir erstreben. Dass mag im Einzelfalle Opfer bedeuten, im Gesamtergebnis werden aber alle Völker davon Nutzen haben (...). Eine solche Wirtschaftsgesinnung verlangt ein soziales Gewissen; und soziales Verantwortungsbewusstsein ist es auch, dass die Völker Europas in ihren Staatsführungen bei der Verwirklichung der neuen Wirtschaftsordnung verlangen müssen und können. Die neue europäische Wirtschaft wird die Erfüllung ihrer sozialen Verpflichtungen als ihre vornehmste Aufgabe zu betrachten haben.«

Wie schon erwähnt: Diese Worte stammen von keinem der zeitgenössischen, europabegeisterten Politiker unserer Nachkriegs-Ära. Es sind vielmehr die Worte des früheren Reichswirtschaftsminister Walter Frank, die man in einem von ihm 1942 (!) verfassten Buch nachlesen kann. Die Grundzüge der heutigen Europäischen Union sind darin deutlich zu erkennen. Selbst die Währungsunion wurde bereits 1940 in der deutschen Reichskanzlei diskutiert. Der EU-Gedanke basiert somit, gewollt oder ungewollt, auf der Ideologie der Nationalsozialisten. Alfred Rosenberg, einer ihrer bekanntesten Vertreter, hatte erstmals 1932 diese Idee vor einem internationalen Forum in Rom, bei einem Europakongress, vorgestellt. Und Hitlers Außenminister, Joachim von Ribbentrop, empfahl im März 1943 einen europäischen Staatenbund zu gründen. Zitat:

»Zunächst kämen als Staaten in Betracht: Deutschland, Italien, Frankreich, Dänemark, Norwegen, Finnland, die Slowakei, Ungarn, Rumänien, Bulgarien, Kroatien, Serbien, Griechenland und (mit Fragezeichen) Spanien.«

Hier drängt sich zwangsläufig eine quälende Frage auf: Wenn die Vergemeinschaftung der europäischen Staaten so segensreich ist, wie ist es möglich, dass die Grundzüge so übereinstimmend sind mit den Plänen und Vorschlägen Hitlers und seiner Nationalsozialisten? Es dürfte wohl außer Frage stehen, dass dieses Regime eine Vorherrschaft für sich und eine Unterdrückung anderer Völkern zum Ziel hatte. Und weiter: Ist das *Projekt EU* eventuell sogar nur eine Zwischenstation, um eine Vergemeinschaftung ganz anderer Dimension zu erreichen?

Dahingehende Gefahren sind schon lange offensichtlich. Genau am 11. September 1990 sprach der damalige US-Präsident George H. W. Bush vor beiden Kammern des Kongresses über die Schaffung einer »neuen Weltordnung«. Elf Jahre später, exakt am 11. September 2001, ereignete sich der schlimmste Terrorangriff der modernen Menschheitsgeschichte in den USA. Ein mehr als »merkwürdiger Zufall« mit Symbolcharakter.

Bekanntlich wurden mit dem 11. September 2001 Maßnahmen in Gang gesetzt, die massivste Einschränkungen der Menschenrechte beinhalten. Diese Entwicklung hat heute den Status der totalen Überwachung und lückenlosen Kontrolle erreicht. Offensichtlich ist die Welt nach dem 11. September (1990 und 2001) nicht mehr die gleiche wie vorher. Immer deutlicher setzen elitäre Global-Eliten ihre Zeichen, um unsere Erde unter eine zentralistische Führung zu stellen. Die Menschen sollen einer vollständigen Beobachtung unterworfen werden. Wichtige Ressourcen wie Land, Energie, Wasser, vor allem aber das Geld beziehungsweise der weltweite Finanzmarkt, sollen global gelenkt werden, sollen »in einer Hand« bleiben. Sollte das jemals gelingen, käme es einer vollständigen Versklavung der Menschheit gleich.

Die Taktik scheint aufzugehen, während der unintelligente Schwarm, also die Menschenmasse, offensichtlich nur wenig davon zu bemerken scheint. Zahlreiche Beispiele machen es deutlich: Mit Leichtigkeit werden weltweite Krisen hervorgerufen – die Euro-Krise ist ein Beispiel dafür. Zahlreiche Unruhen, Revolutionen, Putsche, Staatsstreiche und Kriege werden fast über Nacht ausgerufen. Könnte es sein, dass man vielerorts diese Chaos-Szenarien initiiert, um danach Militär und Polizei aufmarschieren zu lassen, um »die Völker zu schützen«? Werden hiermit Maßnahmen für »Ordnung und Frieden« eingeleitet, die in Wahrheit die totale Überwachung ganzer Staatenbünde ermöglichen sollen?

Zu diesem spannenden Thema hat kein Geringerer als der ständige Teilnehmer der Bilderberg-Konferenz David Rockefeller schon 1994 vor dem Wirtschaftsausschuss der UN sinngemäß Folgendes gesagt: »Wir stehen am Beginn eines weltweiten Umbruchs. Alles, was wir brauchen, ist die eine richtig große Krise – und die Nationen werden die neue Weltordnung akzeptieren.«

Soll das Ziel am Ende die Schaffung einer Weltregierung sein, mit einer eigenen Weltwährung? Möglicherweise auch mit einer eigenen Weltreligion? Fast selbstredend gehört zu einem solchen Plan eine gut kontrollierte Weltarmee, gegen die sich die Weltbevölkerung natürlich niemals auflehnen wird.

Science-Fiction-Visionen? Nun, wem das alles zu »verschwörerisch« klingt, für den kann ein gewisser, meist nur den Insidern bekannter James Warburg zitiert werden. Als Aufsichtsrat der *Bank of Manhattan*, vormals Finanzberater des Präsidenten Roosevelt, formulierte Warburg im Februar 1950 folgendes Ziel: »Wir werden zu einer Weltregierung kommen, ob sie es wollen oder nicht – durch Unterwerfung oder Übereinkunft.« Klare Worte, die der Mann nicht etwa bei der Weihnachtsfeier eines lokalen Fischervereins fallen ließ, sondern er sprach sie in Washington vor einem der mächtigsten Ausschüsse der UN. Steht der Plan für eine Weltregierung am Ende schon längst fest?

Hätten wir, wenn es tatsächlich so wäre, eigentlich überhaupt noch eine Chance, mit demokratischen und rechtsstaatlichen Mitteln diesem Wahnsinn entgegenzutreten? Die Antwort kann nur lauten: Wir müssen es versuchen! Wir sollten alles tun für unsere Freiheit! Wenn unsere Welt also weiterhin lebenswert sein soll, dann müssen wir alle Hebel in Bewegung setzen dafür, damit wir und die nachfolgenden Generationen nach eigenen Wertvorstellungen weiterexistieren können. Es wäre ein furchtbarer Weg in die vermutlich nie mehr endende Sklaverei, mit grausamen Folgen für alle, käme es so wie offenbar geplant. Das muss verhindert werden.

Ein weiterer, recht unerfreulicher Gedanke scheint zum zentralistischen Weltregierungsplan zu gehören, um die Kontrolle über jeden Schritt und Atemzug eines jeden Menschen auf dieser Erde zu erlangen.

Derzeit tauchen erste Pro- und Contra-Diskussionen in den Medien auf, ob schon bald jedem neugeborenen Baby ein Mikrochip einpflanzt werden sollte. Ein dafür geeigneter Mikrochip ist, wie wir bereits erfahren haben, längst schon entwickelt. Und er ist merkwürdigerweise patentiert worden. Durch ihn sollen angeblich Kindesentführungen reduziert werden. Der gut gemeinte Zweck soll offensichtlich diese perverse Idee rechtfertigen. Den erkennbar gefälschten Berichten zufolge soll diese Maßnahme schon in kürzester Zeit in die Tat umgesetzt werden. Das ist leider keineswegs ausgeschlossen, denn man versucht, die schon seit Jahren wie selbstverständlich eingesetzten Mikrochips in der Tierwelt als »gelungenes Beispiel« heranzuziehen. Domestizierte Tiere mit einem eingepflanzten Datenchip sind, weltweit betrachtet, längst die Regel denn die Ausnahme.

Die bereits aufgekommene Diskussion wird ganz sicher auch von all jenen mit Interesse beobachtet, die sich den Menschen als perfekten Konsumenten, als uniformierten Soldaten, wünschen. Es wird im Hintergrund nach Wegen gesucht, wie der Mensch »freiwillig« auch den letzten Rest seiner Individualität und Freiheit hergibt. Man gaukelt ihm vor, wie gut und günstig das alles für ihn sei. Eine Art Massenfreiheitsberaubung! Und somit wären auch die wesentlichen Lebensgrundlagen eines individuellen Menschen schließlich der Industrialisierung und Mechanisierung geopfert. Damit würde dem Menschen in letzter Instanz auch jegliche Hoffnung genommen. Fortan würde er, bis zu seiner kompletten Selbstvernichtung, als ein winziger Teil einer riesigen Maschine funktionieren, in der er gleichwohl jederzeit ersetzt werden kann. Ein Albtraum-Vorstellung. Oder?

Es darf nicht zugelassen werden, dass sich Einzelne, Mächtige mit ihrer »Intelligenz« oder ihren perversen Ideen, direkt oder indirekt der Menschenmasse (Schwarm-Un-Intelligenz) bedienen, um sie nach eigenem Gutdünken zu lenken und somit ihre Macht zu erweitern. Das zu verhindern würde nicht weniger bedeuten, als die Menschheit zu retten. Deswegen ist es wichtig, sich gegen jede weitere Einvernahme, die in Wahrheit Abhängigkeit bedeutet, zu wehren, zu verwahren.

Klar ist in diesem Zusammenhang auch: Jede weitere Elektronisierung des Menschen bedeutet eine wachsende Kontrolle fremder Mächte über ihn. Doch für eine Gegenwehr ist es als Allererstes notwendig, die Gefahren überhaupt zu erkennen. Es darf auch keine Rechtfertigung dafür geben, den Menschen als biologische Baumasse für riesige Maschinen zu verwenden. Das wäre das größte Verbrechen gegen die Menschlichkeit schlechthin und muss auch als solches behandelt werden.

Bevor dieses Kapitel beendet wird, darf nicht unerwähnt bleiben, dass der Mensch von Natur aus nach Glück strebt.

Leider, und da sind wir wieder bei der Schwarm-Un-Intelligenz, ist er zugleich ein Herdentier. Er braucht Führer als Orientierung, im günstigsten Falle gute Vorbilder.

Von den strukturellen Basiseigenschaften her können Menschen in folgende Gruppen unterteilt werden: in eine kleinere Einheit der Führer und in eine große Gruppe der Hinterherläufer. Strukturelle Basiseigenschaften sind nicht selten schon im Erbgut zu finden, auch die Erziehung und das individuell gestaltete Umfeld spielen eine nicht unbedeutende Rolle.

Zudem existieren weitere charakterliche Basiseigenschaften, in die sich Menschen ebenso aufteilen, das sind zum einen die Extrovertierten, zum anderen die Introvertierten. Jeder kann sich selbst kurz mit seinem inneren Auge ansehen und wird sofort erkennen, dass er in eine dieser vier eben vorgestellten Gruppen fällt. Wir sind (selten) Führer, aber (oft) geführte Hinterherläufer. Wir zeigen uns gern (extrovertiert) oder sind lieber unauffällige Beobachter (introvertiert). Gleichwohl herrscht innerhalb dieser vier Eigenschaften keine klare, möglicherweise nicht einmal eine überwiegende Ordnung. Starke Führer sind nicht selten engagierte Beobachter – möglicherweise ist das sogar häufiger der Fall.

Doch was hat das alles mit der Gemeinschaftsordnung zu tun? Eine ganze Menge, möglicherweise ist es sogar wesentlich. Berücksichtigt man, dass der Mensch nach Glück strebt, dann müsste jede Vergemeinschaftung, die über unser unmittelbares Umfeld hinausgeht, abgelehnt werden. Die Evolution hat uns Menschen über Millionen von Jahren so geformt und geprägt, dass wir uns stets nach dem nächsten Umfeld ausrichten. Unsere Führer wollen wir, wie dies auch die Tiere tun, sehen, hören und riechen. Alle anderen sind uns fremd, wir lehnen sie deshalb aus tiefster Überzeugung ab.

Nun haben wir gegenüber allen Tieren einen entscheidenden Unterschied vorzuweisen. Ob es ein definitiver Vorteil ist, kann zur Diskussion gestellt werden: Wir besitzen ein Bewusstsein, einen Willen, und wir verständigen uns durch die Sprache!

Was wir hören, wandelt unser Gehirn in Bilder um. Wir können uns durch das Gehörte erfreuen, in Euphorie verfallen beziehungsweise wütend werden oder uns ärgern. Genauso können wir in Angst und Depression getrieben werden. Ebenso können wir, durch die Gabe der freien Entschlusskraft, missliebige Dinge sofort zu verändern beginnen.

Waren die Volksführer über Tausende Jahre hinweg angewiesen auf talentierte Botschaftsverkünder, um ihre Ideen bei Massenveranstaltungen oder Kriegsschlachten verbreiten zu lassen, so bekamen diese Leute mit der Erfindung des Radios (Tesla sei Dank) und insbesondere des Fernsehens eine bis dahin nie da gewesene Möglichkeit, sich flächendeckend zu präsentieren. Sie können nun die Massen beeinflussen, die sie persönlich dazu niemals sehen müssen. Sie können Bilder in unsere Köpfe pflanzen, wie sie es gerade möchten. Sie können dabei Propagandawerkzeuge benutzen oder durch Manipulation Unwahrheiten zur Wahrheit zu erheben. Sie müssen sich nur die Medien untertan machen, damit diese die bunten Bilder und manipulierten Botschaften nach außen transportieren. Dies ist längst geschehen: weltweit! Das alles läuft in einer bestimmten Form der Anonymisierung: Der Protagonist spricht und verkündet, doch muss er dazu nicht einmal die Bühne betreten. Die Fäden werden hinter den Kulissen gezogen.

Wir haben uns an das eben Ausgesagte schon so gewöhnt, dass wir es uns gar nicht mehr vorstellen können, einen Führer, den wir real sehen oder erleben, als den »Großen« zu akzeptieren! Irgendwann kam das Sprichwort: »Der Prophet taugt nichts im eigenen Land.« Warum wohl? Sobald man ihn richtig sehen und auch riechen kann, findet der Mensch zu seinem Urinstinkt zurück und erfährt oft unbewusst: Es ist doch nur ein Mensch und wohl kein so übergroß geglaubter Führer.

Wir können all das wissen, einige von uns darüber schreiben und reden, aber daran signifikant ändern können wir nichts. Unser Gehirn produziert weiterhin Bilder vom Gehörten und Gesehenen, jede weitere Sendung vertieft das innere Geschehen. Auf Basis vielfach gleichgeschalteter Medien, die rund um die Welt verteilt sind, sehen die Bilder in den Köpfen der Menschen global auch ziemlich ähnlich aus. Manipulation auf höchster Stufe, kurz vor der Vollendung: Die Masse denkt – wie befohlen! Wir selbst sind es, die das denken, was andere wollen, wir sind die Masse. Das ist unsere Realität.

Wer diese Realität übersieht, begeht einen schweren Fehler. Wer sie schlagartig verändern will, ist ein Narr. Die Realität kann nicht verändert werden, sie kann sich nur wandeln. Dafür braucht es Zeit. Zuvor ist die Einsicht vonnöten, die Erkenntnis über die wahren Verläufe. Unsere von wenigen geschaffene Realität hat auch lange Zeit gebraucht, um das zu werden, was sie heute ist. Nun haben wir ein ernst zu nehmendes Problem: Wir alle wissen, dass wir, massenmedienbedingt, in einer schnelllebigen Zeit existieren. Hoppla, ja, ganz genau das ist unser Problem, und zwar viel eher, als dass es unsere Chance ist.

Die gewünschte Abschaffung der möglicherweise unnötigen,

wie durchweg inzwischen schädlichen Staatshoheiten gleicht einer Vollbremsung von 300 auf null Kilometern pro Stunde, ohne nennenswerte Bremsverzögerung. Das ist keine Bremsung, das ist ein Aufprall. Dass muss verhindert werden. Es soll weder mit immer höherer Geschwindigkeit in Richtung Abgrund gefahren werden, noch soll ein Totalschaden durch einen Aufprall entstehen. Evolution ja, Revolution nein! Die Revolution bringt nur die nächsten Führer und Verführer. *Verstehen und gehen* lautet die richtige Devise.

Gefängnisbetreiber können immer wieder über zahlreiche Beispiele berichten, in denen Häftlinge nach jahrzehntelanger Haft nicht mehr in die Freiheit wollen. Viele von ihnen finden sich im normalen Leben nicht mehr zurecht. Nach ihrer Entlassung sorgen deshalb einige dafür, dass sie schnell wieder hinter schwedische Gardinen zurückkehren. Das alles ist bekannt. Wir sind Gefangene eines uns als unumgängliche Ordnung erklärten Systems. Dieses zieht die Schlinge, die uns würgt, zu, die wenigsten bemerken es. Unser erster Schritt muss deswegen sein, keine (weiteren) Schlingen zuzulassen. Uns zu wehren, um nicht endgültig zu Sklaven zu werden oder uns wie das Vieh missbrauchen zu lassen. Dann müssen wir uns schrittweise zu befreien beginnen. Doch zuerst müssen wir unmissverständlich begreifen: Wir denken bereits das, was die anderen wollen. Wir handeln auch schon danach, wir *erfüllen*. Nun müssen wir die absolute Fernsteuerung verhindern. Die nachkommenden Generationen werden es uns danken. Andernfalls werden sie uns verfluchen.

Zum Thema Gemeinschaftsordnung ist abschließend auf die Gefahr hinzuweisen, dass es tatsächlich eine immer größer werdende Zahl von Machtmenschen zu geben scheint, die die fehlende Schwarmintelligenz des Menschen manipulieren beziehungsweise sich zunutze machen will. Das Ausmaß dessen, wie und in welcher Zahl bereits Persönlichkeits- und Bewegungsprofile erstellt werden können, ist mehr als bedrohlich. Diese grundsätzlich herrschende Gefahr kann man nicht oft genug thematisieren, bis die »Benutzten« sie endlich auch selbst erkennen können.

Religionsfreiheit

Niemand braucht einen Vermittler, um an Gott zu glauben, Gott hat weder akkreditierte Botschafter noch Stellvertreter.

Dieses Kapitel möchte zu der Einsicht anregen, dass jeder Glaube an Gott in seiner eigentlichen Form Respekt und Toleranz findet. Und zwar, indem den Gläubigen nicht vorgeschrieben werden darf, wie sie ihren Glauben sinnbildlich gestalten sollen. Der Verfasser geht von der Annahme aus, dass die Existenz Gottes weit vor dem Entstehen sämtlicher bekannter Religionen begonnen hat; man nennt diesen Zustand Ewigkeit. Die unterschiedlichen Religionen können und müssen dementsprechend lediglich als verschiedene Wege zu einem, zu dem gemeinsamen Ziel verstanden werden.

Religionsgemeinschaften sind als Gruppierungen Gleichgesinnter anzusehen, die sich zwar jeweils auf verschiedenen Pfaden befinden, die jedoch im Grunde ein und dasselbe Ziel verfolgen: die Verbindung zu Gott und seiner Kraft. Insofern steht ihnen der legitime Anspruch auf Gleichbehandlung zu. Das nennt man Religionsfreiheit.

Religionsfreiheit bedeutet auch, dass sich die weltlichen Regierungen respektvoll und tolerant gegenüber allen legitimierten Religionsgemeinschaften verhalten. Ebenso müssen Religionsgemeinschaften die weltlichen Regierungen akzeptieren. Jede gegenseitige Einmischung ist eine Hoheitsverletzung.

Wird ein Amtseid auf eine sogenannte »heilige Schrift« geschworen, wie das oft rund um den Globus geschieht, so wird damit in erster Linie der Schöpfer entwürdigt. Auch die Religion, mit der diese Schrift verbunden ist, wird damit missbraucht. Warum? Der hier meist zitierte Satz: »So wahr mir Gott helfe« soll dem Wahlvolk zwar den Eindruck vermitteln, dass der neue Amtsträger mit Gottes Empfehlung, ja sogar mit Inanspruchnahme von Gottes Hilfe, handeln wird. Diese bigotte Form des Missbrauchs des Gottesnamens und auch der jeweiligen Religion, ist jedoch nicht zu akzeptieren.

Vor allem mit Blick auf sämtliche weltlichen Entscheidungen der jeweiligen Regierung, die im Anschluss an diesen Amtseid im Laufe der folgenden Jahre gefällt werden und die heutzutage nicht mehr ohne Kriegshandlungen auskommen, kommt der Amtseid auf ein Gebetbuch eher einer Herabsetzung desselben gleich, denn Fakt ist, dass der eifrige Schwurableger in vielen Fällen eine ganze Menge »gottloser Entscheidungen« mit auf den Weg bringen wird. Er kann als politischer Entscheidungsträger gar nicht anders, als sich den jeweils herrschenden Erwartungen anzupassen. Töten und Beten widersprechen sich jedoch fundamental, das zeigt schon ganz klar das fünfte Gebot der Bibel, das da lautet: *Du sollst nicht töten.* Ein frei denkender Mensch kommt aus dem Staunen nicht heraus, wenn er sieht, wie viel und wie oft im Namen Gottes getötet wurde und es noch heute Tausende Male täglich weltweit geschieht. Man denke nur an die grausamen Kreuzzüge oder die bestialische Inquisition des Mittelalters, von all den fürchterlichen Kriegen vor, während und nach dieser Zeit einmal ganz abgesehen. Ebenso sind jene Priester, die die Waffen segnen, ein weiterer

Beleg für die Gotteslästerung. Diese Tatsachen bilden in Wahrheit eine Beleidigung der freiheitlichen Intelligenz.

Gott braucht weder selbst ernannte noch auf Zeit gewählte Führer. Gott ist kein Demokrat, sondern er ist allmächtig. Ebenso wenig gehört er einer bestimmten Religion an, denn er ist die Quelle aller Religionen. Deswegen und wegen der Tatsache, dass wir nichts über seine wahre Existenz wissen können, müssen wir uns entscheiden, ob wir an ihn glauben wollen oder nicht. An Gott zu glauben heißt auch, an den Menschen zu glauben, an die Naturgesetze, an Harmonie und Frieden. Wer sich für den Glauben entscheidet und dies ernst nimmt, der wird weniger Übles anstellen können, da ihn sein Gewissen stets mahnen wird: Das Gewissen ist das Wissen um Gottes Gesetze, deren Kenntnis in jedem Menschen – durch sein Gewissen – verankert ist. Wer nach dem einfachen Satz lebt: *Liebe Deinen Nächsten wie Dich selbst*, wird weniger, wird am Ende gar kein Unheil anrichten, wenn er ihn immer ernst nähme.

Gott zu spielen, wie es heutzutage leider Unzählige tun, ist nur gefährlichen Narren vorbehalten. Alle, die so handeln, müssen als Toren verstanden und auch so behandelt werden.

Religionen beschreiben grundsätzlich, und zwar jede für sich, die Art und Weise, an Gott und an die Wege, die zu ihm führen, zu glauben. Neben den großen und allgemein anerkannten, weltweit vertretenen Religionen gibt es eine Vielzahl kleinerer Religionsgemeinschaften, die ebenso Gleichbehandlung für sich einfordern, wie sie den großen Gruppen eingeräumt wird. Die Mitglieder von Religionsgemeinschaften transportieren ihre Überzeugungen oft zu weiteren Personen/Kreisen, sie missionieren, manche sehen darin sogar ihre Berufung. Die jeweils

Andersgläubigen, insbesondere, wenn sie sich in der Minderheit befinden, fühlen sich nicht selten eingeschränkt, im Extremfall ausgegrenzt. Daraus ergeben sich negative Entwicklungen der Gemeinschaften zueinander, auch und gerade in letzter Zeit wieder vermehrt aggressive Handlungen bis hin zu Übergriffen und Verfolgungen. Die Gemeinschaft erleidet dadurch eine religionsübergreifende Beschädigung.

Beispiele hierzu gibt es im Laufe des Weltenrades mehr als genug. Die großen Religionen liefern die größten negativen Beispiele. Oft deswegen, weil selbstherrliche Fanatiker die Organisationen missbrauchten, während sie sich mehr oder weniger bereitwillig hatten dazu instrumentalisieren lassen. Die Sucht nach Macht, Geld und Einfluss macht es immer wieder möglich.

Ein Beispiel aus frühesten Zeiten: Unter dem Vorwurf des »gottlosen Verbrechens« hatten bereits die ersten christlichen Kaiser mit brachialer Gewalt gegen die Ausbreitung des jüdischen Glaubens gekämpft. Die Konversion zum Judentum stand unter Todesstrafe. Wenn heute ein Moslem zum Christentum konvertiert, sieht es nicht anders aus: Es hat sich nicht viel verändert!

Martin Luther sprach von den Juden als »verworfenes und verdammtes Volk«. Er gab Ratschläge, »dass man ihre Synagogen oder Schulen mit Feuer anstecke und was nicht brennen will, mit Erde überhäufe und beschütte, dass kein Mensch einen Stein oder Schlacken davon sehe ewiglich. Und solches soll man tun unserem Herrn und der Christenheit zu Ehren, damit Gott sehe, dass wir Christen seien …«

Angesichts solcher Empfehlungen verwundert es kaum, dass in der Reichskristallnacht vom 9. auf den 10. November 1938 (Nacht zum Geburtstag Luthers) Luthers »treuer Rat« von Hitler umgesetzt wurde. Dieser wiederum gab in seinem Buch *Mein Kampf* schon vorher bekannt, »... indem ich mich des Juden erwehre, kämpfe ich für das Werk des Herrn (...). Die Aufgabe, mit der Christus begann, die er aber nicht zu Ende führte, werde ich vollenden.« Es folgte die »industriell organisierte« Abschlachtung von Millionen jüdischer Männer, Frauen und Kinder.

Nachdem der Holocaust geendet hatte, war auch der Judenhass bei den Christen weitgehend beigelegt. Dafür wurde die Abneigung der islamischen Seite gegenüber dieser Glaubensrichtung immer bedrohlicher, obwohl der Islam zuvor den Juden gegenüber toleranter gewesen war als gegenüber den Christen. Doch wer schürt diese Entwicklungen eigentlich, denen sich die Menschen offenbar jeweils wie willenlos ausliefern lassen?

Waren es unter anderem nicht auch immer wieder alle möglichen Politiker dieser Welt, an wessen Strippen sie sich auch immer führen ließen, die ihren Beitrag dafür leisteten, dass Hassprediger allerorten leichtes Spiel bei ihren Gläubigen hatten? Nehmen wir nur die Entscheidung, Israel als »Staat des jüdischen Volkes« zu konstituieren. Weltlich betrachtet eine gefährliche Auslobung, die nicht wirklich funktionieren kann.

Ob Jude, Christ, Moslem oder Buddhist, das alles können nur Begriffe sein, die eine Religionszugehörigkeit beschreiben. Einen Staat danach auszurufen, war und ist so falsch wie unrealistisch. Maximal könnten in einem Staat mehrheitlich Juden, Christen, Muslime, Buddhisten oder Gruppen anderer Religionszugehörigkeiten leben.

Die Ursachen der erwähnten Entwicklungen liegen allesamt in einer falsch ausgelegten oder falsch verstandenen Religionsfreiheit. Deswegen sind für diesen Bereich klare, international anerkannte und in wesentlichen Punkten leicht verständliche Regeln beziehungsweise Definitionen vonnöten.

Wie könnte es besser laufen?
Religionsgemeinschaften werden in Bezug auf ihre Anerkennung in drei Gruppen eingeteilt:

International / staatlich anerkannte Religionsgemeinschaften
Darunter fallen all jene, die in sämtlichen Staaten, in denen sie vertreten sind, staatliche Anerkennung beziehungsweise mindestens Tolerierung genießen. Darüber hinaus beanspruchen sie von sich aus in keinem Fall, eine Staats- oder Weltreligion zu sein.

Tolerierte Religionsgemeinschaften
Darunter fallen all diejenigen, die nicht oder nur in wenigen Staaten anerkannt sind, jedoch in keinem Staat geächtet werden. Überdies gelten sie als friedlich und werden deswegen toleriert.

Geächtete Religionsgemeinschaften
Darunter fallen all jene, die nur in wenigen, gegebenenfalls in einseitig religiös geprägten Staaten toleriert werden. Ein weiteres Merkmal ist ihre ausgeprägte Intoleranz gegenüber Andersgläubigen, ihre Mitglieder fallen durch Extremismus und Übergriffe auf, weswegen sie überwiegend geächtet werden.

Anerkannte und tolerierte Religionsgemeinschaften sind die, die ihren Auftrag in spirituellen, seelsorgerischen und sozialen Bereichen erfüllen. Die Toleranz gegenüber Andersgläubigen muss ebenso unmissverständlich verankert sein wie die uneingeschränkte Respektierung ziviler Gesetze und Verordnungen. Alle Religionsführer, oder die, die sich dafür ausgeben, die direkt oder indirekt dazu aufrufen, zivile Gesetze und Verordnungen ganz oder teilweise zu missachten, sind ganz einfach Kriminelle. Ihre selbstherrliche Betonung, dass sie sich nur gegenüber einer höheren, nämlich ihrer Macht verantwortlich fühlen, dürfte lediglich eine Schutzbehauptung sein und entbehrt bei seriöser Betrachtung jeder ethisch-moralischen Grundlage.

Kein Geringerer als Jesus von Nazareth hat in seinem kurzen Leben auf dieser Welt der Menschheit sinnbildliche Botschaften für die Respektierung der weltlichen Ordnung hinterlassen. Sie gelten bis heute. Als man ihn in die Falle locken wollte mit der Frage, ob die erhobenen Steuern gerecht seien und gezahlt werden sollten, antwortete er nach der Betrachtung der damals gültigen Geldmünzen mit der Abbildung des römischen Kaisers: »So gebt dem Kaiser, was dem Kaiser gehört, und Gott, was Gott gehört.« Die persönliche Erwähnung Jesus von Nazareths in diesem Text erfolgt deswegen, weil seine Existenz religionsübergreifend anerkannt ist.

Religionsgemeinschaften, die ihre Mitglieder in politische Gruppierungen drängen, damit sie die politischen Mehrheiten bekommen und auf diese Weise einen singulären Religionsstaat ausrufen oder zumindest anstreben können, müssen geächtet werden. Bekennende Mitglieder solcher Religionsgemeinschaften können in anderen Staaten wie Mitglieder der verbotenen politischen Parteien behandelt werden.

Der Zynismus, mit dem so manche Fanatiker imstande sind, Religionen für ihre eigenen, nicht selten nach Macht und Geld strebenden Ziele zu missbrauchen, ist unerträglich geworden.

Wer von Gottes Anwesenheit ausgeht, weiß, dass dieser mit Sicherheit kein Demokrat ist. Er hat bekanntermaßen auch niemanden auf der Erde zu seinem Stellvertreter ernannt. Dennoch gaben schon zu allen Zeiten irgendwelche Leute vor, ihr meist staatskirchliches Amt in »seinem Auftrag« auszuüben. Der Sänger Falk Richter hatte sogar Erfolg mit dem Song *Gott ist ein DJ*.

Vielen Leuten genügt es nicht, dass in seinem Namen zahlreiche verschiedene Religionen erschaffen wurden; nicht wenige Machthaber oder solche, die es gern wären, missbrauchen den Namen des Schöpfers fortlaufend als ihren »Auftraggeber« für Taten, die der Höchste nachweislich nie und niemandem je in Auftrag gegeben hätte. Die Frage bleibt, ob dies immer weiter geschehen kann, ohne bestimmte Konsequenzen nach sich zu ziehen. Wir Menschen sollten hoffen, dass Gott nicht nachtragend ist. Doch es könnte eng werden. So sagte Jesus zu seinen Jüngern: »Ich sage euch aber, dass die Menschen müssen Rechenschaft geben am Jüngsten Gericht von einem jeglichen unnützen Wort, das sie geredet haben. Aus deinen Worten wirst du gerechtfertigt werden, und aus deinen Worten wirst du verdammt werden.« (Matthäus 12,36)

Bemerkenswerterweise hat Jesus von Nazareth, um die Geschichte noch weiterzuführen, Zeit seines Lebens immer betont, dass er ein »Gottessohn« sei. 2000 Jahre später nennen wir uns alle Kinder Gottes und führen einen erbitterten Erbstreit, ohne den geringsten Nachweis zu haben, dass wir in irgendeiner Form überhaupt erbberechtigt sind.

Ein einfaches Mitglied einer bestimmten Religionsgemeinschaft darf wegen seiner Mitgliedschaft nicht einer strafrechtlichen Verfolgung ausgesetzt sein. Eine solche Mitgliedschaft darf überdies nicht zu sozialen Benachteiligungen führen, solange das Mitglied keine leitende und/oder aktive Funktion in einer geächteten oder gar verbotenen Religionsgemeinschaft ausübt.

Nur international/staatlich anerkannte Religionsgemeinschaften können Privilegien beanspruchen, wie zum Beispiel den anteiligen Erhalt von Religionssteuer, sofern diese im betreffenden Staat erhoben wird.

Einer privilegierten Religionsgemeinschaft sollte es nicht erlaubt sein, auf zivile Regierungen oder ihre einzelnen Mitglieder Einfluss auszuüben beziehungsweise sich aktiv innerhalb ziviler Regierungen einzubringen. Ebenso sind die Unterstützung der Oppositionskräfte sowie aktive Beteiligungen an oppositionellen Tätigkeiten nicht zuzulassen. Solche Aktivitäten würden unmittelbar zum Verlust jeder Privilegierung führen. Aufrufe zu extremen Handlungen führen automatisch zu einer Herabstufung als geächtete Religionsgemeinschaft.

Auf der Ebene einer Bundes-/Staatsgemeinschaft kann nur von einer demokratisch legitimierten Regierung eine Religionssteuer erhoben werden. Die Religionssteuer darf nicht auf wenige bestimmte oder gar eine einzige Religionsgemeinschaft bezogen werden. Alle staatlich anerkannten Religionsgemeinschaften erhalten anteilig Steuern in Abhängigkeit von der Anzahl ihrer Mitglieder, die sich durch Anerkennung der Religionssteuer einer bestimmten Religionsgemeinschaft zugehörig bekennen.

Den Religionsgemeinschaften muss zur Ausübung ihrer eigenen Rituale jedwede Freiheit eingeräumt werden, solange dadurch weder ihre eigenen noch die Nichtmitglieder Schaden davontragen. Inwieweit die Heiligsprechungen, wie sie gerade innerhalb der großen, führenden Weltreligionen praktiziert werden, der Glaubwürdigkeit dienen, dürfte fraglich sein.

Im Christentum sind für eine Heiligsprechung unter anderem Beweise für eine (oder mehrere) Wundererbringungen notwendig. Die Gläubigen werden dabei nicht wie Gotteskinder, sondern eher wie einfache Kleinkinder behandelt. Geradezu märchenhaft werden angebliche Wunder inszeniert, so zum Beispiel bei der Heiligsprechung des verstorbenen Papstes Johannes Paul II. Hier schien offenbar der Wachtraum einer 2011 erkrankten Frau aus Costa Rica zu genügen. Er, der 2005 verstorbene Papst Johannes Paul II., sei der Frau angeblich erschienen mit den Worten »Stehe auf, habe keine Angst«. Sie habe sich danach sofort gesund gefühlt, habe aufstehen können und sei schmerzfrei gewesen. Eine schöne Geschichte. Es soll sich um eine tödliche Gefäßerweiterung im Gehirn, ein Aneurysma, gehandelt haben, das nach siebenstündigem Schlaf verschwunden gewesen sein soll. Ein intensives Gebet mit fixiertem Blick auf ein Bild von Johannes Paul II. sei diesem Wunder vorausgegangen, heißt es. Tatsächlich wurde die wundersame Heilung danach von den staunenden Ärzten bestätigt. Die Frau wurde gesund, danach berühmt, und der ehemalige polnische Kardinal Wojtyla, der sich große Verdienste im Zusammenhang mit dem Zerfall des Ostblocks erdient hatte, wurde heiliggesprochen.

Nun wundern sich wahrscheinlich einige Mediziner, darunter wohl Dutzende erfahrener Onkologen, die ebenso über wundersame Heilungen berichten könnten. Gerade bei diversen Wucherungen und Krebserkrankungen kommt es (glücklicherweise) immer wieder zu Rückbildungen der Geschwüre. So etwas können Mediziner rational nicht erklären. Sie nehmen es dankbar und mit Freude für den Patienten hin. Eventuell spielen bei einer Heilung auch höhere Kräfte mit, sobald der Erkrankte fest daran glaubt. Über das Potenzial der Selbstheilungskräfte in Verbindung mit einem starken Glauben gibt es mittlerweile einige hochinteressante Studien, die allesamt das weltbekannte Christus-Wort bestätigen: Glaube versetzt Berge. Auf die Idee jedoch, dass der jeweils Heilende deswegen heilig sei, ist bislang wohl noch keiner der diensttuenden Ärzte gekommen.

An der Bedeutung dieser Art Wunder könnte auch Papst Franziskus gezweifelt haben, denn am Tag der Heiligsprechung von Johannes Paul II. kündigte er an, den »Konzil-Papst« Johannes den XXIII. heiligsprechen zu wollen. In diesem Fall verzichtete der argentinische Papst jedoch ausdrücklich auf ein Wunder als »letzte Bestätigung« der Heiligkeit. Papst Johannes XXIII. galt als besonders volksnah. In Italien nennt man ihn *il papa buono* (der gute Papst) – eine Selbstverständlichkeit, könnte man meinen. Wie auch immer, die beiden höchst unterschiedlichen Päpste avancierten jedenfalls gleichzeitig zu Heiligen.

Ob auf diese Weise der Glaubwürdigkeitsgrad einer Religion erhöht wird oder zurückfällt, bleibt eine unbeantwortete Frage. Die so entstandenen Maßstäbe dürfen nicht selektiv gelten. Das würde die Beschränkung der Religionsfreiheiten für andere Religionsgemeinschaften bedeuten. Wer demzufolge die Gleichbehandlung ablehnt, nimmt in Kauf, dass jede Ungleichbehandlung zu Konflikten führt.

Weltfrieden durch ausgeglichenes Minderheitenrecht

Erst stirbt einer, dann sterben viele.

Zum Ende des zweiten und zu Beginn des dritten Jahrtausends hat die Weltbevölkerung einen Mobilitätsgrad erreicht, den es seit Menschengedenken noch nicht gegeben hat. Neben der physischen Mobilität ermöglichen moderne Kommunikationsmittel dem Menschen, sich rund um den Globus zu jeder Tages- und Nachtzeit zu unterhalten, sich auch schriftlich auszutauschen. Ein Datentransfer nie geahnten Ausmaßes beherrscht inzwischen die Welt, doch wie sieht es mit den emotionalen Reaktionen der Menschen auf diese Form der »abwesenden Verständigung« aus?

Diese inzwischen flächendeckende, scheinbare Normalität stellt viele Menschen vor zahlreiche, vor allem unbewusste Herausforderungen, von denen sich viele noch gar kein Bild gemacht haben. Welchen Einfluss hat das globale Kommunikationssystem mittel- und langfristig auf die Verhaltensweisen der Menschen? Welche Herausforderungen werden wir in diesem Zusammenhang noch zu meistern haben?

Von Beginn seiner Zeiten an ist es der Mensch gewohnt, emotionale Reaktionen eher nur in kleineren Gemeinschaften zu äußern. In die Ferne und somit zu unbekannten Gemeinschaften gelangten bislang meist Botschaften, die zwar ursprünglich von Einzelnen ausgingen, dann aber durch Botendienste übermittelt wurden. Nicht selten kamen andere Essenzen beim Empfänger an, als sie ehedem abgesendet worden waren. Das nennt man im Allgemeinen Diplomatie.

Die Aspekte der modernen Mobilität und der Kommunikationsmöglichkeiten unserer Zeit stehen in unmittelbarem Zusammenhang mit den Minderheitenrechten auf der Welt. Wie Flüssigkeiten in sogenannten kommunizierenden Röhren sind, im physikalischen Sinne, die Völker des Globus miteinander verknüpft. Wer sich als Minderheit an einem Ende der Welt befindet und dort eine gefühlte Ungerechtigkeit erfährt, kommuniziert diese Erfahrung in Echtzeit auf jene Seite des Planeten, in der seine Gemeinschaft die Mehrheit stellt. Unsere Erde ist zu einem kleinen Dorf geworden, und seine Bewohner tun gut daran, sich auch so zu verhalten. Räumliche Sicherheit gibt es nicht mehr. Das mussten auch Weltmächte wie die USA und Russland, verhängnisvoll und folgenschwer für die ganze Welt, erfahren.

Nehmen wir zum Beispiel den vor Jahren ausgerufenen, weder räumlich noch zeitlich begrenzten »Krieg gegen den Terror«: Dieser gleicht einer Jagd auf Kaninchen – mit Panzerverbänden. Einmal abgesehen davon, dass niemand außerhalb der Entscheidungsgremien die wahren Ursachen für derartige militärische Eingriffe wirklich erfahren wird, ist die logische Folge des Einsatzes, dass die Kaninchenplage sich immer schneller ausbreiten und weiter bestehen bleiben wird. Eine verwüstete Landschaft, durch den Einsatz von überdimensionierten Waffensystemen entstanden, gibt es gratis hinzu. Feldherren verstehen eben nichts von der Kaninchenjagd.

Ein respektvoller Umgang mit Minderheiten ist wirksamer als jeder globale Krieg gegen den Terror, der ohnehin zu oft sinnlos beliebig zweckentfremdet wird, was wiederum weltumspannende Gefahren entstehen lassen kann. Jeder kann zum »potenziellen Terroristen« erklärt werden. Dabei kann das Kriegsrecht im Zweifel von einem auf den anderen Moment, sagen wir zum Beispiel über einen bis dahin beschaulichen Schrebergarten mitten im Nirgendwo, ausgerufen werden. Bestand hier bislang die einzige Ungesetzlichkeit darin, dass gelegentlich der Leinenzwang für Hunde übersehen wurde, so kann nun blitzschnell und willkürlich aus einer Idylle ein Kriegsgebiet werden.

Der Zivilisierungsstatus einer Gemeinschaft kann im Allgemeinen auch daran gemessen werden, wie sich ihre Mitglieder, insbesondere ihre Gesetzgebung, gegenüber Minderheiten verhalten. Wer hier nun religiöse Ansätze anbringen will, läuft Gefahr, genau das Gegenteil zu erreichen.

Viele Religionen, insbesondere ihre zahlreichen Vertreter, neigen zur Privilegierung der eigenen Mehrheit. Noch schlimmer sind die prägnanten Geschichtsbeispiele der direkten und indirekten »Zwangskonvertierungen«, man denke nur an die Zwangschristianisierungen, die spätestens im achten Jahrhundert mit Karl dem Großen die heute zu Europa zählenden Länder erreicht hatten und die durch die brachialen Kolonialisierungskriege auch das zweite Jahrtausend schwer erschütterten. Genau betrachtet ist auch heute noch eine Vielzahl lokaler Unruhen, die es auf der ganzen Welt gibt, religiös motiviert. Von den inzwischen ausufernden Strömungen der großen Religionen, die jetzt zunehmend gegeneinander aufgestellt werden, einmal ganz zu schweigen.

Wie könnte es besser laufen?

Nur eine pluralistische Weltanschauung kann zu einem ausgewogenen Minderheitenschutz und zu ebensolchen -rechten führen. Der größtdenkbare Pluralismus muss der internationalen Staatengemeinschaft, also der UN, unterstellt werden können. Diese Institution müsste entsprechend legitimiert werden, Gesetze und Richtlinien in Bezug auf Minderheiten zu erstellen. Die Mitgliedstaaten sollten sich verpflichten, solche UN-Gesetze in ihre nationale Gesetzgebung zu überführen beziehungsweise diesbezügliche nationale Gesetze der UN-Gesetzgebung zu unterwerfen.

Gesetze, die den Minderheitenschutz und die -rechte regeln, sollten auf der Basis demokratischer Mehrheit entstehen. Sie dürfen nicht vom Vetorecht abhängig sein, weil sie sonst de facto nur der Rechtsauffassung der mächtigen Mitglieder entsprechen. Die Kaninchenjagd mit Panzerverbänden oder Drohnen kann auch ewig ergebnislos weitergehen.

Will die Menschheit ihre Mobilität und Kommunikation weiter ausbauen, darf sie die Gestaltung der Minderheitenrechte nicht den wenigen Mächtigen überlassen. Diese müssen begreifen, dass auch sie im überwiegenden Teil der Welt eine Minderheit darstellen.

Der Weltfrieden hängt im hohen Maße davon ab, wie gut allerorten mit Minderheiten umgegangen wird. Das Prinzip der kommunizierenden Röhrenden wirkt hier direkt, jeder machtphilosophisch anderslautenden Auslegung zum Trotz.

Gibt es ein gerechtes Steuer- und Finanzsystem?

Es ist weniger gefährlich, das Falsche zu tun,
als zu glauben, richtig zu liegen, obwohl es falsch ist.

Zu allererst muss erwähnt werden, dass es auf der Welt noch zu keiner Zeit gerechte Steuersysteme gab. Diese existieren auch heute nicht, und die Frage ist, ob überhaupt jemals eine einheitliche oder gerechte Besteuerung für alle Menschen gleichermaßen geschaffen werden kann, würde doch über eine damit verbundene Gleichmacherei eine noch größere Ungerechtigkeit entstehen.

Steuer- und Abgabenverordnungen missachten jede Form von Selbstbestimmungsrecht der Bürger. In Einzelfällen, je nachdem, wie weit die freie Meinungsäußerung die jeweilige politische Ordnung eines Landes gestaltet, ist es möglich, darüber kritisch zu debattieren. In seltenen, noch als lobenswert zu bezeichnenden Fällen kann das Volk mittels Abstimmung über die Höhe der Steuersätze mitbestimmen. In allen Fällen bleibt aber die gefühlte Ungerechtigkeit bestehen, weil selbst bei einem Referendum die Mehrheitsentscheidung zählt. Bei einem knappen Ausgang verbleiben somit fast 50 Prozent Unzufriedene. Darüber hinaus wird bei einer solchen Abstimmung im Wesentlichen nur über die Höhe der Steuern und Abgaben entschieden. Die Art der Verwendung (Verteilung) bleibt in den Händen weniger Entscheider, auch wenn sie sich oft Volksvertreter nennen.

Weltweit existieren zurzeit eine Vielzahl verschiedener Steuersysteme. Die jeweilige Bevölkerung interessiert meist nur die Höhe der Steuern. Industrie und Wohlhabende schätzen die damit verbundene Stabilität der Einnahmen und die verlässliche Berechenbarkeit. Die politische Ordnung ist bemüht, alle Interessen zu berücksichtigen. Das Ergebnis ist immer ein mehr oder weniger guter Kompromiss.

Je nach geostrategischer Positionierung und solchen Faktoren wie vorkommende Rohstoffe, Höhe des Industrialisierungsgrades, notwendige Infrastrukturprojekte, Bevölkerungsdichte und vielen mehr sind unterschiedliche Steuerhöhen und verschiedene Steuersysteme unausweichlich. Notwendigerweise gehören jedoch *methodische Einheiten* harmonisiert.

Nehmen wir ein Matrixbeispiel, nämlich die Wettbewerbskriterien der Internationalen Paralympischen Spiele. Dort treten zwangsläufig behinderte Sportler mit ganz unterschiedlichen Befähigungsgradmessern gegeneinander an. Dieser Fähigkeitsgrad ist es, der bei der Schlussbewertung berücksichtigt wird, weswegen bis jetzt kaum bekannt geworden ist, dass ein Sportler oder eine Organisation je gegen die Resultate protestiert hätte. Jeder an den Spielen Beteiligte ist sich über die Unmöglichkeit einer absoluten *Angleichung* der Wettbewerbsbedingungen bewusst, er respektiert das aufwendig und in bester Absicht erstellte Regelwerk.

Betrachtet man dagegen nun die höchst unterschiedliche Abgabefähigkeit der unterschiedlichen Staaten auf der Welt, kann festgehalten werden, dass heute schon täglich eine »steuerliche Paralympics-Ordnung« herrscht, allerdings mit höchst unfairen Regeln.

In diesem Kapitel sollen die Steuersysteme methodisch, nicht nur ergebnismathematisch, harmonisiert werden. Für die methodische Vereinfachung ist es unabdingbar, die Einkommensarten zunächst in zwei große Gruppen einzuteilen:

1. Leistungsabhängiges Einkommen = einfache Besteuerung
2. Leistungsloses Einkommen = mehrfache Besteuerung

Beim Ausbleiben der Unterscheidung zwischen diesen beiden Einkommensarten, wie es gegenwärtig fast überall auf der Welt geschieht, wachsen die unterschiedlichen Gesellschaftsschichten weiter auseinander, die Kluft zwischen Arm und Reich wird immer größer. Dadurch wachsen wiederum die Spannungen, die sich am Ende zwangsläufig entladen müssen.

Es ist stets mit einer großen Portion Lebenszufriedenheit für jeden Menschen verbunden, wenn er eine Leistung erbringt und dafür eine angemessene Entlohnung erhält. Man nennt dies das Gesetz des Ausgleichs oder das Gesetz der Wechselwirkung. Die ganze Natur schwingt in diesem Gesetz, eingeschlossen sind alle Lebewesen. Darauf basiert unter anderem auch die Erziehung von Nachkommen, von Primaten bis zu Prinzen. Doch was von Beginn an als das Naturgesetz des Gebens und Nehmens funktioniert, wurde vom besserwissenwollenden Menschentum schon bald entstellt. Hauptgründe hierfür waren unter anderem die Gier und die Bequemlichkeit, zwei gefährliche Feinde des menschlichen Daseins. Schnell wurde der zerstörerische Irrglaube geschaffen, dass etwa ein leistungsloses Einkommen erstrebenswert sei: wenig oder keine Arbeit bei wachsenden Einnahmen. Die dafür Verantwortlichen stellten somit wichtige, naturgesetzliche Grundsätze auf den Kopf.

Auf diese Weise entstand, wie nebenbei, eine ganz bestimmte Spezies: der finanziell und wirtschaftlich reiche Mensch, der dabei seelisch doch immer arm bleiben muss.

Seine Welt wirkt synthetisch und steril, es fehlt ihr das Leben, wozu Verantwortung, Zufriedenheit, Glück und Harmonie gehören. Um sie jedoch unbedingt zu erhalten, muss sich der Begüterte immer weiter abgrenzen vom nicht im Wohlstand schwimmenden Bürger. Und so wird der Abstand zu der in Wahrheit viel lebendigeren, lebenswerteren Welt weiter ausgebaut, da man von ganz anderer Art ist beziehungsweise es sein möchte. Letztlich schlägt die Menschheit einen immer ungesünderen Weg ein: Die entwicklungswidrige Welt formt sich zunehmend zulasten der entwicklungsrichtigen Art. Schuld daran ist unter anderem eine einheitliche Einkommensbesteuerung.

Definition von leistungsabhängigem und leistungslosem Einkommen

1. Leistungsabhängiges Einkommen

Leistungsabhängige Einkommen sind zuerst alle Bezüge aus unselbstständiger Arbeit bis zur Höhe der Gesamtvergütung, die das Zwanzigfache eines Durchschnittseinkommens beträgt, bezogen auf die Einkommenshöhe im betreffenden Unternehmen. Konkret heißt das:

Tausend Beschäftigte eines Unternehmens erhalten im Durchschnitt jeweils 50 000 Euro Jahreseinkommen. Ihr angestellter Chef (nicht Eigentümer) kann, um in der normalen

Versteuerung zu bleiben, in der sich auch seine Angestellten befinden, bis zu eine Million Jahresgehalt kassieren. Doch geht es über diese Summe hinaus, zum Beispiel bei zwei Millionen Jahresgehalt, wird der zusätzliche Betrag in Höhe von einer Million mit einem erhöhten, eventuell sogar bis zum doppelten Steuersatz veranschlagt.

Und: Ist der Chef zugleich auch Eigentümer oder wesentlicher Miteigentümer (> 25 Prozent), werden die reinvestierten Summen, die er aus seinem Einkommen leistet, aus der Überbesteuerung herausgerechnet. Konkret bedeutet das Folgendes:

Der Chef und Eigentümer bekommt im gleichen Unternehmen zwei Millionen Jahresgehalt, davon wird eine Million reinvestiert, die Einkommensversteuerung der Gesamtsumme von zwei Millionen (weil eine Million reinvestiert wurde) erfolgt nach dem Grundsatz der einfachen Besteuerung.

Oder: Ein Unternehmer verdient in seinem Unternehmen als Inhaber (nicht als Chef) eine Summe, die viel höher ist als das Zwanzigfache des Verdienstes seiner Mitarbeiter. Hierbei handelt es sich natürlich nicht um das Einkommen des Eigentümers, sondern um den Unternehmensgewinn, der unabhängig bleibt von der Höhe eines leistungsabhängigen Einkommens. Unternehmensgewinne stellen also grundsätzlich leistungsabhängige Einkommen dar, solange sie nicht an Eigentümer/Aktionäre ausgeschüttet werden.

Und: Alle Einnahmen aus Vermietungen und Verpachtungen, steuerlich nicht abgeschriebenen Objekten, gelten als leistungsabhängige Einkommen.

2. Leistungsloses Einkommen

Unter das leistungslose Einkommen fallen alle Provisionen und Vermittlungsgebühren, hinter denen keine nachvollziehbare Leistung steht.

Aber: Ein Immobilienmakler erhält ebenso eine Verkaufs- oder Vermittlungsprovision. Sein reguläres Geschäftsfeld ist das Suchen, Vermitteln, Kaufen und Verkaufen von Immobilien. Seine Provisionen sind, bis zur Höhe der Gesamtkosten, leistungsabhängiges Einkommen.

Und: Der gleiche Makler zahlt einem Bekannten zum Beispiel 1000 Euro Provision (keine nachvollziehbare Leistung) für einen guten Tipp, bei dem er ein Geschäft abschließen kann. Die gezahlten 1000 Euro sind Privatausgaben, der Bekannte muss diesen Betrag als leistungsloses Einkommen versteuern.

Oder: Ein Unternehmer besitzt neben einem haupthandelnden Unternehmen weitere Firmen, die als Inhaber von Lizenzen sonstige Rechte an gehandelter Ware des haupthandelnden Unternehmens besitzen. Darüber hinaus ist derselbe Unternehmer Inhaber weiterer Firmen, die auferlegte Zahlungen von Lieferanten des haupthandelnden Unternehmens erhalten, ohne dass diese über die Höhe und den Wert der Gegenleistung mitentscheiden können. All solche und ähnliche Einkommensarten gelten für die Unternehmen und für den Unternehmer als leistungsloses Einkommen.

Bei internationalen Verflechtungen (was gegenwärtig häufig der Fall ist) wird die Besteuerung des leistungslosen Einkommens in dem Staat vorgenommen, in dem das haupthandelnde Unternehmen (Leistungserbringung) ansässig ist. Allfällige

Doppelbesteuerungsabkommen, wie sie zahlreiche Staaten untereinander abgeschlossen haben, können hierbei zur Anwendung kommen.

Und: Wenn Lizenz- und ähnliche Gebühren grenzüberschreitend, jedoch konzernintern transferiert werden, gelten sie in vollem Umfang als leistungsloses Einkommen. Die Besteuerung erfolgt immer im Land der Leistungserbringung.

Oder: Ein Unternehmen macht mit seiner gewöhnlichen Geschäftstätigkeit zehn Millionen Euro Umsatz im Jahr. Der Wareneinsatz beträgt 50 Prozent, also fünf Millionen. Die Kosten betragen 20 Prozent, also zwei Millionen. Das Unternehmen verdient 30 Prozent vom Umsatz, also drei Millionen. In diesem Fall werden zwei Millionen Euro als leistungsabhängiges und eine Million Euro als leistungsloses Einkommen versteuert. Das bedeutet also, dass Unternehmensgewinne oberhalb der Kostensumme, wie sie in diesem Unternehmen anfallen (keine Durchschnitts- und Analogwerte zulässig), beziehungsweise der »Mehrgewinn« als leistungsloses Einkommen versteuert werden müssen.

Und: Leistungslose Einkommen sind alle Einnahmen aus Vermietungen und Verpachtungen steuerlich vollständig abgeschriebener Objekte, abzüglich der Investitionen in ihrem Werterhalt.

Zinseinnahmen, und zwar geltend für alle Anleger, ob privat, gewerblich oder institutionell, oberhalb der ursprünglich eingesetzten/angelegten Summe, sind vollumfänglich als leistungsloses Einkommen zu betrachten. Hiermit soll der vernichtende Effekt der Zinseszinsen eingedämmt werden.

Und: Geerbte Guthaben in Form von Bargeld und jeder Art

von Wertpapieren stellen oberhalb der im jeweiligen Staat festgelegten Freibetragsgrenze leistungsloses Einkommen dar.

Oder: Alle Schenkungen oberhalb der staatlich festgelegten Freibetragsgrenze sind ebenso leistungslose Einkommen. Neben den vielen existierenden (und zugleich meist ignorierten) Berechnungsbeispielen, die zeigen, wie verheerend sich der Zinseszins auswirkt, kann ein verhältnismäßig aktuelles Beispiel aus Deutschland, genauer gesagt, aus einem kleinen Ort namens Mittenwalde unweit von Berlin, erwähnt werden:

Dort wurde vor Kurzem ein Schuldschein gefunden, der auf das Jahr 1562 datiert und auf dem zu lesen ist, dass Mittenwalde an Berlin vierhundert Gulden zum Zinssatz von sechs Prozent verliehen hatte. Ein Goldgulden wies zum damaligen Zeitpunkt eine recht beachtliche Kaufkraft auf. Doch selbst wenn man diesen Sachverhalt ausblendet und unterstellt, dass diese Goldgulden von damals den Wert heutiger Euros darstellen, ergibt sich aufgrund der Verzinsung innerhalb der Zeit von 1562 bis heute eine atemberaubende Summe in Höhe von 6,617 Billionen Euro. Berlin ist zwar ohnehin überschuldet und wäre, müsste es diesen Betrag zahlen, damit zweifellos pleite. Die Bundesrepublik Deutschland weist gegenwärtig ein BIP aus, das sich auf 2,5 Billionen Euro jährlich beläuft. Auch das würde nicht ausreichen, um die sich aus dem Schuldscheinbetrag und der Verzinsung über die lange Laufzeit ergebende Summe zu begleichen, da sie immer noch circa 2,6 Mal größer wäre als das deutsche Bruttoinlandsprodukt.

Dieses recht lebendige, weil auch verhältnismäßig aktuelle Beispiel veranschaulicht die Notwendigkeit, dass Maßnahmen erforderlich sind, um das fortwährende Wachstum von Zinseszinsen zumindest einzudämmen. Unzweifelhaft kann das auch durch ein humanes, fairnessorientiertes Steuersystem geschehen.

Nur Leistung lohnt sich wirklich, dieser Grundsatz gilt immer. In echter Leistung liegen zahlreiche substanzielle Vorteile. Ein Beispiel:

Ein junger Mann bekommt von seinen Eltern nach erfolgreichem Schulabschluss 10 000 Euro als Belohnung zur freien Verfügung. Er kauft sich dafür gebrauchte Maschinen zur Herstellung von Drucksachen, die aber gereinigt und zum Teil instand gesetzt werden müssen. Der junge Mann macht beides. Kurze Zeit später besitzt er eine kleine Druckerei. Nach 15 Jahren beschäftigt seine Druckerei zwanzig Mitarbeiter und expandiert in den Bereichen Gestaltung und Design. Nach weiteren 15 Jahren ist das Unternehmen um den Faktor vier weiter gewachsen.

Die ursprünglichen 10 000 Euro sind durch die Paarung mit weiterer, echter Leistung zu Millionen angewachsen. Darüber hinaus erfreuen sich zahlreiche Mitarbeiter und ihre Familien einer gesicherten Zukunft. Die Gemeinde freut sich über den höheren Gewerbe- und Lohnsteueranteil, sodass es möglich war, ein weiteres technisches Gerät für die Kommune anzuschaffen sowie einen zusätzlichen Gemeindemitarbeiter einzustellen. Die örtliche Bank ist zufrieden über die vielen Kunden, auch darüber, dass sie die Hausbank des erfolgreichen Unternehmens sein darf. Insgesamt verdienen alle viel Geld an dieser Entwicklung. Der Staat ist erbaut über die zusätzlichen Steuern, die dabei helfen, nicht nur viele unsinnige Ausgaben zu bestreiten, sondern auch wichtige Infrastrukturprojekte zu fördern.

Zur gleichen Zeit bekommt ein Freund des jungen Mannes

von seinen Eltern ein noch großzügigeres Geschenk. Sie geben ihm die doppelte Summe, nämlich 20 000 Euro. Außerdem erteilen sie, in der Dynamik des nachbarschaftlichen Geschenkwettbewerbs, ihrem Sohn zwei gut gemeinte Ratschläge: »Amüsier dich nur, du hast dir das Geld durch gute schulische Leistung verdient. Und leg etwas für später an.«

Der Sohn folgt dem Ratschlag. Zuerst unternimmt er eine vierwöchige Reise nach Übersee. Dafür investiert er 10 000 Euro, genau die Hälfte des von den Eltern erhaltenen Betrages. Mit den restlichen 10 000 Euro geht er zur Bank und bespricht mit dem Banker seines Vertrauens die richtige Anlageform. Schnell liegt die Summe bei der Bank, natürlich fast hundertprozentig sicher angelegt, dafür etwas schlechter, mit nur drei Prozent, verzinst. Trotzdem wächst die Summe innerhalb von fünfzehn Jahren auf fast 16 000 Euro an. Selbst der Banker glaubt, alles richtig gemacht zu haben mit seiner Beratung.

Muss man wirklich den Vergleich zu seinem Freund anstrengen, um festzustellen, welche Ressourcen hier vergeudet wurden, trotz der in gutem Vorsatz gemachten Empfehlungen vonseiten der Eltern? Der Unterschied der beiden jungen Männer lag am Anfang bei 100 Prozent mehr Geld, die der Letztgenannte besaß im Vergleich zu dessen Freund, der nur 10 000 Euro erhalten hatte. Durch schnellen Konsum einerseits und ausgebliebene Ergänzung mit echter Leistung andererseits schmolz der anfängliche Vorteil schnell dahin.

Genau genommen bestand der Fehler vornehmlich auch darin, dass mit der festen Geldanlage der 10 000 Euro bei der Bank diese Summe 15 Jahre lang dem wirtschaftlichen Kreislauf entzogen wurde. Gut gemeint ist eben oft schlecht gemacht.

Leistungsloses Einkommen kann in leistungsabhängiges Einkommen überführt werden

Nun gibt es auf der Welt millionenfach Bezieher von leistungslosem Einkommen. Viele können gar nichts dafür, Stichwort Vererbung. Damit es den meisten nach und nach nicht so ergeht wie dem zweitgenannten jungen Mann in unserer eben behandelten Geschichte, muss ein auf Gerechtigkeit ausgelegtes Steuersystem die Möglichkeit einer Überführung von leistungslosem in leistungsabhängiges Einkommen haben.

Die Überführung von leistungslosem in leistungsabhängiges Einkommen erfolgt durch die direkte Investition in Infrastruktur und Projekte, die für die Allgemeinheit von Bedeutung sind. Dazu ein Beispiel:

Eine Person bezieht zehn Millionen Euro Einkommen, was nach steuerlicher Betrachtung als leistungslos eingestuft wird. Der Spitzensteuersatz beträgt 45 Prozent, das Einkommen muss demzufolge mit neunzig Prozent versteuert werden. Die Person wird nur zehn Prozent, also eine Million, behalten dürfen. Eine ziemlich depressive Aussicht. Der Betroffene wird die Gesellschaft als ungerecht empfinden und möglicherweise auswandern wollen. Auf Mitleid vom überwiegenden Teil der Gemeinschaftsmitglieder wird er nicht hoffen können, rein steuerlich wird es ihm ohnehin nichts nutzen. Die verbliebene Million ist um ein Vielfaches höher als das Einkommen der meisten anderen leistungsbezogenen Einkommensbezieher.

Wie könnte man in diesem Fall das leistungslose Einkommen in ein leistungsabhängiges überführen? Das ist gar nicht so schwer. Nehmen wir an, die Gemeinde benötigt eine Fußgängerzone, die zehn Millionen Euro kostet. Die genannte Person schließt mit den Verantwortlichen dieser Kommune einen Baufinanzierungsvertrag ab, der vorsieht, dass die Bausumme in zehn Jahren, mit jeweils einer Million Euro jährlich zuzüglich Verzinsung nur in der Höhe der Inflationsrate, geleistet wird. In dieser Zeit erhält die Person so die zehn Millionen Euro (eine Million pro Jahr) sicher zurück. Die laufenden Rückzahlungen werden fortlaufend zum regulären Steuersatz versteuert, also mit maximal 45 Prozent. Sichere Nebeneffekte sind:

Die reiche Person gilt in den Augen der meisten Nichtreichen als ein extrem wichtiges Gemeinschaftsmitglied. Es entstehen auf diese Weise keine sozialen Spannungen, es läuft also anders, als wenn sich die gleiche Person ständig neue Autos kaufen müsste, um Kosten zu generieren. Der Sozialneid ist in solchen Fällen schnell zur Stelle. Außerdem nützt das Engagement allen in der Gemeinschaft: Florierende Geschäfte in der neuen Fußgängerzone bringen neue Steuereinnahmen, zahlreiche neue Arbeitsplätze werden geschaffen usw.

Die Vorteile für alle Beteiligten sind unübersehbar, auch was die Langfristig der getroffenen Entscheidung anbetrifft. Wäre sie anders ausgefallen, wären alle – die Person selbst, der Banker, das Finanzamt – im Nachteil gewesen.

Eine Kurzfristigkeit darf nicht gegen die Langfristigkeit ausgespielt werden. Mit der Schaffung direkter Investitionsmöglichkeiten in für Infrastruktur und Allgemeinheit wichtige Projekte und die damit verbundene Umwandlung von leistungslosem in leistungsbezogenes Einkommen wird ein positiver Effekt erreicht.

Einkommensschutz für Einkommen aus unselbstständiger Arbeit
Neben der steuerlichen Belastung unterliegen Einkommen aus unselbstständiger Arbeit einer Vielzahl von Abgaben, vorwiegend für den Sozial- und Rentenbereich. Gegenwärtig orientieren sich alle diese Abgaben am Bruttogehalt. Der notwendige Einkommensschutz in diesem Bereich wird in zwei Schritten erreicht:

1. Steuern werden auf das »Resteinkommen« erhoben, das heißt nach sozialen und ähnlichen Pflichtangaben bemessen, weil nur diese Summe ein reales zu versteuerndes Einkommen darstellt.
2. Die maximale Abgabegrenze wird auf 45 Prozent des Bruttoeinkommens festgelegt. Konkret: Steigen die sozialen und ähnlichen Pflichtabgaben überproportional, wird dadurch die Steuersumme, weil auf 45 Prozent begrenzt, geringer.

Beide Schritte zeigen dem steuerpflichtigen Bürger, dass der Staat seine Fürsorgepflicht wahrnimmt. Auf der Arbeitnehmerseite steigt das Gefühl der sozialen Gerechtigkeit. Eine solch transparent aufgebaute und in der Höhe begrenzte Besteuerung von Einkommen aus unselbstständiger Arbeit gibt der Arbeitnehmerschaft beste Planungssicherheit. Einkommen werden längerfristig geplant und investiert. Der Konsum wird angekurbelt, ohne dass dadurch die Gesamtverschuldung steigt (es geben diejenigen das Geld aus, die es auch haben). Das Land wirkt attraktiv für Arbeitskräfte, und in der Wirtschaft entsteht seltener Personalmangel.

Verwendung von Steuereinnahmen
Bei der Verwendung von Steuereinnahmen aus regulärer Besteuerung – diese umfasst Steuereinnahmen auf das gesamte leistungsbezogene Einkommen – sind die Staaten beziehungsweise Verwaltungen, die zur Steuererhebung berechtigt sind, frei in ihrer Entscheidung, wie sie ihre regulären Steuereinnahmen verwenden.

Die zusätzliche Besteuerung von leistungslosem Einkommen ist eine zweckgebundene Besteuerung. Diese Steuereinnahmen dürfen ausschließlich für die Bekämpfung der Armut im eigenen Land, für bildungsfördernde Maßnahmen und die Stärkung von kleineren und mittleren Unternehmen verwendet werden.

Zusammenfassung

Mit wenigen Veränderungen, wie es dieser Vorschlag vorsieht, könnte jedes Steuersystem gerechter werden. Die Attraktivität für ein leistungsabhängiges Einkommen steigt, während leistungsloses Einkommen wesentlich stärker steuerlich belastet wird. Ein gerechtes und von den Menschen auch als gerecht empfundenes Steuersystem ist ein wesentlicher Baustein für alle weiteren gesellschaftlichen Entwicklungen. Es verhindert das Entstehen der gefährlichen Ungleichheiten und lässt die ganze Gemeinschaft sozialer werden, natürlich ohne Sozialismus. Zugleich auch reicher – ohne den zerstörerischen Turbo- und Kasinokapitalismus.

Tickende Zeitbombe: die Altersversorgung

Wer seine jungen Jahre verspielt,
wird im Alter nichts zu lachen haben.

In einer Gesellschaft, in der Altersarmut nicht nur vorhanden ist, sondern ständig weiter ansteigt, kann man davon ausgehen, dass sich die Menschheit auf Abwegen befindet. Heute ist genau das vielerorts der Fall – leider.

Man kann nicht sagen, welche Bilder schlimmer sind: solche von verwahrlosten Kindern, die in Slums oder auf Müllkippen leben müssen, oder Bilder von armen, alten Menschen, die nicht einmal das Nötigste zum Leben haben. Beide Anblicke verursachen beim Betrachter Depressionen, denn er muss darin die Hoffnungslosigkeit der Lage erkennen. Rein optisch gesehen mag die Altersarmut in reichen Ländern harmloser wirken. Doch die durchaus vorhandene Grausamkeit spielt sich meist im Verborgenen ab. Inmitten von Überfluss und grenzenlosem Konsumleben schämen sich heute viele alte Menschen, die nicht mehr für sich sorgen können, dass sie überhaupt noch existieren.

Es ist ein fatales Versäumnis der sogenannten Leistungsgesellschaft, die diese Entwicklungen zulässt. Die Bilder der armen Alten werden wohl auch die nachfolgenden Generationen, also Kinder und Jugendliche, in ihrer Entwicklung beeinflussen. Immer lauter werden die Warnungen, dass sich die

Altersarmut in den reichen Industrienationen ausbreiten wird. Noch nehmen viele Menschen sie nicht ernst, doch schon bald wird diese Veränderung unser Straßenbild vielfach prägen.

Damit greifen weitere Zukunftsängste um sich. Das Überleben wird, aufgrund der für den Bürger immer enger gestellten Daumenschrauben, Schritt für Schritt schwieriger. Junge Menschen müssen zunehmend erkennen, dass ein sorgenfreies Leben im Alter nicht selbstverständlich, oft gar nicht mehr machbar ist. Diese nachhaltige, äußerst trostlose Dauerbeeindruckung verändert das ganze Verhalten. So möchten beispielsweise immer mehr junge Paare der westlich orientierten Welt keine Kinder haben. Je wohlhabender, also je »reicher« eine Gesellschaft demnach ist, desto niedriger ist erfahrungsgemäß jetzt die Geburtenrate. In der japanischen Hauptstadt Tokio werden inzwischen schon mehr Windeln für Erwachsene verkauft als für Babys. Japan hat weltweit eine der niedrigsten Geburtenraten.

In den meisten ärmeren Ländern bleibt die Geburtenrate in der Regel konstant. Die im Vergleich zu reicheren Menschen höhere Geburtenrate etlicher ärmerer Kulturen in dieser Welt wird derzeit zunehmend durch die Einwanderung deren Vertreter in die reicheren Länder importiert. Eine selten ausgesprochene Wahrheit ist, dass ohne diesen Effekt inzwischen in vielen wohlhabenden Ländern die Altersversorgungssysteme kaum noch funktionieren würden. Doch kann dieser Effekt bestenfalls nur vorübergehend als positiv angesehen werden. Dauerhaft benötigt jede Nation natürlich ein System, das auch ohne »Fremdeinwirkung« eigenständig das Überleben sichert und damit funktioniert.

Um eine gerechtere und generationenübergreifende Altersversorgung zu erreichen, muss die Entfremdung von Jung und Alt beseitigt, eine natürliche Ordnung wiederhergestellt werden. Es gilt die einfache Gleichung: Ohne die Alten gäbe es heute keine Jugend, ohne die Jugend gibt es keine Alten von morgen.

Altersversorgungssysteme dürfen nicht immer noch weiter industrialisiert werden. Die Politik begeht einen folgenschweren Fehler, wenn sie ihre jüngere Wählerschaft von der Verantwortung für ältere Generationen freispricht nach dem jahrelangen Motto des ehemaligen Sozialministers Norbert Blüm: Die Renten sind sicher! Damit wird natürlich den Älteren suggeriert, dass »das System« die Fürsorge für sie übernehmen kann. Spätestens dann jedoch, wenn die Anzahl der Beitragszahler einer zu großen Anzahl an Rentenbeziehern gegenübersteht, wird ein gefährlicher Riss durch die Gesellschaft entstehen. An diesem Punkt dürften viele Gesellschaften bald angekommen sein. Ein wirklich funktionierendes System, das so etwas verhindert, gibt es leider kaum noch.

Es dürfte ein ganz grundsätzlicher Fehler sein, den Bürgern Sicherheit zu versprechen, indem der Staat für sie die Verantwortung übernimmt. Die eigene Beweglichkeit, selbst vernünftig vorzusorgen und innerhalb der Familie Absicherungen zu schaffen, entstammt dem ältesten Sippenprinzip: Es ist das für das Überleben geeignetste. Mit dem vom CDU-Politiker Konrad Adenauer 1957 eingeführten Generationenvertrag, auf dem die staatliche Altersversorgung in Deutschland bis heute basiert, geht es dagegen schon lange bergab. Diese große Rentenreform war seinerzeit nichts anderes als ein taktisches Wahlkampfmanöver, um die konkurrierende SPD auszuhebeln. Das Prinzip der lohnbezogenen Dynamisierung der Rente setzte Adenauer dabei gegen massiven Widerstand durch. Offenbar hatte sich der Mann die Zukunft anders vorgestellt, als er in diesem Zusammenhang den legendären, jedoch folgenschweren Satz äußerte: »Kinder bekommen die Leute immer.« Ein fataler Irrtum, wie man heute weiß. Deutschland beispielsweise bildet mit einer Geburtenrate von nicht einmal 1,4 Kindern pro Paar weltweit das Schlusslicht. Ganz Europa darbt dahin, so gut wie kein Land erreicht hier die statistisch gesehen notwendige Zahl von 2,2 Kindern pro Paar.

Damit ist heute längst klar: Ein großer Teil der Ruheständler wird nicht mehr von seinen jahrelangen Einzahlungen profitieren können, denn er erhält kaum mehr als die Grundsicherung von Hartz IV. Jedenfalls gibt es nicht mehr viel zu holen aus jenem Staatstopf, der der gesetzlichen Rentenversicherung zugeordnet ist.

Meine Vorschläge sehen eine generationenverbundene Verantwortung vor. Der Staat übernimmt dabei nur die »Koordination«, er verhindert das Entstehen falscher Erwartungshaltungen sowie unberechtigter Ängste. Dafür sind vier Stufen vorgesehen:

1. *Existenzminimum im Rentenalter*
   Dieses wird staatlich für jeden Bürger garantiert. Die Höhe ist mit der Summe des niedrigsten zu versteuernden Einkommens definiert. Die Finanzierung erfolgt über die Solidaritätsumlage aus den Steuereinnahmen. Die Empfänger müssen länger als 25 Jahre ihres Berufslebens im leistungspflichtigen Staat gelebt haben. Ihr Anspruch auf den Erhalt des Existenzminimumbetrages ist mit dem festen Wohnsitz in dem leistungspflichtigen Staat gekoppelt.

2. *Berufsrente*

Diese wird beitragsfinanziert und kann mindestens 45 Prozent bis maximal 75 Prozent des Nettoeinkommens aus dem Durchschnitt der letzten fünf Beitragsjahre und je nach Leistungsmöglichkeit (Budget) des Versorgungsträgers betragen. Beitragshöhe, Beitragsverwendung sowie Minimum- und Maximumreserven sind gesetzlich vorgegeben. Alle anderen Voraussetzungen bestimmen unter anderem die Beitragszahler selbst. Im Einzelnen:

a) Der Anspruch auf volle Berufsrente setzt mindestens vierzig Beitragsjahre voraus. Diese vierzig Beitragsjahre bilden 100 Prozent der Berechnungsgrundlage. Erreicht jemand das volle Rentenalter mit weniger Beitragsjahren, werden die Differenz prozentual berücksichtigt und die Rentensumme um diesen Prozentsatz reduziert.

b) Kinderlose Rentenbezugsberechtigte erhalten 70 Prozent der errechneten Berufsrente. Mit einem Kind steigt die Rentenhöhe auf 80 Prozent, erst ab zwei Kindern wird die Berufsrente zu 100 Prozent ausgezahlt.

c) Ab dem dritten Kind erhöht sich die Rentensumme um je fünf Prozent pro Kind bis maximal 20 Prozent Aufschlag, also 120 Prozent Gesamtrentenhöhe.

Die Maßnahmen beziehungsweise Voraussetzungen, wie vorstehend unter a, b und c aufgeführt, dienen lediglich einer gerechten und logischen Umverteilung der Beitragszahlungen in Abhängigkeit zu den zur Verfügung stehenden Beitragszahlern.

3. *Privatvorsorge*
   Diese Säule der Altersversorgung ist eine freiwillige Leistung. Sie wird bis zu einer bestimmten Höhe staatlich, durch Steuerbegünstigungen, gefördert. Die summierte und prozentuale Höhe der Förderung liegt in der Verantwortung der einzelnen Staaten, die abhängig ist von deren Möglichkeiten.
4. *Krankenversorgung*
   Alle Bezieher der Berufsrente haben uneingeschränkten Anspruch auf die Krankenversorgung. Dafür bleiben sie mit einem ermäßigten Beitragssatz, auch nach der Beendigung des aktiven Berufslebens, Beitragszahler in der Krankenversicherung. Die Bezieher des Existenzminimums haben nur den Anspruch auf eine Notversorgung.

Eine so aufgebaute Altersversorgung verbindet Generationen mit dem Band der gegenseitigen Verantwortung. Paare, die sich entscheiden, kinderlos zu bleiben, wissen so im Voraus, dass sie persönliche Nachteile innerhalb der Altersversorgung hinzunehmen haben.

Kinder dürfen zu keinem Zeitpunkt mit dem Gefühl von (Zukunfts-)Angst oder Last verbunden sein. Im Gegenteil, sie sind das, was sie schon immer waren: die Zukunft selbst. Früher gab es den Begriff Kinderreichtum, heute heißt es Kinderarmut. In unseren in Richtung der sozialen Gerechtigkeit strebenden demokratischen Systemen müssen Kinder also als Reichtum, nicht etwa als Armutsrisiko verstanden werden. Der natürliche, gesunde Ausgleich muss wieder hergestellt werden.

Zum Abschluss hierzu eine persönliche Kurzgeschichte:

Vor etwa zwölf Jahren bemerkte ich in einer Besprechung mit einem Rechtsanwalt, wie er laufend ganz nervös auf die Uhr sah. Irgendwann im Laufe des Gesprächs war es ihm wohl selbst aufgefallen, dass er unkonzentriert wirkte. Zu seiner Rechtfertigung sagte er: »Du musst entschuldigen, meine Frau liegt auf der Entbindungsstation, wir bekommen weiteren Nachwuchs, es ist die Nummer sieben.« Er lächelte dabei zufrieden. Als ob er sich rechtfertigen musste für die »Nummer sieben«, führte er weiter aus: »Weißt du, ich habe das Glück, Nutznießer einer gut betuchten Familienstiftung zu sein. Einer meiner großzügigen Vorfahren hat sein Vermögen in die Stiftung eingebracht mit dem Vermächtnis, dass aus den Erträgen die gesamten Kosten für die Kinder seiner Nachkommen gezahlt werden sollen, und zwar bis zum Ende der Ausbildungszeit. Finanziell gesehen sind die Kinder für mich praktisch eine Nullnummer. Und wir lieben Kinder!« Diese Geschichte hatte mich nicht losgelassen, und so stellte ich dem befreundeten Rechtsanwalt später einmal die Frage, ob er und seine Frau wohl ebenso viele Kinder bekommen hätten, wenn es die Stiftung nicht gegeben hätte. »Ganz sicher nicht«, war seine selbstverständliche Antwort, »eins, vielleicht zwei, aber doch keine sieben!« Wohlgemerkt, diese Worte stammten von einem Mann, dessen Ehefrau ebenso eine Top-Ausbildung hatte wie er selbst. Er war ein erfolgreicher Rechtsanwalt mit eigener Kanzlei, und sie war ebenfalls eine Akademikerin. Die beiden empfanden keinen finanziellen Druck durch die Existenz der Stiftung und entschieden sich für eine Großfamilie. Eine bemerkenswerte Geschichte, wie ich meine.

Durch die Industrialisierung aller Bereiche unseres Lebens, Altersversorgung inklusive, ist die Wahrnehmung für eine auf natürlichen Pfeilern ruhende Gesellschaft verblasst, zum Nachteil aller Beteiligten. Wie soll eine Gefahr gebannt werden, wenn man sie nicht erkennen kann? Deswegen: Aus der derzeitigen *Gesellschaft des Sterbens* muss künftig wieder eine *Gesellschaft des Lebens* werden.

Medizinische Versorgung in »modernen« Zeiten

Ein Gesundheitssystem, in dem mehr gesunde Menschen krank, als Kranke gesund aus der Arztpraxis kommen, ist wirtschaftlich vielleicht stabil, aber moralisch schwer krank.

Am Anfang des dritten Jahrtausends drängt sich der Verdacht auf, dass die Menschheit medizinisch gesehen noch nie zuvor so gut versorgt war wie heute. Tatsächlich steigt die Lebenserwartung in den Industrienationen spürbar, während die Geburtenrate sinkt. Die Umrisse des sogenannten »demografischen Baumes« wirken zunehmend ungesund.

Statistisch gut belegt, aber selten diskutiert ist die Tatsache, dass mit der steigenden Lebenserwartung die Anzahl der diagnostizierten Krankheiten überproportional steigt. Heute lassen sich Menschen gegen Krankheiten behandeln, die früher unbekannt waren. Es ist ein offenes Geheimnis, dass Medikamente häufig zuerst, danach erst die dazu passenden Krankheiten erfunden werden. Der Gesundheits- beziehungsweise Krankheitsmarkt ist zu einem einträglichen, globalen Milliardengeschäft geworden. So stellt sich die Frage, ob es in unserem medizinischen Versorgungssystem tatsächlich um die Gesundheit der Menschen geht oder ganz einfach um profitable Panikmache.

Neben den nachgewiesenermaßen sinnlos ausgerufenen Krankheiten, wie zum Beispiel dem sogenannten Aufmerksamkeitsdefizitssyndrom, ADHS, bei Kindern werden auch die wirklich schlimmen Erkrankungen wie Krebs oder der milliardenfach vorkommende Bluthochdruck behandelt. Geheilt wird mit den verwendeten Maßnahmen jedoch nichts. Warum? Ganz einfach: Es geht nicht darum, die Menschen von den Krankheiten zu befreien, sondern darum, sie nur symptomatisch behandeln zu können. Im Idealfall (natürlich nur aus Sicht der Pharmaindustrie) geschieht das jahrzehntelang. Krank und alt ist eine ideale Kombination, um Geld zu verdienen.

Das System funktioniert einfach blendend. Je mehr Kranke es gibt, umso besser und profitabler funktioniert das auf Materialismus ausgelegte Gesundheitssystem, oder nennen wir es lieber den »Gesundheitsmarkt«. Seine Basis ist die Angst. Diese zu schüren ist nicht schwer. Jeder, bei dem selbst oder in seinem näheren Umfeld eine schlimme Krankheit diagnostiziert wurde, kennt das. Die Betroffenen und Nahestehenden brechen sprichwörtlich zusammen und befolgen oft blind die Empfehlungen der »Götter in Weiß«.

Es hat sich offenbar immer noch nicht bis in die letzte Ecke des Landes herumgesprochen, dass kranke Menschen hier medizinisch nicht automatisch so behandelt werden, wie es für sie am besten wäre. Deutschland ist, wie es heißt, das Schlaraffenland der künstlichen Hüft- und Kniegelenke. Nirgendwo ist der Absatz so groß wie hier, es wird mehr als doppelt so häufig wie in anderen Ländern operiert. Aber auch bei Prostata- und Gebärmutterentfernungen ist man bedeutend schneller mit dem Skalpell zur Stelle als in Frankreich oder Schweden. Auch wenn die Operationen oft völlig unnötig sind, landen viele Verzweifelte dennoch auf dem OP-Tisch. Viele Ärzte operieren hierzulande immer häufiger aus Profitgier, und das praktisch gezwungenermaßen. Denn Deutschlands Krankenhäuser und Arztpraxen werden schrittweise von riesigen Pharmaunternehmen aufgekauft, die diese dann teuer an die Mediziner weitervermieten. Erbarmungsloses Fazit: Der deutsche Patient muss operiert werden, auch wenn kein Bedarf besteht, denn der Arzt muss Geld verdienen, um in wirtschaftlicher Hinsicht über die Runden zu kommen.

In diesem fatalen Spiel werden also nicht nur die Patienten zu Opfern, sondern auch die Ärzte sind als Mitgefangene eines Systems zu betrachten, in dem sie sich bestenfalls als Helden und Retter fühlen dürfen. Tatsächlich aber sind sie, aufgrund der herrschenden Zustände, oftmals eben nur gut getarnte Pharmavertreter, die in der Zeit vom Ende ihrer medizinischen Ausbildung bis zum Ruhestand durch die aus dem Hintergrund tonangebenden Pharmakonzerne gesteuert werden. Ihnen muss man es recht machen, will man im System bleiben.

Seien wir doch ehrlich: Viele Krankheiten enden nach ihrer oft jahrzehntelangen Behandlung sowieso tödlich. Krebs oder Parkinson sind dafür gute Beispiele: Bösartige Zellen bei dem einen und fortschreitende Körperschwäche bei dem anderen. Symptome werden behandelt, nach Ursachen dagegen wird zumeist nicht einmal gesucht, geschweige denn werden diese erläutert. Es interessiert niemanden in der Pharmawelt. Es geht in der heutigen Medizin so gut wie nie um das Seelenheil des Menschen, denn richtige, umfassende und verantwortungsvolle Untersuchungen und Informationen sind nun einmal nicht profitabel. Am Ende könnte es ja sogar so weit kommen, dass die gefährlichen Krankheiten in Wirklichkeit gar nicht so gefährlich sind, dass sie vielleicht sogar mit einfacheren Mitteln geheilt werden könnten und dass »Hilfsmittel« wie zum Beispiel giftige Chemiekeulen am Ende überflüssig wären.

Bleiben wir beim Beispiel Krebs: Die Natur kennt alle notwendigen Maßnahmen, der menschliche Körper hätte alle notwendigen Informationen zur Verfügung, um diesen Prozess selbstständig zu stoppen. Die moderne Medizin jedoch erklärt jeder Krebszelle den Krieg und bekämpft sie mit chemischen Waffen, Strahlen und dem Skalpell. Mit einer bodenlosen Arroganz stempelt unser »fortschrittlicher« Medizinmann die Natur als dumm und fehlerhaft ab, obwohl sie bestechend einfach funktionierende Mechanismen schuf, die durch die Evolution perfektioniert wurden. Nur so wurde über Hunderttausende und Millionen von Jahren überhaupt das Überleben der Gattung Mensch gesichert.

Es drängt sich die Frage auf, wie die Menschheit ohne die chemisch-pharmazeutische Industrie überhaupt entstehen konnte. Eine abartige Frage, auf die es nur eine logische Antwort gibt: Der Mensch ist mit seinen Selbstheilungskräften für die Medizin eigentlich ein gutes Vorbild. Und er sollte natürlich nicht als Experimentierobjekt und zur Gewinnmaximierung dienen. Doch genau das geschieht.

Kaum ein anderer Industriezweig arbeitet so skrupellos wie die Gesundheits- beziehungsweise Krankheitsindustrie. Einer der wichtigsten Zweige dürfte eben die Krebsbehandlung sein. Hier werden jedes Jahr hohe Milliardenumsätze generiert. Doch außer den verschiedenen Arten und Formen der tödlichen und schmerzhaften Chemotherapie und Bestrahlung, mit allen Nebenwirkungen für die leidenden Patienten, die meist bis wenige

Stunden vor ihrem Tod behandelt werden, ist in den vergangenen Jahrzehnten kaum Nennenswertes dabei herausgekommen. Die Menschen werden wie Versuchskaninchen immer früher zur Vorsorge gezerrt. Entdeckt man dabei ein noch so kleines Knötchen oder Fleckchen, dann braucht es nur noch einen Nachweis, dass darin die bösen Krebszellen das gesunde Gewebe zu schädigen begonnen haben sollen. In diesem Moment stirbt ein bis dahin gesunder Mensch in seelischer Hinsicht, ein weiterer, hoch profitabler Pharmakunde wird geboren.

Kaum jemand beklagt sich darüber, dass nach einer solchen Diagnose die meisten Menschen nie mehr dieselben sein können wie vorher. Dank der wohlklingenden »Früherkennung« leben die meisten »Patienten« mit dem Krebs angeblich länger, doch tun sie das wirklich? Es ist menschenverachtend, diese Frage nie zu stellen, ja beinahe kriminell, sie nicht zu beantworten, nur um der gierigen Krebsindustrie ihre Daseinsberechtigung zu ermöglichen. Es klingt zynisch, doch ist es wahr: Jeder Patient, der nach der Krebsdiagnose und einer anschließenden Behandlung noch länger als fünf Jahre lebt, wird als ein »Erfolg« mehr auf dem Konto der Krebsindustrie verbucht. Zunehmend häufiger, wenn auch nur zögerlich, wird doch einmal darüber gesprochen, dass die von verschiedenen Krebserkrankungen Betroffenen auch ohne Behandlung lange (über-)leben können. Auch sollen die Qualen nicht unerwähnt bleiben, denen sich ein Patient mit der Chemo und/oder Bestrahlung ausgesetzt. Abgesehen von einem unerfreulichen Haarausfall, der heutzutage meist mit dieser Behandlungsmethode einhergeht, sind permanente Übelkeit, Benommenheit, Schwindel und Schwäche die Begleiter. Klingt so etwas nach Gesundheit?

Warum kann uns die Krebsindustrie nach so vielen Jahren und unzähligen Milliardengeldern, die hier allein für die »Forschung« in das System gepumpt wurden, eigentlich immer noch nicht die wahren Ursachen der Erkrankung nennen? Vielleicht, weil man sie nicht kennen will? Wer sich mit alternativen Heilmethoden, auch mit ganzheitlicher Gesundheitsforschung beschäftigt, der bringt recht schnell eine vorherige Erkrankung der Seele mit der grausamen Krankheit in Verbindung: Verlust eines geliebten Menschen, Lieblosigkeit, Abwendung oder physische wie psychische Gewalt in der Kindheit und so vieles mehr kämen demnach als Ursachen infrage. Hinzu kommen natürlich die zahlreichen Umweltgefahren in Form von Pestiziden, Antibiotika, Hormonen und unzähligen weiteren Giftstoffen in unserer Nahrung, unserer Kleidung, im unmittelbaren Lebensumfeld etc. Die Frage ist überflüssig, ob man von all den üblen Auswirkungen tatsächlich zu wenig weiß: Manchmal dünkt es einen, dass ordentlich hohe Giftdosen in unseren alltäglichen Gebrauchsgegenständen gerade recht zu kommen scheinen, um die Menschheit erst richtig krank zu machen. Der Krankheitsmarkt ist und bleibt nun einmal ein Milliardengeschäft.

Es liegt auf der Hand: Die Krankheitsindustrie wird nicht mehr von der Behandlung der Symptome anstatt der Ursachen abrücken, solange man sie nicht dazu zwingt! Solange man der Menschheit die wahren Ursachen für zahlreiche Erkrankungen vorenthält, solange der Mensch noch gläubig den »Göttern in Weiß« sein uneingeschränktes Vertrauen schenkt, anstatt selbst mit Nachforschungen in Bezug auf seine eigene Gesundheit zu beginnen, so lange wird die Krebsrate weltweit unaufhaltsam steigen.

Nicht verschweigen möchte ich an dieser Stelle die Tatsache, dass es durchaus immer wieder einzelne Ärzte und Heiler gibt, die, abseits des globalen Krankheitssystems, ihre Patienten alternativ behandeln. Ihre oft positiven Erfahrungen werden kaum veröffentlicht, dafür sorgt schon das Medienkartell, das vornehmlich aus stromlinienförmigen Journalisten und ihren Auftraggebern aus Politik und Industrie besteht. Denn diese Veröffentlichungen wären gegen das Interesse des raubmordenden Global-Monopols gerichtet, das einzig und allein auf billige Gewinnmaximierung und lebensgefährliche Kostensenkung aus ist. Diese wenigen Mediziner, die sich offenbar moralisch und ethisch noch an ihren einst geleisteten Hippokrates-Eid gebunden fühlen, gelten als Außenseiter. Ihre Methoden werden oft belächelt, diese Menschen werden nicht selten sogar kriminalisiert und verfolgt. In einem Atemzug werden sie mit wirklich gefährlichen Scharlatanen erwähnt, die natürlich ebenso zuhauf existieren. Doch den wirklichen Scharlatanen, den Pharisäern, die einen guten Leumund vorgeben und im Hauptstrom mitschwimmen können, die gar Teil des großen Systems sind und deswegen ungestört, unangefochten agieren, denen wird selten das Handwerk gelegt.

Bislang sprachen wir vor allem über den Krebs. Nun gibt es aber neben dieser meist tödlich verlaufenden Krankheit noch andere Störungen, die den Menschen in seiner Gesundheit einschränken und verharmlosend als Volkskrankheiten bezeichnet werden. Fast schon scheint es schick zu sein, mindestens unter einem dieser zahlreichen »Wehwehchen« zu leiden. Dazu gehören unter anderem ein zu hoher oder zu niedriger Blutdruck, auch erhöhte Cholesterinwerte haben sich zu weitverbreiteten

»Krankheiten« entwickelt. Die Grenz- und Schwellenwerte werden allgemein von den nationalen Gesundheitssystemen festgelegt. So kann es schon mal vorkommen, dass sich ein »Patient« am Morgen einen Tabletten-Cocktail genehmigt, um seinen Blutdruck zu senken, und danach über die Landesgrenze fährt, um festzustellen, dass er diesen Chemie-Cocktail eigentlich gar nicht benötigt hätte, weil dort im Ausland ganz andere Werte Gültigkeit besitzen, die seinen in Deutschland als er- beziehungsweise überhöht bezeichneten Blutdruck als normal gelten lassen.

Im Hinblick auf die Cholesterinwerte ist es noch schlimmer. Hier ist nicht einmal nachgewiesen, dass eine erhöhte Menge Cholesterin im Körper wirklich schädlich ist. Es gibt Hunderte Studien zu diesem Thema, die sich teilweise heftig widersprechen. Zudem: Unser Gehirn braucht dringend Cholesterin. Wie wir alle wissen, arbeitet der heutige Mensch immer mehr mit seinem Gehirn und seinem Verstand und immer weniger mit seiner Muskelkraft. Es ist eine Feststellung, die jedes Kind versteht, wenn an dieser Stelle geschlussfolgert wird, dass aufgrund unterschiedlicher Arbeitsverhältnisse Menschen auch ganz verschiedenen Bedingungen unterliegen, die wiederum dazu führen, dass ihr Körper Stoffe in jeweils individueller Menge benötigt. Somit kann es durchaus sein, dass auch die Cholesterinmenge einem jeweils persönlichen Bedarf entspricht. Abgesehen davon erkennt die alternative Medizin immer deutlicher, dass ein Zuviel an Cholesterin, sollte es dieses denn wirklich geben, in Wahrheit nur auf einem einfachen Vitamin-C-Mangel beruht. Und wer könnte diesen wohl nicht selbst kostengünstig beheben?

Mancher Zeitgenosse, dem solche Beispiele unbekannt sind, glaubt aufgrund des postulierten medizinischen »Fortschritts«, dass uns eines Tages die Krankheiten ausgehen könnten, weil unter anderem die Pharmaindustrie mit Unmengen von Präparaten und Medikamenten jede gesundheitliche Störung in den Griff bekommt. Doch keine Sorge, die Wirklichkeit sieht ganz anders aus: Trotz Forschungsgeldern in Milliardenhöhe, trotz des viel gepriesenen Fortschritts im Gesundheitswesen und in der Medizin ist unsere moderne Gesellschaft kranker denn je. Unter anderem deshalb, weil laufend neue »Krankheiten« hinzuerfunden werden, damit die Pillenfabriken weiter existieren, der Rubel weiterhin rollen und die übergeordneten Chefs der »Götter in Weiß« sich die Hände reiben können.

Millionen junger Menschen absolvieren ein Medizinstudium. Wir alle wissen: Ein Student muss das lernen, was zum Gegenstand der Prüfung gemacht wird. Vieles muss sogar auswendig beherrscht werden. Ein jahrelanges Studium gleicht damit individueller wie auch kollektiver Gehirnwäsche. Am Ende sind die Absolventen möglicherweise wirklich froh, so viel über Behandlungsmethoden bei verschiedenen Krankheiten gelernt zu haben, und die meisten von ihnen konzentrieren sich auf die künftige Anwendung des erworbenen Wissens – in voller Überzeugung, dass sie mit diesen Methoden den Menschen, das heißt: ihren künftigen Patienten, am besten dienen können. Ein logischer wie taktisch klug durchdachter Verlauf. Wer Medizin studiert, tut dies oft aus Überzeugung. Diese Menschen wollen helfen und verrichten ihre Arbeit, so wie sie es gelernt haben. Meistens vergehen Jahrzehnte, bis sie ansatzweise zu begreifen beginnen, dass hinter dem gesamten System die profitgierigen

Pharmakonzerne stehen. Einige von ihnen begreifen die Zusammenhänge nie beziehungsweise lassen die Erkenntnis lieber nicht zu, denn sie brauchen das System, um wirtschaftlich erfolgreich zu sein.

Viele Mediziner werden im Laufe ihres Berufslebens also selbst zu traurigen Mitläufern des Systems. Manche von ihnen stürzen sich sogar begeistert in dieses hinein, beteiligen sich bewusst an den nicht gesundheitsfördernden Methoden, erfinden neue Krankheiten und entsprechende Behandlungsmethoden. Denn Ruhm, Reichtum und ein angenehmes Leben warten auf sie. Nur in ganz seltenen Fällen finden diese Leute noch den Weg zur Wahrheit zurück, wie es bei dem amerikanischen Psychiater Leon Eisenberg der Fall war, dem »Erfinder« des psychiatrischen Krankheitsbildes ADHS (Aufmerksamkeitsdefizit-/Hyperaktivitätssyndrom). Erst auf dem Sterbebett gab er zu, dass diese Krankheit in Wahrheit nicht existiere und aus reiner Profitgier erfunden worden sei. Diagnostiziert wird sie aber bis heute, das für Nerven und geistige Entwicklung durchaus schädliche Ritalin wird Kindern auf der ganzen Welt in unverantwortlichen Drogenmengen ganz legal verabreicht.

Es dürfte klar sein: Die Gesellschaft braucht ein Gesundheitssystem, das sich der Gesund(heits)erhaltung und Förderung eines guten Allgemeinbefindens von Körper und Seele der Menschen widmet. Was nicht nötig, sondern strikt abzulehnen ist, ist die systematische Erfindung immer neuer Krankheiten. Die Bekämpfung der Erkrankungen sollte auf ganzheitlicher Ebene vorgenommen werden: durch Erkennen der wahren Ursachen, die häufig im Seelenleben des Leidenden zu finden sind. Mediziner müssen darüber hinaus für ihre Arbeit stärker in die Verantwortung genommen werden. Weshalb wird ein Behandlungsfehler als »Kunstfehler« bezeichnet? Sind Ärzte etwa Künstler? Warum muss ein Handwerker für seine Arbeit Garantien abgeben, ein Arzt aber maximal ein Versprechen? Vor jeder Operation muss der Patient unterschreiben, dass er umfangreiche Risiken akzeptiert, auch wenn sie ihn im Extremfall das Leben kosten könnten. Man stelle sich einmal vor, wie der betreffende Arzt reagieren würde, wenn er sein Auto in die Werkstatt brächte und dort vorher unterschreiben müsste, dass er das Risiko der Reparatur selbst trägt, bis hin zum Totalschaden! Automechaniker sind eben keine Ärzte, sorry, Künstler!

Es liegt auf der Hand, dass durch die flächendeckend verbreitete Untugend der Gier hier unendlich viel im Argen liegt. Und es dürfte höchste Zeit sein, mit den Aufräumarbeiten zu beginnen, um die Gefahren für die Menschheit zu minimieren. Die Krankheitserfinder sowie die noch schlimmer agierenden Epidemieerfinder – man denke an die Vogelgrippe oder die Schweinepest – sind ganz einfach als gierige Verbrecher zu bezeichnen. An einflussreichen Stellen sitzend und über den Globus hinweg miteinander vernetzt, lösen sie immer neuen Bedarf an teuren Medikamenten aus, die kein Mensch braucht und die auch nicht wirken. Die von ihnen in die Enge getriebenen Politiker geben schließlich Steuergelder in Milliardenhöhe aus, um die nicht wirksamen Medikamente in großen Mengen bei der Pharmaindustrie zu ordern. Und wie Beispiele der vergangenen Jahre zeigen, muss dann ein Teil dieser Pharmazeutika nach Ablauf des Mindesthaltbarkeitsdatums noch entsorgt werden. Millionenbeträge lösten sich einfach in Rauch auf! Und der Steuerzahler stand für das Ganze gerade.

Schauen wir uns in diesem Zusammenhang einmal den globalen »GAU« der Schweinegrippe an, die im Jahre 2009 angeblich die Welt heimsuchte. Sie war vom Pharmakartell durch die willfährige Presse als »Pandemie« ausgerufen worden. Doch in Wahrheit hatte es sich »nur« um einen Riesen-Deal gehandelt. Eingefädelt hatten diesen neben der treibenden Kraft der Pharmaindustrie auch die Weltgesundheitsorganisation, die Politik und natürlich die Medien, die immer für die weltweite, strategische Panikmache zuständig sind. Ein machtvolles Konglomerat hatte sich gebildet, das Milliarden Menschen weltweit Angst einjagte. Was die eingeschüchterte Bevölkerung zum Zeitpunkt 2009 noch nicht ahnte: Zur Strategie ranghoher US-Regierungspolitiker hatte der Bau mehrerer weltweiter Impfstoffwerke gehört, und zwar längst vor dem angeblichen Ausbruch der Seuche. Die Wissenschaft war auf Kurs gebracht worden, alles ist bekanntlich ja immer nur eine Frage des Preises. Da saß zum Beispiel im Vorstand jener Firma, die die Patente für das Schweinegrippemedikament Tamiflu hielt, unter anderem der ehemalige US-Verteidigungsminister Rumsfeld. Als Aktieneigner hatte er großes Interesse daran, Tamiflu erfolgreich auf den Markt zu bringen. Schon zuvor hatte Rumsfeld durch die Bush-Regierung Milliardenbeträge lockermachen lassen, um das Medikamente produzieren und bunkern zu können. Auch europäische Spitzenpolitiker hatten sich in diesen Deal eingekauft; so hatte zum Beispiel der französische Staatspräsident Sarkozy ebenfalls Impfstofffabriken bauen lassen.

Spannend in dem damaligen Szenario dürfte – ebenso wie in dem aktuellen, das das Ebola-Szenario betrifft – die Rolle der Weltgesundheitsorganisation sein: Schon zehn Jahre zuvor war eine WHO-Arbeitsgruppe gegründet worden, deren Mitarbeiter Impfstoffe für Pandemien entwickelten. Hier wurden schnell die bisherigen globalen Berateraufgaben mit einem gewinnbringenden Serum vermischt, das auf der ganzen Welt als »die Rettung« gegen den Seuchentod verkauft wurde.

Und jetzt also Ebola, die »todbringende Globalseuche«! Auch in Bezug auf sie bleiben viele Fragen offen. Da flossen seit Jahrzehnten Milliardenbeträge in die Forschung, doch was taten die Wissenschaftler eigentlich mit dem Geld? Weshalb fanden sie kein Wirkmittel gegen die angeblichen Killerkeime, die schon seit den siebziger Jahren des vergangenen Jahrhunderts (!) existieren? Waren die Experten unfähig? Oder sollten sie kein Mittel zur Bekämpfung von Ebola finden? Doch warum spricht man in den USA jetzt davon, ganze Länder komplett zwangsimpfen zu lassen? Hat man einen Impfstoff entwickelt? Der Beobachter wird den Verdacht nicht los, dass hier einiges nicht stimmt, von der allgemeinen Panikmache ganz abgesehen.

Ebola soll ein Virus sein, das tödlich wirken kann, wenn man es sich einfängt. Ein Laie kann die Tatsachen, was die medizinische Bewertung anbetrifft, nicht beurteilen, aber es keimt der Verdacht auf, dass dies auch die meisten Mediziner nicht können. Viel zu sehr ist man auch in Fachkreisen von den Veröffentlichungen der Spezialisten abhängig, die man vor allem in der pharmanahen Szene findet. Darüber hinaus gibt es auch kritische Stimmen, speziell zu Ebola wie auch zu den Pandemien im Allgemeinen, die von alternativen Wissenschaftlern erhoben, journalistisch allerdings nicht seriös hinterfragt werden.

Bis heute wurde zum Beispiel die Spanische Grippe der Jahre 1918 bis 1920 nicht kritisch untersucht, auch wenn es nicht wenige Wissenschaftler gibt, die behaupten, die circa 50 Millionen (!) verstorbenen Menschen seien damals nicht dem Virus zum Opfer gefallen, sondern dem Impfstoff.

Grausamerweise müssen »neue Krankheiten« oder »gefährliche Epidemien« dem Normalbürger immer wieder angsteinflößend ins Bewusstsein gepflanzt werden. Am besten geht das natürlich über Bilder, zumal das Sterben und das Elend die von der Sensation lebenden Journalisten mit ihren Kameras magisch anziehen. Nicht selten jedoch müssen die Bilder der »gewünschten Not«, weil nicht verfügbar, auch schon mal gestellt werden. (Dasselbe manipulative Vorgehen wird nicht selten auch in Kriegsgebieten beobachtet: Journalisten setzen – nachgewiesener- und zugegebenmaßen – schon einmal Häuser oder Autos in Brand oder inszenieren »gefährliche Schusswechsel«, um den TV-Anstalten »vernünftiges« Bildmaterial liefern zu können.) In direkten Gesprächen mit Menschen in betroffenen Regionen wie Afrika erfährt man immer wieder, wie die »schrecklichen Bilder« zuweilen wirklich entstehen. Doch nicht nur vor Ort wird manipuliert. Die getürkten Bilder werden dann auch noch über die Bildschirme geschickt, der Zuschauer glaubt, live dabei zu sein, ahnt aber nicht, dass es sich um gestellte Szenen handelt. Mit zusätzlichen »dramatischen« Antworten auf suggestiv gestellte und vorher abgesprochene Fragen ergeben sich auf diese Weise nicht selten jene Top-Storys, die von den weltweit führenden Sendern abends auf beeindruckende Weise in Millionen, ja, in Milliarden von Wohnzimmer hineingeflimmert werden und die die Menschen in Angst und Schrecken versetzen. Globale Gehirnwäsche at its best!

Diese Filmchen wurden zuvor natürlich von den mächtigen

und gut organisierten Nachrichtenagenturen über unzählige kleinere und größere Medienhäuser, die oft nach dem Prinzip der Copyshops funktionieren, den Konsumenten schmackhaft zurechtportioniert. Wer will schon die Wahrheit billig verkaufen, solange für die Lügen (scheibchenweise) höchste Preise erzielt werden können? Halbwahrheiten in den Nachrichten, das muss klar sein, sind selbstverständlich ebenso als Lügen zu bezeichnen, wie auch halbrichtige Ergebnisse in der Mathematik einfach falsch sind. Wer Fakten fälscht oder verschweigt, ist zumindest als krimineller Mittäter einzustufen.

Nach den Lügen über Vogel- und Schweinegrippe, zwischendurch auch Rinderwahnsinn (Maul- und Klauenseuche genannt, um auch bei denen Angst zu verbreiten, die kein Rindfleisch essen), sind einige Fakten im Zusammenhang mit der gegen Ende 2014 scheinbar wütenden Ebola-Epidemie doch erwähnenswert:

- Vor dem »Ausbruch« in Liberia gab es exakt in diesem Land etliche Verhaftungen von angeheuerten Kriminellen, die Trinkwasserbrunnen mit Formaldehyd vergiften wollten. Diese gaben bei den Vernehmungen zu, dass es viele Leute gegeben haben soll, die einen solchen Auftrag erhalten und möglicherweise durchgeführt hatten. Dieses Gift ruft ähnliche Symptome wie das Ebola-Virus hervor und hat einen ebenso schnellen Tod zur Folge.
- In den »betroffenen Gebieten« kam es zu Impfaufrufen durch Personen, die von außen (!) kamen. Zahlreiche geimpfte Menschen starben kurz nach der Injektion.
- Die größte und schnellste Hilfsaktion der US-amerikanischen Armee fand rund um eines der mächtigsten Dia-

mantenvorkommen statt. Wie zufällig war dieses verheißungsvolle Rohstoffgebiet kurz vor dem Ausbruch der Seuche entdeckt worden. Ein US-General bezog schnell die richtige Position: »Wir gehen hier nicht weg, bevor wir Ebola hier nicht rausgekickt haben!« (*»We will not leave untill Ebola is kicked out!«*).

- Zeitlich parallel wurden massenweise T-Shirts mit dem Aufdruck *Ebola is real!* in Afrika an die Bevölkerung verteilt. Seit wann muss eine Seuche beworben werden?
- Seriösen Quellen zufolge starben in Westafrika innerhalb von vierzig Wochen etwas mehr als 4000 Menschen an Ebola. In der gleichen Zeit wurden weitere etwa 8400 Infizierte gezählt. Das sind über 12 000 beklagenswerte Opfer. Dem gegenüber stehen circa 21 Millionen Bewohner in den drei betroffenen Ländern. Das ergibt 0,6 Promille insgesamt erkrankter Menschen beziehungsweise circa 0,2 Promille in Bezug auf Ebola-Tote. In Deutschland können in der Erkältungszeit bis zu 30 000 Menschen an Grippe sterben. Das sind etwa 0,4 Promille der Gesamtbevölkerung in diesem Land! Im etwa gleichen genannten Zeitraum starben übrigens weit über 300 000 Menschen an Malaria. Das interessiert aber offenbar keinen Berichterstatter.
- In dem 170-Millionen-Einwohnerland Nigeria gab es insgesamt 20 Tote und in Senegal nur einen an Ebola Erkrankten. Jetzt wird der Bedarf an Werbe-T-Shirts schon klarer. Die erfreulichen Berichte, dass in einigen Ländern die Gefahr gebannt ist, wurden nur von einem verschwindend geringen Teil der Mainstream-Medien verbreitet.

- Kein Virus und keine todbringende Krankheit sind zu verharmlosen. Das Ebola-Virus gehört aber ziemlich sicher nicht zu den gefährlichsten, es sei denn, man hilft nach. Das Virus selbst ist zu groß, um über den Atem übertragbar zu sein. Die Inkubationszeit ist kurz, sie birgt damit also nur eine geringe Verschleppungsgefahr. Eine epidemische Ausbreitung in Ländern mit höheren Hygienestandards ist damit kaum vorstellbar.
- Das Ebola-Virus ist 2009 von der US-Regierung patentiert worden. Ebola-Patienten werden jetzt vermehrt in die USA geholt. Dort sollen sie, wie es heißt, für medizinische Experimente »benutzt« werden. Dies käme einer »Entnahme von Biowaffen« gleich – für die Forschung, versteht sich.
- Dank der rasch freigegebenen Milliardenbeträge zur Ebola-Abwehr sollen fix weitere Impfstoffe entwickelt werden. Und die für die Rettung der Menschheit bekannten Großunternehmen wie zum Beispiel die Global-Player-Monopolisten *Monsanto*, *Pfizer*, die Bill-Gates-Stiftung und einige andere starten auch schon durch und entwickeln fleißig daran mit. Keine Sorge, die »Guten« kommen! Wenn sie nur die Einzigen wären.

An dieser Stelle soll noch kurz auf eine weitere Branche eingegangen werden, die mit der fortschreitenden Zerstörung der Gesundheit des Menschen in Zusammenhang gebracht werden muss: die Lebensmittelindustrie. Angeführt durch auch hier inzwischen global agierende Monopolkonzerne, die mittlerweile mit astronomischer Macht ausgestattet sind, bemühte man sich im Verlauf der zurückliegenden Jahrzehnte systematisch, aus sämtlichen unserer Nahrungsmittel die natürlichen Vitamine und Elemente zu eliminieren, die für die gesundheitliche Balance in unserem Körper jedoch äußerst notwendig sind. Stattdessen wurden und werden fortlaufend teure Vitaminersatz- und Nahrungsergänzungspräparate entwickelt und an die flächendeckend unter Vitamin- und Nährstoffmangel leidenden Menschen auf der ganzen Welt verkauft. Bunt flimmernde TV-Werbung sorgt auch hier mit entsprechender Gehirnwäsche für die Erkenntnis des modernen Menschen, schleunigst zugreifen zu müssen, um möglichst gesund im Spiel zu bleiben.

Nicht gerade förderlich wirken in diesem Kontext die sich dramatisch negativ verändernden Lebens- und Essgewohnheiten der Menschen. Aufgrund des »modernen« Arbeits- und Pendellebens, aufgrund der inzwischen oft mehrfach notwendig gewordenen Minijobs und wegen vieler anderer negativer Aspekte können heutzutage nur noch die wenigsten im Beruf stehenden Menschen regelmäßige, selbst gekochte, gesunde Mahlzeiten zu sich nehmen. Für all diese milliardenfach vorkommenden Fast-Food-Notfälle gibt es ja jetzt, so wird es der immer kranker werdenden Menschheit suggeriert, die chemische und pharmazeutische Industrie, die Lösungen parat hat für den gestressten Menschen von heute. Während man früher die Vitamine, die in frischem Obst und Gemüse enthalten sind, aus dem Garten oder vom Markt holte, öffnet man heute einfach die aus profitabel arbeitenden Fabriken gelieferten Pillendosen. Das spart Zeit. Nicht selten handelt es sich hierbei um bedenkliche Mixturen synthetischer Bestandteile, die vielleicht nicht gesund, aber eines ganz gewiss sind: teuer! Geschluckt werden die Pillen trotzdem.

Auf Dauer muss sich daher niemand wundern, wenn er krank wird.

Wie könnte es besser laufen?
All diese dreisten, vorsätzlichen Täuschungen aus Medizin, Pharma- und Lebensmittelindustrie sind höchst kriminell und müssen abgeschafft werden. Hier ist ein totaler Systemwechsel vonnöten, allein aufbauend auf Ethik und Moral, schwingend in den natürlichen Gesetzen der Natur. Im Vordergrund hat nichts anderes als das Wohl der Menschen zu stehen. Die zur Gesunderhaltung notwendigen und von der Natur üppig zur Verfügung gestellten Heilkräuter sowie die Heilnahrung sind bei allen Behandlungsmethoden in den Vordergrund zu stellen.

Derzeit laufen jedoch, das soll hier am Ende nicht vergessen werden, vor allem in den westlichen Industrieländern umfangreiche Bestrebungen, die allgemeine Kräuterheilkunde unter Strafe zu stellen. Diese Situation gab es schon einmal im Verlauf der Menschheitsgeschichte, und zwar im Mittelalter: Damals wurden kundige Heiler und Heilerinnen, die sich in den Naturkräutern und ihren Heilchancen gut auskannten, als Hexen und Magier auf dem Scheiterhaufen verbrannt! Es ist höchste Zeit, tätig zu werden.

Schlussbemerkungen

An dieser Stelle freue ich mich, dass Sie das Buch zu Ende gelesen haben. Ganz sicher konnten Sie einiges Überraschendes und viel Unschönes, leider auch Schreckliches erfahren. Zu jedem einzelnen Thema habe ich meine ganz persönlichen Ansichten und Empfehlungen niedergeschrieben, ohne Rücksicht darauf, ob diese allen gefallen. De facto wäre das auch nicht möglich. Meine Hinweise injizieren Veränderungen. Veränderungen sind unumgänglich. Sie sind wie ein großes Rad, das einen Berg hinabrollt. Befindet man sich im Tal, ja, steht man im Weg, so läuft man Gefahr, von diesem Rad überrollt, zerdrückt zu werden. Die Leute auf dem Berg hingegen haben nichts zu befürchten, sie sind guten Mutes und von Euphorie beflügelt.

In jedem Ende steckt auch ein Anfang. Noch bevor dieses Buch in Druck ging, wurden mir immer wieder zwei Fragen gestellt: Was sei meine Motivation, solch ein Werk zu schreiben? Und woher nähme ich als aktiver Unternehmer die Zeit dafür? Auf beide Fragen gab ich meist ein und dieselbe Antwort: »Ich weiß es nicht!«

Das ist auch wahr. Ab einem bestimmten Zeitpunkt fing es an. Aus dem, was ich erlebt, erfahren, gehört, gesehen oder gelesen hatte, formten sich immer häufiger Texte und Geschichten, die Gestalt annahmen, Botschaften und Empfehlungen, wie Sie sie schließlich in diesem Buch lesen konnten. Selbst beim Joggen oder beim Radfahren ließen mich diese Gedanken nicht mehr los. Zeitweilig hatte ich tatsächlich den Eindruck, ein Getriebener zu sein. Doch von was oder von wem wurde ich getrieben? Ich bin nicht (mehr) unvermögend, strebe nicht nach weiterem Ruhm, erst recht ging und geht es mir nicht darum, mit dem Verkauf von Büchern Geld zu verdienen.

Es musste also etwas anderes sein! Etwas, das ich nicht erklären kann und auch nicht erklären will. Als ich das Buch fertiggeschrieben hatte, war ich einfach unendlich zufrieden. Das genügt mir – ich hoffe, Ihnen auch.

Oft sah ich im Laufe meines Lebens hinter die Kulissen der Macht. Meine Lebensgeschichte vollzog sich in unterschiedlichen Systemen, es gab viele Brüche und Umbrüche. Ich entstamme ursprünglich Verhältnissen, die durch bittere Armut gekennzeichnet waren, nie bekam ich etwas – im materiellen Sinne – Nennenswertes geschenkt. Ansonsten schon.

Ich genieße bewusst das Gottesgeschenk meines freien Geistes sowie die ausgeprägte Fähigkeit, Glück, das ich immer wieder erfahren darf, schätzen und auskosten zu können. Ebenso bin ich dankbar für die mir innewohnenden Fähigkeiten, Böses sofort zu erkennen, schnell zu denken und manchmal ebenso schnell zu laufen! Irgendwann in meinem Leben kam der Moment, an dem ich dachte, dass ich viele meiner Gedanken an andere Menschen weitergeben möchte. In diesem Buch versuchte ich dies so gut, wie ich es eben konnte – natürlich ungelernt und in einer Sprache, die nicht meine Muttersprache ist. Sie haben jetzt ein Buch in der Hand, das von jemandem stammt, der kein Schriftsteller ist und nur ein Ziel hatte: verstanden zu werden.

Ich hoffe sehr, dass ich auch von einflussreichen Menschen, Politikern und Wirtschaftsführern beispielsweise, so sie überhaupt handlungsfähig sind, gelesen und verstanden werde. Dieses Buch wird sie im günstigsten Falle motivieren, ihren Blick für die Probleme dieser Welt zu öffnen, sie zu sehen, wie sie ist, weil: Nichts ist, wie es scheint, und nichts scheint, wie es ist.

Wir brauchen dringend Veränderung: Die Kluft zwischen extrem Reich und extrem Arm muss verkleinert werden! Die einfache und systematische Korruption muss bekämpft werden! Die Armut darf nicht begünstigt, sie muss beseitigt werden! Für die Stabilität der Welt ist ein gesunder Mittelstand unerlässlich, dieser darf weder instrumentalisiert noch erwürgt werden!

Die Welt- und Menschengemeinschaft wird wie eh und je aus leistungsstärkeren und leistungsschwächeren Mitgliedern bestehen. Das ist eine Naturgegebenheit. Wunschziel meiner Gedanken ist es, an der Schaffung einer Welt mitzuwirken, in der diese beiden Seiten nicht mehr gegeneinander aufgehetzt werden.

Die Gedanken in diesem Buch sind so zusammengefasst, dass sie einen Grundsatzentwurf darstellen. Verstehen Sie ihn so: Wenn Sie ein Auto von heute mit einem Modell von vor hundert Jahren vergleichen, so dürfte ein gewaltiger Fortschritt unübersehbar sein. Dennoch, an der Grundkonzeption des Pkw wurde nichts verändert: eine Karosserie, ein Motor, ein Getriebe, vier Räder, zwei Achsen, ein Antriebsstrang, ein paar Sitze und ein Lenkrad. Ganz gewiss, ohne den karg aussehenden Vorgänger gäbe es seinen heutigen Hightech-Nachfolger nicht. Möge diese Schrift die gleiche Entwicklung erfahren.

Milorad Krstić

Zum Autor:

Milorad Krstić ist als Unternehmer in verschiedenen Wirtschaftsbereichen tätig. Sein Leben und seine berufliche Laufbahn kennzeichnet vor allem eine bodenständige Hartnäckigkeit. Ob in Ex-Jugoslawien, wo er in ärmlichen Verhältnissen aufwuchs, oder in Deutschland, wo er als Einwanderer 1986 sein erstes Unternehmen gründete – stets musste er gegen Widerstände und Vorurteile ringen. Der dreifache Vater und anerkannte Fachmann im Bereich von Langzeit-Bio-Schmierstoffen gilt als ausgesprochen authentisch. In seiner direkten, freidenkenden Art bricht er scheinbar komplizierte Sachverhalte auf eine verständliche Ebene herunter. Häufig liefert er verblüffend einfache Lösungsvorschläge. So auch in diesem Buch. Sein Blick ist stets in die Zukunft gerichtet. Selbst wenn er uns die düsteren Ereignisse aus der Vergangenheit zeigt, bleibt er doch stets gegenwartsorientiert, mit zielgenauem Blick in jene Richtung, nach vorne, wo wir eine bessere Welt finden können.